U0062564

老派上海话

黄 炜 编著

自学（老派）上海闲话个交关方法搭资源

侬也可以讲漂亮个（老派）上海闲话

喜马拉雅网站有配套教学录音

上海财经大学出版社
SHANGHAI UNIVERSITY OF FINANCE & ECONOMICS PRESS

图书在版编目 (CIP) 数据

老派上海话 / 黄炜编著. —上海：上海财经大学
出版社，2023.11
ISBN 978-7-5642-4195-7 / F.4195

Ⅰ.①老… Ⅱ.①黄… Ⅲ.①吴语—方言研究—上海
Ⅳ.① H173

中国国家版本馆 CIP 数据核字（2023）第 117719 号

□ 特约编辑　季羽洁
□ 责任编辑　台啸天
□ 封面设计　贺加贝

老派上海话

黄　炜　编著

上海财经大学出版社出版发行
（上海市中山北一路 369 号　邮编 200083）
网　　址：http:// www.sufep.com
电子邮箱：webmaster @ sufep.com
全国新华书店经销
上海新文印刷厂有限公司印刷装订
2023 年 11 月第 1 版　2023 年 11 月第 1 次印刷

710mm×1000mm　1/16　17 印张（插页：2）　261 千字
定价：68.00 元

老派上海闲话个腔势

（代前言）

　　党个二十大报告提到要"推进文化自信自强""传承中华优秀传统文化""加大文物和文化遗产保护力度，加强城乡建设中历史文化保护传承"，而传承汉语方言搭少数民族语言，促进伊拉个开发利用，是传承发展中华优秀语言文化个重要内容，也是各地人民群众文化自信个表现。迭本书个正文多数是用老派上海闲话 ① 正字、词汇，照老派语法写个，迭能介个文字大约（摸）占四分之三，新派上海闲话占四分之一。近义词、同义词、解释里势，我尽量拿老派词汇摆拉前头。

　　原来，迭本书里向有一些内容可以写成上海闲话书面语风格，带一眼文言文个（简洁）风格 ②，不过我考虑到传承（老派）上海闲话口语个需要，还是写成口语风格——希望达到迭能个效果：拿迭本书个文字读出来就是地道个口语，外加是老派上海闲话。还有，乃朝上海闲话弗再像老早子个地道咾有吴语特色，一只原因就是受书面语影响咾改变忒大，噶咾我加二要放弃书面语。外加书面语大家侪会得写，用弗着本书专门传承。

　　我弗建议各位全本参照我写/讲个闲话，迭个是考虑到适当采用上海闲话书面语风格，带一眼文言文个（简洁）风格，加二有老底子上流社会个语言风格，用畸笔叟个闲话讲就是上台面个上海闲话（迭种闲话也带一眼官腔 ③，譬如朱信陵老师模仿一点有身价个人讲个闲话。民国辰光个老上海已经垃垃

---

① "闲话"即"言话"，前者是俗写，后者是正字。古人习惯讲"言话"，譬如《水浒传》里厢经常出现迭个词。后首来，江南交关地方个人慢慢较勿读"言"个白读音 [ghae1]，而读其文读音。因此，"言"就勿大适用于口语，乃噢，古人就用"闲"代替"言"，大家侪写"闲话"迭个词。有常时，伊也可以表示闲谈或者搭正事无关个闲话之意。

② 箇两句闲话本身已经说明伊拉有一定个关系，有较好文言文基础个人写上海闲话书面语加二有优势。传承（老派）上海闲话口语是我写迭本书个主要目的，而书面语弗是，噶咾我拿关注点摆垃口语浪。

③ 指北方闲话，弗仅仅指官场闲话。

口语搭书面语里势大量使用官话词汇搭语法，特别是连词搭副词，也就是现在垃垃普通闲话里个迭些词，而弗必定讲有沪语特色个词汇）。迭个考虑弗仅针对书面语，也针对口语。我做弗到兼顾箇点搭上一段讲个关注点，所以决定自介承担困难个工作，拿容易个留拨各位，参见上一段末脚一句。为仔保持全书风格统一，我只好只拿"熊掌"而勿拿"鱼"哉。

不过只要可能，垃垃保证得到"熊掌"个前提下，我会尽力让书里向个闲话也是交关上台面个。乃朝后垃垃修订迭本书个辰光，我慢慢较会拿切口（切口味道交关重个，还呒没漂白、演变为普通词汇个）咾市井俗气个闲话缩小到 10 号字，另外拿上海闲话特色勿强、普通闲话里也有类似讲法个文字也缩小到 10 号字，还有，拿新派上海闲话词汇搭讲法也尽量设成功 10 号字。

弗拿迭些内容删脱是为仔展示上海闲话个整体面貌，只学"熊掌"弗是就成功老古董哉？看到别个风格个上海闲话甚至看弗懂哉。再讲，迭本书里向有一眼内容是现在辰光个，要嚜是离现在比较近个事体（新电影咾啥），尤其是一些对话，硬劲讲、写老派上海闲话就勿自然，还是讲、写新派上海闲话比较好。

众位讲上海闲话可以老派、新派一道用，垃垃蛮多语境，迭能做并弗违反语言规范，写上海闲话也可以迭能。生活当中，文献当中，迭种情况蛮多个，不过假使侬觉着呒没把握，生怕混起来弗像腔，噶嚜侬就谨慎一眼，弗要混起来。我伲现在写白话文辰光，恰当个龃一眼文言文也弗破坏语言美，道理是一样个。不过我写迭本书，必须尽量分清老派、新派，甚至将来写迭本书个新版本辰光，可能删脱全部新派内容，只向诸位展示老派，迭个是写书人个责任。

迭本书里向，甚至标点符号个使用也体现仔上海闲话个节奏。弗罢上海闲话是迭能，口语俫是迭能，多数情况，口语句子比书面语短小。迭本书是全本按（老派）上海闲话口语风格写个，当然弗会有忒多长句。即使需要写长句（口语也有长句），我也会用标点（譬如逗号）分隔。另外，我又遵照老法里上海闲话书面语风格，譬如二十世纪二三十年代咾四十年代个上海闲话文章（申报纸浪咾书里向个文章）个风格，实际浪也是古汉语风格个延续，少用别个标点，譬如尽量少用引号咾顿号咾破折号咾啥，老底子呒没迭眼标点个。

迭本书搭市面浪交关上海闲话书还有一只重要个弗同点：我按照教材体例搭要求写作，所以加二系统化。不过，作为方言课本，迭本书也有休闲书个风格，譬如介绍搭分析老古闲话、俗语、歇后语、风土人情、民俗文化搭典故。

相对于已有个一些上海闲话书（尽管市面浪上海闲话书蛮多，不过以教材／课本形式出现个比较少，基本浪是散文集咾杂文集，包括一些名人、教授写个书也是迭能。就算有一些是上海闲话课本，不过侪是新派上海闲话内容，外加比较简单，主要内容就是词汇搭日常对话，再加一眼读音注意点，因得是针对外地朋友学习上海闲话个），本教材个专业性更加强，充分体现仔我教个对应课程名字里向个"研修"迭个词。譬如系统深入论述语音、语法、上海闲话搭吴语个关系；集中介绍俗语、老古闲话、歇后语、经典儿歌；详细分析搭对比交交关关词汇个音、义、特色、正字、用法（有得交交关关例子），介绍伊拉个来源、演变搭典故；用交关故事、杂文反映上海闲话特色词汇、道地语法搭上海文化、风俗、历史、地理。迭本书侪经过我好几埭讲课个检验，搭仔后首来细细个修订搭增补。

一般认为，上海闲话分老、中、新派，迭个是通俗讲法，实际浪，界限蛮模糊个，用弗着缠牢迭个分类。依讲依定义个迭个是老派，有人会得讲，还有更加老个老派，啥人也说服弗了啥人。有人讲迭种分类应该是学术分类，不过语言是交融个，老、中、新派个界限是模糊个，并弗是依设想咾规定个象牙塔里个研究对象。垃垃方言领域，忒较真忒一板三眼弗是桩值得提倡夸耀个事体。研究者可以多讨论甚至争辩，不过弗要硬劲下绝对个结论，弗要过多强调自介个观点。让各种观点激荡咾相互启发，再让受众譬如读者咾听众自介选择某一种观点。

垃垃此里，我只讲老派搭新派两种分类。我拿二十世纪八十年代开始直到乃朝成为主流个市区上海闲话看作新派上海闲话，迭个前头个上海市区主流闲话是老派上海闲话，典型代表是三四十年代个上海闲话。老派上海闲话个另外一只定义是：伊是部分 1920 年前后出生、土生土长个老人讲个，以旧上海县城（大致位置垃垃原来个南市区，弗是闵行区所在个原来个上海县，伊个历史短仔交关）个口音为代表，老上海称之为城里闲话，搭仔城（旧上海县城）西徐家汇一带个浦西闲话、黄浦以东个浦东闲话，还有搭原城北虹口一带个虹口闲话侪有一眼区别。

一、老派上海闲话个特点

先简单讲一讲新派上海闲话，用新派上海闲话主持节目或者表演个说话，就显得单薄，尖团音弗分，有常时清浊弗分，韵母少仔交关（平悦铃考证后认为，是下只角个人先引起迭种变化个①），弗好个后果就是同音字大大较增加；而用老派上海闲话表演节目咾主持节目就有味道哉。一些上海闲话影视讲个是老上海个故事，不过有一只重要缺陷，演员讲个是乃朝个上海闲话，弗是老派上海闲话，勿符合实际情况。倒是香港几只老影戏里，上海籍演员（或者从上海移民去个）讲个上海闲话蛮有老派味道。一方面，箇点演员年纪比较大，另外一方面，上海闲话垃垃香港弗像垃垃上海受大环境影响，演变、发展呒没上海个快，噶咾留下来加二多个老派特色。箇些影戏包括《阿飞正传》《老虎出更》《花样年华》，还有台湾个《悲情城市》等等。

老派个发音加二丰满、道地，变化丰富，能区分加二多个弗同读音，有个辰光，单字调搭连读调也弗同于新派个。不过，交关事体侪有相反个一面，老派上海闲话也有混淆弗清个情况（相对于新派），譬如，有人拿"下"读成"号"个音——弗是伊拉读错哉，垃垃二十世纪四十年代前后甚至再晏点个辰光，"拿""萝"等字也是 [au] 韵母个字。

老派保留仔古汉语个交关读法，乃当中，一些读法反倒搭普通闲话读法一致，因得普通闲话也继承仔古汉语交关读音。新派上海闲话个读音垃垃迭方面反倒搭普通闲话弗一致哉，不过，垃垃有个方面又向普通闲话读音靠拢——是新派上海闲话受普通闲话影响所致，而弗是继承古汉语读音。还有一点邪气重要，老派上海闲话分尖团音。

老派个词汇、语法有地道个上海特色搭吴语特色，而勿像新派搭普通闲话混淆、趋同。我教松江大学城跨校选修课"上海话入门与研修"，几乎侪讲老派上海闲话。2020 年春季班一位姓袁个学生子讲，伊上过迭门课之

---

① 吕争，钱乃荣.浓浓沪语海上情［M］.上海：上海辞书出版社，2012：18.

后个感觉是，老派上海闲话（伊老早仔弗晓得还有老派上海闲话，还有交交关关上海人弗晓得尖音等老派上海闲话特点）发音更加严谨，搭新派个区别赛过英式英语搭美式英语发音个区别。我也有一只比喻，老派唠新派上海闲话赛过毛笔字搭钢笔（老早子叫自来水笔）字个关系，尽管乃朝讲老派个人邪气少，不过侬讲要传承老派上海闲话哦？

语言勿发展是呒没生命力个，我提倡讲老派上海闲话，只是提倡伊优美个方面，譬如加二丰富个发音（减少同音现象），加二有古韵、体现老上海风情个词汇，而弗是要固守老古董，譬如一些失去生命力个词汇（垃垃旧社会可能交关风行）。尽管我积极传播老派上海闲话，不过我也并勿认为新派上海闲话就绝对弗及老派，起码新派比较时髦。只不过整体浪，我比较欣赏老派。

有一只重要问题：体现老派上海闲话到哪能个程度——出现交关十九世纪末唠二十世纪头头子浪个上海闲话？弗妥，大家弗会欢喜，里向交关词汇也忒土，有个字发音也弗大好听——按照乃朝上海人个审美观，上海闲话垃垃二十世纪三十年代再摆脱仔发展滞后个松江闲话个主要特征。垃垃书面语言方面，我主要展示二十世纪二十年代到四十年代个老派特色，不过有辰光也会写一眼迭个前头个老派上海闲话，实际浪伊拉是相互关联紧密个，并呒没确定个分界线，有交关老词汇一直传承到今朝；垃垃口语唠语音方面，我主要展示四十年代个老派特色。

有常时老上海闲话书面语用词有眼瑕疵，譬如拿"个"用得忒滥，各种词性唠含义侪有，弗容易看懂；还有，老早子闲话里个重复，有辰光忒罗唆，有个重复可以省略；语法结构弗够简洁美观，尤其用英语搭现代汉语个语法标准来衡量个说话。譬如垃垃三十年代个上海闲话里，迭些情况蛮多个。我个观点是，垃垃尽量保留老派上海闲话风格个同时，摒弃仔迭些情况，让老派上海闲话加二精致优雅一眼，迭能介弗会损坏老派上海闲话个风格搭味道。垃垃伊个年代，可能有少数绅士淑女就是迭能拿上海闲话个魅力发挥到极致个——听上去搭别人讲个上海闲话一样，呒啥异样，呒啥弗妥，但不过让人觉着更加适意，更加有一种享受个味道，更加愿意搭伊拉讲闲话、听伊拉讲上海闲话。我垃垃迭本书里向将会努力实现迭种效果。

二十世纪二三十年代是上海个一个快速发展阶段，上海加二城市化、现代化，融入仔西方国家搭外地个优秀、先进文化思想，日逐摆脱仔落后守旧个文化思想搭小农思想，垃垃交关方面甚至搭西方发达国家个大城市保持同步，譬如使用电灯、德律风，放映影戏也是同步个。为之，二十世纪二十年代到四十年代个老派上海闲话是邪气有特色搭代表性个，迭段辰光也是上海闲话发展最快、变化最快个阶段。

以1949年为界，新中国成立后上海人、上海城市出现全新气象，上海闲话肯定也受仔交关影响，开始发生较大个变化。慢慢能，旧个元素减少，体现新中国气象咾革命热情个元素开始垃垃上海闲话里出现，为新派上海闲话个出现做好了预备。依讲二十世纪五十年代到七十年代个上海闲话是中派个说话，也是可以个，前头我讲过，迭种分类呒没严格个标准搭绝对个界限。

还有一种讲法是老上海闲话搭新上海闲话，前一个是讲1843年前个上海闲话，后一个是讲1843年上海开埠后发展当中个上海闲话。

二、痴迷于（老派）上海闲话个魅力

我邪气推崇顾超老师搭仔李征老师主持个"鸟语花香"节目，不过，要夹好闹钟，老清老早/大清老早拿自介从眍梦头里叫醒听，也蛮痛苦个。迭档节目个主要听众是老年人，伊拉醒得早，所以迭档节目五点多钟就开始哉，当时是1996年。不过听伊拉个上海闲话是一种享受。当时觉着"王小毛之父"葛明铭个上海闲话也老好听个。2017年前后，是叶进搭肖玲主持个"谈天说地阿富根"。

一直想觅到顾超搭李征老师个节目录音，譬如"鸟语花香"节目个录音，不过呒没任何途径，网浪也没。2016年末，我预备开迭门课个辰光，越加想得到迭眼录音。尽管最终也没得到，不过事体有仔转机，上天为我打开仔一扇加二大个门。

首先是《说说唱唱》等节目拿姚慕双、周柏春、杨华生等老前辈个独脚戏带到我眼门前，伊拉个上海闲话就是老派上海闲话个"化石"，是可以让我细细挖掘个宝藏。

后首来，我又听到评弹演员兼资深播音员朱信陵老师搭王燕老师讲个上海闲话故事《三大亨和他们的女眷》《阮玲玉》《董竹君的传奇人生》《张学良与赵四小姐》《民国影后胡蝶》《(传奇女子)赛金花》《民国一枝花》《"中国之莺"周小燕》《妙手俏佳人》《半生缘》，还有朱信陵老师一介头讲个《盛宣怀家族》《六小龄童传奇》搭《皓月涌泉——蒋月泉传》《严雪亭评传》，等等。

我像煞武陵人"复行数十步，豁然开朗"，看到桃花源一样。我觉着听伊拉个沪语故事，赛过评弹迷听评弹，京剧迷听京剧，是真正个享受。一方面，获得地道上海闲话发音个滋养，另外一方面，获得交交关关人生启迪、精神方面个慰藉，譬如稳得住，坐定冷板凳，敢于搭时间扳手腕，当然，是垃垃有限个人生里向。

《蒋月泉传》也启发我思考哪能提高讲课水平、增强讲课效果——说书搭讲课有相通之处，老师可以借鉴说书个方法搭巧槛。实际浪，说书艺人个说表能力搭水平真个是伲大多数老师个榜样。《严雪亭评传》提醒我，垃垃做学问方面要永远精益求精，修改课本(教材)是一个呒没止境个过程，需要年年改，一版接一版改。

听仔《蒋月泉传》之后，我也开始欢喜苏州弹词哉。我迭为垃垃"喜马拉雅"网站浪寻着蒋月泉、朱慧珍个《白蛇》听，味道邪气赞。伊拉两介头个双档被交关人看作是黄金搭档，嗓音好，唱功好，讲得也㑚。也用"阿基米德"App听过蒋月泉、江文兰个《玉蜻蜓》，蒋月泉、余红仙个《夺印》，感觉侪蛮好。严雪亭个代表作《孔方兄》唱篇也交关赞。听评弹对提高(老派)上海闲话素养是有帮助个。

朱信陵老师搭王燕老师对原来个小说塞塞缚缚用上海闲话加工、改编，伊拉讲个故事就算勿发生垃上海，譬如《张学良与赵四小姐》，也一样有一股浓浓个上海味道扑面而来。伊拉个上海闲话词汇邪气丰富，而且交关有上海特色，里向头交关词现在几乎听弗见哉。用新法闲话讲，传说里个交关词汇垃垃伊拉嘴浪又活转来哉。垃垃迭方面，讲伊拉个上海闲话是老派上海闲话个活化石也弗为过。听朱老师一介头讲弗及听伊拉两介头讲，因为王老师个词汇、发音搭风格可以搭朱老师个相得益彰。

"上海故事大王"黄震良讲得也交关好，而且故事数量邪气多。但不过伊用上海闲话改写小说底本个程度比朱老师伊拉个要弱一眼，噶咾上海闲话特色词汇就弗及朱老师伊拉个丰富，海派味道就呒没介（北方人，譬如天津人也讲迭个字，不过读音搭上海闲话弗一样，赛过上海闲话个文读，意思相同）浓，尖音也少一眼。不过，黄老师个上海闲话也是比较正宗个。箇些故事，我是用"阿基米德"App 听个，栏目是"阿拉讲故事"，"喜马拉雅"App 也有一部分迭些节目，"谈天说地阿富根"则是另外一档节目。

也有人讲上海闲话故事就推板一眼哉，用上海闲话特色词汇替换忒少，外加老派腔调勿足，还常庄读错音，譬如"喜马拉雅"网络电台里向个一些节目。伊拉下个功夫也忒少，吃弗准个读音，应该查查上海闲话词典，或者到吴语协会个"不律"网站浪查一查；词读错唠句子读错唠轧牢唠啥，应该重新录音、剪辑，弗好拿有交关错误个音频摆到网浪。不过，迭只网络电台讲个《弄堂》迭本书交关赞，上海闲话词汇交关丰富、正宗，外加是中派搭仔老派个，写个字也基本浪是上海闲话正字。我迭本书也采用仔伊个交关例句。

我乃朝之所以调转方向推崇朱信陵、王燕老师个节目（我欢喜个顾超老师过世交关年数拉哉，李征老师也奈里八早就退休哉，伊拉个录音网浪也寻勿着），是因为相比之下，《谈天说地阿富根》个上海闲话特色已经勿是老浓个哉。一方面，搭《谈天说地阿富根》迭档节目个内容有关系，基本浪是眼门前个新闻（新思想、新词汇），难以用老派上海闲话改写，要嘛勿适宜用上海闲话词汇。另外一方面，伊拉可能呒没介许多辰光改写稿子。噶咾上海闲话味道就勿够浓。

三、致敬老前辈

从年龄浪讲，姚慕双、周柏春、杨华生、笑嘻嘻几位老师比朱老师大仔交关，资格再老个还有王无能（有"老牌滑稽"美称）、江笑笑（社会滑稽）、刘春山（潮流滑稽）、鲍乐乐、程笑亭（摩登滑稽、冷面滑稽）、金慧声等老前辈[①]，伊拉个上海闲话当然也是老派上海闲话个代表，不过讲个苏州词汇稍许多一眼。不过从词汇、语调角度看，迭些老前辈个上海闲话比朱信陵、王燕老师个加二代表老派，伊拉是伊个年代个，箇也是必定个事体。

---

① 王无能、江笑笑、刘春山人称"滑稽三大家"，乃当中，王无能资格最老，江笑笑实力最强。

　　譬如二十世纪二三十年代个"实梗"（苏州闲话是"迭能"，松江闲话是"实盖"，上海土白是"什介"）、"哪亨"（哪能）、"小拉里"（还小）、"对刮"（对呀）、"噶介"（句尾语气助词）、"吃偌"（吃呀）、"坐偌"（坐呀）等讲法（以苏州闲话为主），还有"嚟哉"（譬如"俫话咾要我到茶馆里去，就到茶馆里去嚟哉"，此里"咾"表示承接，也可以拿话咾理解为说什么）、"拉个"（譬如"老早子石匠咾木匠造拉个""有人种拉个""画拉个画"，拉是舒声字）等讲法，垃垃伊拉个闲话里一径出现。

　　王无能比较早个录音是 1921 年个，100 年之前个哉。喜马拉雅网站有交关二十世纪二三十年代个滑稽戏录音，侪是迭些老前辈个录音。里向有交关讲法是苏州闲话讲法，乃朝垃垃上海闲话里向基本浪消失也可以理解。老前辈拉个语调搭朱信陵老师伊拉个也有蛮多弗同。埃个辰光普通市民讲个上海闲话实头有老搭土个味道，譬如网浪可以搜到个小学生上课个视频，讲《悯农》诗个，搭当时个上海文化蛮配个。

　　搭伊拉相比，朱信陵搭王燕老师个上海闲话有一眼"经院派"味道，譬如朱老师伊拉个尖团音分得更加清爽。"新鲜"两个字侪是尖音，朱信陵搭王燕老师读勒蛮准足，不过，前头讲个有几位老艺术家反倒读成团音。"小""枪"等字个读音情况也差弗多。伊拉对交关字勿讲尖音，也可能是因为市井俗语缘故。

　　朱老师伊拉有"经院派"味道，搭伊拉是新中国成立后个评弹剧团演员个科班出身应该有关系，而伊些老前辈则出身（指艺术生涯出身）于 1949 年前个民间，用新法闲话讲就是草根出身。本书"风土人情、民俗文化"章末脚一节"上海个曲艺"讲到，迭些老艺人垃垃旧社会地位邪气低，伊拉基本浪出生于贫苦家庭，而劳苦大众弗可能像上流社会人士埃能邪气注意讲一口标准个上海闲话。

　　伊些有铜钿、有空闲个人，比较关注自介个身份搭形象，包括讲出来个上海闲话也弗能弗正宗——老一辈移民呒办法，改弗脱外码头（外地）口音搭乡下头口音，伊拉个儿孙一定要讲一口标准个上海闲话。所以垃垃迭个阶层、迭个群体里向，尖团咾、相近韵母发音个细微差别咾、相近音调个细微差别咾啥，侪要分得清。

　　另外，也正为之评弹演员出身，朱老师搭王燕老师讲个上海闲话里向，苏州闲话读音（譬如 [e]① 韵：岁、税、醉、餐、展，松江闲话读音也是箇能）、词汇搭讲法交关多，实际浪可以用上海闲话读音、词汇搭讲法替换个。不过，讲上海闲话（包括讲新派上海闲话）辰光用苏州闲话词汇搭讲法，甚至大量使用，并弗是缺点，交关上海闲话词汇本身就是来自苏州闲话，外加垃垃二十世纪之前，上海人还以讲苏州闲话为荣呢。

可以迭能讲，苏州闲话里向还有老派上海闲话个交关词汇咾读音搭讲法（包括语法）。譬如讲，大多数上海人侪晓得"物事"个"物"是 [m] 声母，不过读"物件"个"物"个辰光一般侪读 [v] 声母，也可以理解为文读。而（老派）苏州闲话旧原读 [m] 声母，譬如讲"箱笼物件嗨嗨威威"，就是"大包小包行情行事"个意思。"晚爷"（弗了解个人还当仔写"蛮爷""慢爷"）甚至"一万"两个词侪有 [m] 声母，最起码垃垃老派上海闲话里向是迭能，"万"是 [m] 声母字，广东闲话也读 [m] 声母。迭个就是微（声）母读双唇音 [m]。[me]（作者注：字库缺字，只好用拼音）一根香烟，也是迭个情况。

四、不律吴语版拼音方案——上海闲话

迭本书里向个上海闲话拼音，用个是不律吴语版拼音方案（配以"小狼毫"输入法，用方括号标识②），我也交关推崇不律吴语版拼音方案，伊简洁、合理（甚至可以讲是科学，贴合学习、使用者个心理，勿容易往普通闲话拼音搭英语单词方面联想）、易用，更加重要个是，伊表示个是老派上海闲话发音。迭只方案搭上海吴语拉丁式注音法个共同点比较多，譬如有交关相同个声韵母表示方法；迭只方案采用仔英语国际音标个交关表示方式。当然，迭只方案肯定还借鉴仔别个拼音方案，是垃垃弗同优秀方案基础浪设计出来个。

朱信陵、王燕老师个发音将将好可以配合不律吴语版拼音方案——上海闲话，方便学习者学习、研究者研究。不过朱老师有个字勿分搭两个韵母个读音，箇点勿全部搭不律拼音方案相同，也就是讲，伊分得勿是特别

---

① 再譬如有些上海人对"男"个读法。
② 普通闲话拼音搭英文字母、单词侪勿加方括号。

清爽。另外，朱老师伊拉文读比较多（老上海知识分子个特点），乃当中，有一些文读搭不律拼音方案个勿同，譬如伊拉"下""加""怀"个读音搭普通闲话交关接近[①]。不过，弗好讲伊拉个读音弗对，因为一些老上海人确实就是迭能讲个。

朱老师、王老师伊拉个发音搭不律拼音方案个吻合度大约摸垃垃93%以上，箇一点是我个感觉搭估计，也是基于听仔朱老师伊拉个大量故事，搭仔充分研究、大量使用不律吴语版拼音方案——上海闲话作出个估计。迭能高个匹配度，说明伊拉两者真个是黄金搭档，也说明朱老师、王老师讲个上海闲话是几化标准[②]！

朱老师、王老师有少量读音常庄搭不律拼音弗一样（此里讲个情况搭前一段后半段讲个情况勿属于一类），譬如"确""觉""曲"（实际浪是方言里向个多音现象），偶尔又会一致，让我吃伊弗准。我当时倾向于不律拼音个权威——毕竟伊应该是集体个智慧结晶，经过多方检验个。后首来，我听到周柏春等老前辈个节目、阿富根节目等里向个读音搭不律拼音是一致个——支持仔我个倾向，交关开心，乃好越加信任不律拼音方案——上海闲话哉。

根据姚慕双、周柏春、杨华生等老艺术家个节目判断，伊拉个发音搭不律吴语版拼音方案——上海闲话个匹配度也相当高。为之讲，迭只拼音方案是有基础、合理个。[③]

本书编排、组合有系统性、关联性搭逻辑性。我精雕细琢整本书，使写作体例加二科学、合理，特别是词汇部分，适应读者个阅读、学习心理，有利于提高学习效率；消除上海闲话书面语风格，拿全本书打造成口语学习个工具书；垃垃老派上海闲话体系方面，加强研究搭写作深度，采用加

---

① 评弹演员朱老师、王老师讲个苏州闲话、常州闲话等方言也邪气好，受箇些方言（尤其苏州闲话）影响，而出现迭些搭不律拼音方案咾我伲平常讲个上海闲话弗同个读音。

② 迭种好个结果可能有两种缘故。一是伊拉成长个环境多数是标准个上海闲话环境；二是伊拉用功学习标准个上海闲话，譬如跟先生学，寻到标准个上海闲话环境后自学，搭仔用听录音、看书等方法自学。

③ 黄炜.老派上海闲话个腔势［J］.汉字文化，2019（13）：161-163；黄炜.浅谈老派上海话的魅力［J］.文化创新比较研究，2022，6（16）：27-30.

二体现老派个字词搭讲闲话个习惯，相帮读者穿越到二十世纪二十年代到四十年代个上海闲话环境里向。

　　书里向个装饰插图来自百度搜索提供个图片，我对迭些图片个作者搭提供者表示衷心个感谢！垃垃语法搭词汇方面，我从钱乃荣教授个几本书里向借鉴仔交关内容，向钱教授致谢！由于我个学识有限，书里向难免会有瑕疵，敬请读者批评指正，作者个邮箱：huangwei0630@163.com。我也垃垃喜马拉雅网站建立仔自介个音频分享站点，各位读者可以访问 https://www.ximalaya.com/zhubo/205857593（要嘛垃垃"喜马拉雅"网站搜索"老派上海闲话传承"音频站点），我摆仔蛮多搭本书相关个录音（我自介讲个）垃里向头。

「**阅读提示**」

　　垃垃交关情况里向，上海闲话常用正字：

　　"搭"表示普通闲话个"和"字，"个"表示"的"，"侪"表示"都"，"垃垃"表示"在"，"浪"表示"上"。

黄 炜

2023 年 3 月

于上海工程技术大学管理学院

目　　录

导言　上海闲话搭吴语体系

　　吴语又叫江浙语、吴越语、江东话、江南话，以上海闲话为代表，也有讲以苏州闲话为代表，使用人口占汉族总人口个 8%。吴语是中国第二大方言。吴方言区包括江苏省个长江以南、镇江以东部分^①，上海，搭仔浙江省大部分地区。也有人讲，吴语还分布垃垃安徽南部、江西东北部、福建北一角。吴语语音保留仔老多古音元素，垃垃词汇搭语法浪也有交关独特个地方。

　　吴语又分北部、南部、西部吴语，北部吴语又称太湖吴语，是吴语个核心。太湖吴语又可细分为毗陵（常州搭附近地区个古称）小片、苏沪嘉小片、苕溪^②小片、杭州小片、临（即临安，有别于杭州地区）绍小片搭甬江（宁波地区）小片。北部吴语区主要是平原地带，区内交流密切，所以北部吴语片区内（弗同小片区间）通达程度比南部、西部吴语区个高。

　　上海闲话属于吴语个太湖片苏沪嘉小片，融入了北部吴语个主流特征。上海闲话搭吴语太湖片个余多方言基本浪能互通，相互借用词汇。老底子，

---

① 镇江部分地区个方言搭吴语也有交关交集。譬如丹徒、扬中，埃面交交关关词汇搭吴语词汇是一样个，外加是双方底层词汇、特色词汇，是老底子传承下来个，有个音调也相同咾相近，譬如拿西瓜脲开来、觳瘠、颈起来、筲箕、脚盆、（上岸个）跳板（弗是跳跳蹦蹦跑过去，而是类似电脑主板跳线个跳、跨越）、哀求苦恼、烧虾等"弗及红"。不过，简点地方垃垃当代并没被看作吴语区，当然也有人认为伊拉属于吴语区。唐朝之后，镇江就是南北文化交融个地方，长江搭大运河垃拉此里交汇，也是吴语搭北方方言交融个地方。镇江个方言可能因此大大较受江北方言影响，而失去仔吴语个发音特色，特别是声调。可以拿镇江看作吴语区搭江淮官话区个分界线，伊个语言兼具两边个特征。

② 苕溪垃垃浙江省北部，是浙江八大水系之一，也是太湖流域个重要支流。由于苕溪流域内沿河各地盛长芦苇，进入秋天，芦花飘散水浪如飞雪，引人注目，当地居民称芦花为苕，故名苕溪。

1

开埠①前上海闲话是吴语里向发展相对滞后个方言，噶咾到今朝还保留仔交关古代语音、词汇搭语法，老派上海闲话更加如此，邪气有传承搭研究价值。广东闲话也有类似价值。

1　上海闲话个类别搭历史

狭义个上海闲话指上海市区方言，也就是乃朝被广泛认同搭使用（包括被上海郊区居民认同、使用）个上海主流、通用方言。现在，广义个上海闲话还包括松江闲话（包括七宝闲话、莘庄闲话）、嘉定闲话（包括宝山闲话）、金山闲话、青浦闲话（练塘方言）、浦东闲话、奉贤闲话、崇明闲话。

上海闲话形成到乃朝，大约有八百多年个历史。而能够考证个资料是，明代正德七年（公元 1512 年）序刊个《松江府志》，伊个卷四"风俗"记"方言"部分话："府城视上海为轻，视嘉兴为重，大率皆吴音也。"迭个记载表明，起码垃垃十六世纪初，上海方言区就已经形成。之所以"视嘉兴为重"是因为，老底子个松江县归嘉兴府管辖，当时松江还弗是府；之所以提到上海是因为，后来上海县搭松江县是松江府两大重镇。到仔清代，乃嚡再"视苏州为重"哉，苏州闲话也成为上海闲话发展个主要来源。

我伲能看到个最早个上海闲话文字是清朝嘉庆初年，上海才子张南庄用上海闲话夹官话写个白话章回小说《何典》，到乃朝有两百年历史，伊里向个词汇、语法搭乃朝个上海闲话一脉相承，俖乃朝讲个交关上海闲话垃垃伊个辰光就有哉。噶咾讲上海闲话是苏州闲话搭宁波闲话咾啥拼装个，实头是大

---

① 开辟为商埠，设立外贸口岸。1843 年 11 月 17 号，根据《南京条约》搭《中英五口通商章程》个规定，上海正式开埠。乃嚡，中外贸易中心逐渐从广州转移到上海，外国商品搭外资纷纷涌进长江门户。上海开埠两年后，英租界设立，随后法租界、美租界相继设立；光绪二十五年，各国公使议决，英、美租界合并，再加上新辟泥城桥以西搭虹口个新租界，统称公共租界，各租界勿断扩展。公共租界面积顶大个辰光有 33 503 亩，比上海交通大学闵行校区个 7 倍还要大一点。

大个误解,上海闲话源自松江闲话(起码搭松江闲话同源),后首来又受江浙等地闲话影响,甚至也受外国闲话影响,发展成功独特个方言。用上海闲话、苏州闲话写个长篇小说有《九尾龟》《商界现形记》等,有几十本之多;还有《三笑》《描金凤》《珍珠塔》等戏曲小说(譬如弹词脚本)搭仔散文小品等。

2 地理因素对上海闲话个影响

老底子上海地区最重要个地理分界线勿是黄浦(伊乃朝拿上海分隔成功东西两爿),而是吴淞江,伊拿乃朝个上海地区分隔成功南北两爿。范围再大一眼,古松江拿长江三角洲分成功淞北搭淞南两半爿。淞北区域个闲话统称嘉定方言区,迭爿沪荡清朝辰光是太仓州管,乃朝个宝山也垃拉迭块区域;淞南一直到杭州湾,长期归松江府管,不过只有华亭县搭上海县。两千多年前,吴淞江也是吴越两国大军对峙决战个地方。

下海浦垃垃乃朝个海门路,下海浦东面有下海庙,垃垃乃朝个昆明路海门路路口。河西个居民到下海庙进香要经过一顶桥,因得香客手提装满香烛供品个篮,噶咾桥就叫提篮桥。民国后下海浦被填,桥也拆脱哉。

(我住到闵行辰光也亲眼看到一条蛮宽蛮长个河浜被填脱,就是乃朝个莲花路,当时是 1999 年,附近是农村小集镇个样子,一大片地方俦是农民个房子。埃面墙并弗是纯粹乡下个样子,看到个基本浪是瓦屋咾水门汀路咾河浜搭树木咾,看大弗到农田,噶咾讲是农村小集镇个样子。迭个是乃朝个莲花路伊个辰光西面个样子,垃垃东面就完全是城市个样子哉,不过伊个辰光还是交关落乡个,迭块地方也蛮破个,属于梅陇镇,不过已经是城市个样子哉,弗像前头讲个集镇。伊个辰光南方商城东面个地方也属于梅陇镇,镇政府就垃垃乃朝个莲花广场位置浪。乃朝此里属于古美街道,梅陇镇个范围向北弗超过沪闵路。)

上海南北两边个方言主要就以吴淞江故道为界。老底子,华亭是松江华亭;老宝山(现在郊环线穿过个地方)现在属于浦东,垃垃古代,吴淞江分割迭块区域个辰光，此地是宝山。

诸君注意，弗好拿现在个上海地图比照，现在黄浦江流入长江口，长江再入东海。古代个上海地域弗是现在个情况，海岸线要偏西得多，垃垃战国辰光，海岸堤坝是沿垃乃朝嘉定个外冈咾青浦个徐泾咾闵行个马桥咾奉贤个邬桥咾金山个漕泾咾箇条线造个。比照现在个地图可以看到，现在上海个一多半地方当时辰光侪是大海搭海滩，涨潮会得涨到刚刚讲个箇条海岸线。古代个吴淞江搭后来个黄浦江侪直接流入东海。

当然，乃朝个黄浦江是流入长江口，老早点有江轮譬如从武汉到上海，大轮船就是从宝山区搭浦东个交接点吴淞口进黄浦江个，一直开到外滩个十六铺停船，乃嚛乘客下船。二十世纪七八十年代，码头浪还有癞蛤蟆小汽车乘，也可能是柴油车。吴淞口外面就是长江口咾长兴岛，假使大轮船是凌晨进吴淞口个，乃嚛乘客个感受就是，先是墨黯乌黑，一片黑夜茫茫，慢慢较江两岸灯光越来越多，江面浪个船也越来越多，到最后一片辉煌繁华个景象，大小轮船川流不息，偶尔还发出呜呜个汽笛声。有个船拖著别个船，有个巨轮比长江上游来个大客轮还要高得多咾长得多，就像矮子看见仔巨人。迭个辰光客轮已经到虹口区港口咾黄浦区咾外滩哉。

吴淞江（古称松江、吴江、沪江）起源于苏州吴江县（乃朝是吴江区），伊个辰光松江邪气宽，古代吴淞江下游近长江口处（远古，吴淞江是主流，黄浦反倒是支流），有上海浦搭下海浦两条支流。后首来上海浦搭伊西面个黄浦合并起来哉（黄浦垃垃上海浦个西面，话咾/据讲是明朝人力所为，使之合并个），上海浦变成功现在从龙华到外白渡①桥个一段黄浦江。到仔南宋，吴淞江开始淤塞，吴淞江式微之后，水势大大减小，到仔旧上海境内，就称苏州河（有称宋家浜个）。

苏州河就是乃朝黄浦江个支流（为啥讲乃朝个吴淞江是黄浦江个支流？因为苏州河流入黄浦江）吴淞江②上海老市区段（或者讲，乃朝个吴淞江垃垃苏州河个西面，搭苏州河相连）个俗称。有迭个俗称，因得沿仔箇条河，船能从

---

① 白渡，即日长世久摆渡个音变，还有一种讲法是，一位中国人垃垃苏州河进黄浦个附近河段免费摆渡，抵制外国人个高价摆渡，造仔桥嚛就叫白渡桥。外，即河浜个外口，下游入江、入海处。
② 宝山区有交关带"淞"字个地名也是因为吴淞江。

上海挪到苏州。

二十世纪初之前，普通老百姓基本浪侪是坐仔小木船，"昂——嘟～，昂——嘟～"沿仔苏州河挪/摇仔三日三夜进上海个——埃个辰光，既勿通火车，也勿通汽车，普通老百姓也没条件骑马咾坐马车。譬如弹词大师蒋月泉个爷蒋仲英少年时代就是迭能从苏州到上海寻生意个。青龙镇垃垃现在个青浦区。

同样个缘故，由于陆路交通勿发达，走陆路弗及走水路方便、快捷。宁波人到杭州去，路浪要走好几天，调仔到上海去嘎，垃垃屋里门口上船（水乡特点），眠一觉，一日一夜就到上海十六铺码头哉，比仔到杭州快交关，也比苏州到上海个水路方便。

3 上海闲话个形成、发展搭别个吴语之间个相互影响

作为原生方言，松江闲话搭浦东闲话奠定仔上海闲话早期面貌。苏州闲话因其权威性（垃垃吴方言地区个权威性）搭仔丰富个文化形式（评弹、小说、苏滩、昆曲等），对上海闲话影响巨大，是上海闲话形成过程中吴语语音个重要源头之一，奠定仔"中派"上海闲话个基本格局。苏州闲话搭上海闲话词汇重叠（相同）情况交交关关。

今朝个上海闲话是垃垃松江闲话基础浪发展起来个，受苏州闲话、宁波闲话影响较大（迭个造就仔上海闲话兼具苏州闲话个软、宁波闲话个硬），是各路吴方言个混合体，汇聚仔吴越江南语言文化个精华。基于强劲个文化影响力[1]，以苏州闲话为代表个苏南吴语能大大较影响上海闲话；基于强劲个经济影响力，以宁波闲话为代表个浙北吴语也大大较影响仔上海闲话。

---

[1] 1949 年前上海个苏州评弹、说书馆有 600 家，几乎走两步就可以听到弹词唱腔。垃垃上海，受欢迎个苏州余多文化形式还有吴歌、昆曲、吴语小说。

尽管上海也有交关苏北人，不过伊拉老早点既没几许文化影响力，也没老大个经济影响力，再加上伊拉个江淮官话搭吴语个差别也比较大，所以苏北闲话对上海闲话个影响小得多。

上海闲话实质浪既是融合了各路移民方言（也包括广东闲话等）搭仔外国闲话（包括英语、法语、日语等），又保持仔自介基本构成搭特色个语言。上海垃垃十九、二十世纪，成功文化（包括语言）个集散地。作为一种混合方言，外加常庄有简化情况，上海闲话个词汇、语法结构容易被余多吴语使用者理解；上海闲话也较早摆脱仔狭地域性个土语。

噶咾，从二十世纪初到七十年代，上海闲话甚至垃垃一定程度浪具有江浙"普通闲话"个地位。同样个道理，箇就是为啥上海郊区人一般侪能轻松听懂上海市区闲话，而交关市区人起头弗容易听懂郊区闲话。

垃垃吴语区，苏州长远以来居于文化优势地位[①]，而二十世纪三十年代以来，苏州搭上海个地位一降一升，上海产品搭文化（包括上海闲话）个地位，侪有交关大个提升。上海闲话迅速成为吴语区太湖片发展最快且最有影响力个吴语方言。

上海闲话曾经被认为是最有影响、最有代表性个吴语方言。不过，由于人口融合带来个快速蜕变搭推广普通闲话，上海闲话搭余多吴方言相比，迅速异变、官化，已经越来越失去吴语个特性搭代表性。懒音现象邪气严重（由于母语教育减少，各地吴语方言垃垃弗同程度浪侪有懒音现象），青少年吴语能力普遍低下。从另外一个角度理解懒音现象，就是语言发展到一定程度后，往往会出现从复杂到简单个趋势。

尽管迭能，乃朝上海闲话旧原是吴语地区最有影响力个方言，譬如苏州人、宁波人（尤其年轻人）讲个当地方言有向上海闲话接近个倾向。上海闲话个方言词汇也散播到江浙一些地区——是方言词汇，而弗仅仅是老早就进入普通闲话个上海词汇。箇两种词汇是弗一样/两样生个，前一种旧原是方言词汇身份；后一种老里八早就有仔普通闲话词汇身份，尽管伊拉同时也具有上海闲话词汇身份。

---

① 大约摸垃垃二十世纪之前，苏州闲话垃垃上海个地位像煞法语垃垃沙皇俄国个地位。垃垃古代，英国等欧洲国家个上流社会人士也用法语交流。

4　上海闲话个发展搭仔人口因素对伊个影响

上海垃垃长江三角洲个滩头，所以叫上海滩。上海是一个垃垃近 180 年内快速发展起来个大城市。1843 年开埠辰光，上海县城只是一个方圆 9 里个小县城，垃垃现在黄浦区个中华路搭人民路环路当中个一块地方。

近 180 年来，上海闲话搭上海迭座城市一样突飞猛进。上海闲话个一些要素（词汇、读音、语法）垃垃短短两三代人当中，就出现了比较重大个变化，迭个垃垃中国近代语言发展史浪是独有个。

1950 年[①] 非上海籍人口占上海地区人口总量个 85%。但是上海闲话旧原强劲，也算是奇迹。可以理解为本邦人、客邦人对上海文化个认同，保护仔上海闲话。

上海地方志记载，1950 年 1 月上海市人口构成统计情况如下：垃垃上海 498 万人口中，上海本籍人口占 15%（城区越加低），苏南籍移民人口占 35%，浙江籍移民人口占 25.78%。也就是讲，上海本籍吴语人口搭余多吴语区移民人口大约占上海总人口个 75%。挺下来 25% 个人口是非吴语区移民人口，其中，苏北籍占上海总人口个 13%，广东籍占 2.4%，安徽籍占 2.38%，山东籍占 2.2%，余多籍大约占 5%。

从另外一只角度看，上海个移民勿是一燧头大规模移入，并且迭些移民来自"五湖四海"，移民带来个方言相互抵消，勿会动摇上海闲话个根基[②]。齐头通过多种方言相互作用，客邦人（外来移民）搭本邦人一道翻新仔上海闲话。

---

① 二十世纪五十年代上海市政府户籍限制制度出台，缓解了移民个大量涌入，垃垃一定程度浪保护仔上海闲话。

② 勿像南宋初年，开封一只地方个人一燧（蓬/捧）头大量涌入杭州，对杭州闲话产生了一种覆盖式影响。

第一章　语音

「**阅读提示**」部分读者一时头浪勿适应本章内容个说话，尤其拼音内容，可以先学习后头几章。后几章也穿插标有拼音，方便读者学习，等到侬慢慢较适应仔，再细细较阅读本章，将会大有收获——本章对侬大大较提高上海闲话水平，是弗可多得个。

本章从声母个特点搭规律、老派上海闲话复杂而富于变化个韵母、单字声调、连读变调规律、连读搭分读个用头、尖团音搭相关规律、文白异读、容易读错个音等几只方面，着重论述乃朝绝大部分上海人勿了解、混淆勿分个上海闲话语音知识，以传承老派上海闲话个更高分辨度搭优美特点。

1　声母个特点搭仔规律

第一，舌头音：[t][th]（送气音）、[d][n]（次浊声母）、[l]（次浊）。

上海闲话有清浊声母之分（尤其单字清浊分明，不过连读辰光常庄发生变化，譬如"忌讳"个"讳"，清音转读浊音，弗要硬劲读成清音；一只反例是"东半爿"个"爿"常庄被读成清音，因得是连读情况，伊原本是浊音），继承仔古汉语特点。现在交关上海人对有些声母已经分弗清清声搭浊声哉——常庄拿浊音声母个音读成清音声母个音哉，譬如"俗"。

[t] 是清音声母，伊是"德"字个声母。"端""打""对"箇些字个吴语声母俪是 [t]，伊比 [d] 发音清脆。

[th] 送个声母也是个清声母，伊是"脱"送个字个声母，是 [t] 个送气音。"透""吞""腿""托"箇些字个声母俪是 [th]。

[d] 是全浊声母，伊是"夺"迭个字个声母。"道""谈""达"等字个声母侪是 [d]，一般情况，读单个浊音字辰光，搭低一眼个声调结合垃垃一道，发音低沉浑厚，喉咙比较松。浊声母发音起头就振动声带，带有音调，噶咾伊个英文单词是 voiced sound。

[n] 声母是次浊声母，例字有南等。另外，普通闲话个 r 声母个字垃垃上海闲话里向发 [n] 声母个音，譬如人、日、染 [nie2]；另外一部分字读 [z] 声母个音，譬如冉、瑞。

['n] 是次浊声母。

['l] 是次浊声母，例字有拎。

第二，唇音：[p][ph]（送气音）、[b][f]（清音）、[v]（浊音）、[m]（次浊）。

[p] 是清声母，伊是"帮"字个声母。"宝""贝""八"箇些字个声母侪是 [p]。

[b] 是浊声母，伊是"旁"个声母。"盆""棒""白"箇些字个声母侪是 [b]。吴语里向"合并"个"并"搭"并且"个"并"读音并勿同，前头一个读清音，声母是 [p]，后头一个字读浊音，声母是 [b]。写成繁体字或者异体字，"合并"个"并"写作"併"，而"并且"个"并"写作"並"。

另外，普通闲话个一些 f 声母（清音）垃垃上海闲话里向发 [b] 声母个音，譬如"肥皂"个"肥"（多音字）、防、缚；也有发 [v] 声母音（浊音）个，譬如符、辅 [vu3]、负。

['m] 是次浊声母。

清朝学者有一个学术成果：古无轻唇音。现在个轻唇音古人读重唇音或者别个音。轻唇音就是 [f][v] 类音，用下唇搭上齿发音；重唇音就是用双唇发个 [p][ph][b] 类音。譬如崇明、奉贤、松江人，尤其是老早个人，勿发 [f][v] 音，拿"风"读成 [hon]，拿"奉"读成 [ghon]，"红帮裁缝"迭个称呼就是迭能来个，实际浪是"奉（化）帮裁缝"。

上海红帮裁缝比较早也交关有名头个是王才运个"荣昌祥"西装店（前店后工场式）。1910 年，伊开垃垃南京路西藏路口转弯角子浪，也就是后首来大新公司所在地。1921 年，孙中山先生设计个第一件中山装就是"荣昌祥"做个。

上海闲话里向，"防止""肥皂"个头字侪保留仔古代个重唇音。

第三，齿音：[ts][tsh]（送气音）、[s]（清音）、[z]（浊音）。

齿音，顾名思义，就是垃垃牙齿部位发个音。

[ts] 是清声母，伊是"资"个声母。

[s] 是清声母，而 [z] 是相应个浊声母。[s] 声母个例字有三、爽、杀等，尖音"先""小""雪"箇些字个声母也是 [s]。"泽""上""床""石"迭些字侪是 [z] 声母。弗要拿清声母个"兽医"读成浊声母个"寿衣"，弗要拿清声母个"世博会"读成浊声母个"市博会"，弗要拿浊声母个"仲"读成清声母"种田"个"种"，等等。对迭些字，乃朝交关上海人分弗清清浊。"四十""三十"搭"十月""十四"，前头一组词里向个"十"读清音，后头一组里向个"十"读浊音。不过"六十几""五十一"等等，特别是"八十几"等词组里向，"十"读 [zeh]，外加声母轻化、模糊化。

第四，舌面音：[c]（清音）、[ch]（送气音）、[j]（浊音）、[sh]（清音）、[ny]（次浊）。

[c] 是清声母，"机""见""脚""剑""建"个声母就是 [c]。

[ch] 迭个声母个例字有巧、欠、吃等。吴语 [ch] 个发音部位比汉语拼音 q 个发音部位靠后一眼。

[j] 是全浊声母，迭个声母个例字有期、桥、旧、极、健等，还有"古猗园"个"猗"字。

[sh] 是清声母，声母个例字有晓、兴、血等。

[ny] 是舌面鼻音、次浊声母，迭个声母例字有泥、年、牛等。细细较体会"泥"搭"南"个声母，阿是有点勿同呢？前头一个是舌面音，后头一个是舌头音，前头一个鼻音重一眼。乃朝，"月""狱""尧""寓"等疑母字因得失落部分声母 [n] 而读 [y] 声母音。垃垃一部分年轻人搭小朋友讲个新派上海闲话里向，"银""迎""吟""娱""语""遇""愚""源""疑""义""宜""毅"等字也失脱部分声母 [n]，还有"额""碍""外（外公）"等字失脱 [ng] 声母（鼻音声母），甚至最常用个"我"字也失脱 [ng] 声母。

第五，喉牙音：[h]（清音）、[gh]（次浊）、[k]（清音）、[kh]（送气音）、[g]（浊音）、[ng]（次浊）。

• 喉音

[h] 搭 [gh] 是一对清浊对应个声母。[h] 是"好""灰""黑"等字个声母；而 [gh] 是"鞋""咸""合""画""华""厦（厦门）""夏""划（划船）""下"等字个声母，不过老上海讲迭些字辰光也带送气音。

• 牙音

[k] 是清声母，是"高"个声母；[kh] 是 [k] 个送气音，是"开"个声母；而 [g] 是全浊声母，是"狂"个声母。

[ng] 是后鼻音（"鱼"个读音）、次浊声母，迭个声母例字有额、咬、颜等。

['ng] 是次浊声母。

第六，零声母。

譬如"奥""要""汪"个声母就是零声母，可以看作伊拉没声母，迭些字读清音。余多例字还有衣、呀、央 [ian1]、音、永 [ion2]、一、郁 [ioh]、乌、喂 [ue3]、碗 [uoe2]、挖 [uah]、淤、鸳 [ioe]。

上头迭些读音添加或者替换相关声母后读次浊音（迭个辰光就弗是零声母哉），不过读音相近，请看下头个对比例字：矮 [a2] 搭鞋 [gha1]，澳 [au3] 搭号 [ghau3]，爱 [e3] 搭害 [ghe3]（上海小情侣个白话"侬害我"，是"害我"，弗是讲"侬爱我"），呕 [eu2] 搭后 [gheu2]，暗 [oe3] 搭汗 [ghoe3]，已、意 [i] 搭移 [yi]，闄 [iau2]、要搭摇、舀 [iu1] 搭雨 [yu2]，婉 [ioe2]、怨 [ioe3] 搭园、远 [yoe]，污、伍 [u] 搭舞 [vu2]，往 [uaon2] 搭黄 [waon1]。次浊音例字还有爷、叶 [yih]、浴 [yoh]、会 [we]（见）、玩 [woe1]、滑等等。

总结出迭个规律之前，垃垃我用不律拼音打字辰光，常庄吃弗准要弗要加次浊声母，乃嚜出错，降低仔输入速度。后首来我看文献获得启发，乃晓得箇些字当中个清声字声母是零声母，打字辰光弗要加次浊声母，次浊声字要加次浊声母，乃嚜提高仔打字正确率搭速度。

第七，鼻边音阴调变体：['m]['n]['ny]['ng]['l]。

垃垃相应个次浊声母前加 [']，表示高（单字）声调个变体声母。譬如拎 ['lin] 个声调高一眼（接近阴调），而零 [lin] 个声调低一眼，还有"毛毛头"个"毛"字、喜马拉雅个"拉"字，伊拉侪赛过阴平声调。

学会本章个上海闲话拼音知识，就能比较流畅个用上海闲话打字法输入上海闲话哉。用上海闲话输入法，一方面可以检查自介个发音盖对，起正音个作用，迭个道理搭用普通闲话个拼音打字法，可以检查自介个普通闲话发音盖对个道理是一样个。另外一方面可以起正字个作用，为仔上海闲话打字法一般侪有预设词组，预设词组里向个字一般是正确个。

噶咾，我俚要坚持用上海闲话拼音输入法输入上海闲话。起头会觉着邪气烦难，只要坚持，就会越来越顺利，最后侬会发现，输入上海闲话辰光，用上海闲话输入法要比普通闲话输入法快交关，效率高交关，正字率也高交关。本书全部文字侪是我用不律吴语拼音输入法——上海闲话输入个，用伊打字个速度比我用搜狗普通闲话拼音输入法输入普通话慢弗了多少。

2　老派上海闲话复杂而富于变化个韵母

第一，部分单元音字母韵母。

[o] 韵母个读音垃垃大多数吴语里向搭汉语拼音个 o 相近，主要对应普通闲话 a 韵母个字，例字有沙 [so]、马 [mo] 等。二十世纪三十年代，[uo] 韵母个字，譬如瓜、跨、沙、花、话，迭些字并入 [o] 韵母。为仔搭 [o] 韵母对照，我拿下头三个复元音韵母提前摆到第一条里向。

[oe] 韵母个例字有满、乱、酸、安、暗、案、干、甘、杆、感、敢、员、袁、缘、媛、园、圆、远、院、县、炫等等（对应于普通闲话 an 韵母字个一部分）。箇类字个韵母垃垃松江方言里向本身是 [e] 韵母（有眼像普通闲话个 ai 韵母，不过横埭 [du] 里开口没 ai 韵母大）。现在个交关 [oe] 韵母字，老派上海闲话发 [e/ae] 韵母音，箇也是继承仔松江闲话搭苏州闲话个读音，例字有最、展、餐、参、税、岁、贪、男、攀。"虾"个另外一个读音 [hoe] 是 [o] 韵母字儿化后鼻化音再失落个读音。乃朝大多数上海人拿交关 [oe] 韵

母字（譬如远）读成 [iu] 韵母音哉，造成交关同音字。

[uoe] 韵母个例字有碗、完、官、观、管、宽、欢等等，乃朝交关上海人已经分弗清 [oe] 韵母搭 [uoe] 韵母哉。读 [uoe] 韵母辰光，下嘴唇往里收，上牙先搭牢下嘴唇边，再开始发音，同时放开上牙搭下嘴唇。不过沈同（1981）认为，老派没 [uoe] 韵母，噶咾"管"搭"桂"个韵母相同[①]，伊个观点有道理个，因得 1862 年咾 1913 年外国传教士（也是语言学家）个记音是 [ue]，譬如"惯"咾"欢"个读音。

[ioe] 韵母个例字有权、拳、圈等等。

[i] 个读音搭汉语拼音个 i 交关像，不过垃垃大多数吴语里向，伊个摩擦音俦比普通闲话个强一眼，例字有皮 [bi]、飞 [fi]、薇、微 [vi]、维。汉语拼音拿"资""次""思"个韵母也用 i 表示；通用吴语拼音方案里向个 [oe3] 勿迭能处理，而用 [y] 迭个韵母（空韵），可以避免出现尖音字西 [si]（赛过英语单词 sea 个读音）等无法区别个问题。

[u] 个读音搭汉语拼音个 u 交关像，但不过读迭个韵母，大多数吴语发音个嘴巴胗紧度超过普通闲话个。伊是迭些字个韵母：符 [vu]、古 [ku]，等等。有个 [u] 韵母字是多音字，譬如"破"有常时读 [pha]，意思是推扳、败落（箇地方老破个），再譬如"大"读 [da3]、"拖"读 [tha1]。

"二"个读音： 一位数，老派读 [nyi]，譬如"第二""老二""阿二头""二婚头"；二位数，老派读 [nyi]，譬如"五十二""八十二"；三位数以上，老派读 [lian]，譬如"两百""一百零两""九千九百零两"；三位数以上连读辰光，读 [lian]，譬如"323""233"；用于年份，读 [lian]，譬如"年初二"；用于星期，老派读 [ni]，譬如"礼拜二"；用于量搭单位，老派读 [nyi]，譬如旧计量单位"二尺二寸"（新度量单位譬如"二吨""二公里"俦读 [lian]）。其他读音有二 [nyi] 七、两 [lian] 年级、两 [lian] 月份、高两 [lian] 两 [lian] 班、二 [lian] 斤二 [nyi] 两；"222"个读音是两百廿二 [nyi]。

[①] 沈同.上海话老派新派的差别 [J].方言，1981（4）：275-283.（沈同伊个辰光讲个新派搭乃朝个新派已经大大较弗一样哉，差弗多是乃朝个中派，伊讲个老派搭我心里向个老派基本一致。）

垃垃扑克牌里向，2 最小，俗称"烂污二"（烂污泥个谐音）；A（A 斯）是第一，最大（大小怪另外算）；K（老 K）是 13，第二大；挨下来是皮蛋（见图 1）、茄勾（文读）、10、9……牌戏里向个三带两，上海人叫"停房"，老上海人加二道地个叫法是"停房哈斯"，伊是洋泾浜语，英文是 full house——三面墙头加两侧屋顶就是完整个房子，前头开大门。

图 1　扑克牌里向个皮蛋

第二，复合元音字母韵母。

[iu] 韵母类似汉语拼音 ü 韵母，譬如"许""渠""区"个韵母，新派拿 [ioe] 韵母合并进 [iu] 韵母。沈同（1981）认为，老派读法"靴"个韵母应该是 [iu]。

[yu] 是苏州、宁波等地"水"迭个字个韵母，垃垃发 [y] 音个辰光嘴略微收拢仔就是 [yu] 迭个音。乃朝垃垃上海等一些地区，迭个韵母并入仔 [y]，因此"水"个读音是 [sy2]。搭 [y] 韵母一样，迭个韵母也只能跟仔 [ts] 行或者 [s] 类声母后头，例字有书、主 [tsyu]、吹 [tshyu]。参见本章"以'司''书'为代表个两类字个韵 [y] 搭 [yu]"一节。

[ai] 是"海""台""来"箇些字个韵母，伊对应普通闲话里向一部分发 ai 韵个字。垃垃一些方言譬如上海方言里，呒没冲突个说话，[ai] 可以简化为 [e]。[ei] 是"美""雷""对"箇些字个韵母。[ei] 韵母个字主要包括普通闲话 ei 韵母搭 uei 韵母个字。垃垃交关吴方言里向，譬如上海闲话、苏州闲话、无锡闲话、绍兴闲话，[ai] 韵母搭 [ei] 韵母是勿分个，噶咾 [ei] 韵母也可以简写成功 [e] 韵母。

[au] 是箇些字个韵母，譬如老 [lau]、桃 [dau]、豪 [ghau] 等等，伊主要对应普通闲话 ao 韵母。

[eu] 韵母个字（对应普通闲话 ou 韵母个字）有楼 [leu1]（弗读"裸"音，"楼梯"个读音搭"裸体"个弗同）、钩 [keu]、投 [deu1] 等等。

[ae] 是"蓝""兰""谈""烦"迭些字个韵母，对应普通闲话里向 an 韵母个一部分字个韵母。现在垃垃上海、苏州等地，迭个韵母搭 [ai] 韵母合并哉，乃嘎"来"个读音 [lai/le] 搭"兰"个读音 [lae] 弗分。甩 [huae3/huah]、关 [kuae] 搭辉 [huel]、归 [kue] 等字个读音实际浪是有区别个，读前

头一组字，嘴张得大一眼，外加要横埭里开得大一眼。

[ie] 是"点""便""见"迭些字个韵母，对应于普通闲话里向 ian 韵母个一部分字个韵母。垃垃上海、宁波等少数地区，迭个韵母搭 [i] 韵母合并哉，"衣"个读音 [i1] 搭"烟"个读音 [ie1] 相同。而垃垃多数吴语地区，伊个发音比 [i] 要稍许打开一点个，搭英文单词 copy 里向 y 个发音类似。

噶咾弗要拿"片"读成"屁"音（摩擦音交关强），有一只笑话就是拿"吃山楂片"读成"吃三只屁"。垃垃公司里常庄要讲"邮件"迭个词，侬弗会读 [ie] 韵个话，就会讲成"油鸡"哉。有个人名字里向有一个"健"字，大部分上海人由于弗分 [ie] 韵母搭 [i] 韵母，交关辰光也搞勿清爽浊声母搭清声母，乃噢一径拿人家名字里个"健"读成"鸡"。有辰光喊名字个人尴尬，被喊名字个人也尴尬。"李老师"搭（伊个）谐音"连牢输"第一只字个读音并弗一样，外加"输"带重音（尽管两只词侪是连读声调），不过区别实头弗大。弗要拿"年"读成"儿子"个"儿"，不过也弗要读成"廿二"个"廿"，"廿"读 [nyae3]，开口更加大。"念"可以读 [nyie3] 也可以读 [nyae3]。

[iuin] 是迭些字个韵母：君 [ciuin1，清声母]、群 [jiuin，浊声母]、勋、熏 [shiuin]，等等。不过沈同（1981）认为，老派没 [iuin] 韵母，噶咾"龚""训""熏"个韵母搭"兄"个韵母相同。实际浪，交关老前辈（譬如滑稽大师姚慕双）读个"兄"音搭前头几个字个音并弗一样，前头几个字个韵母类似 [iuon]。

第三，"消失鼻化韵"韵母。

所谓"消失鼻化韵"韵母，也就是讲，迭些韵母老底子侪带有鼻音，不过乃朝垃垃北吴交关地方，变成功非鼻化韵而勿带鼻音了。

第四，鼻（化）音。

下面个鼻韵母是目前大多数吴语地区还保留个鼻音韵母。吴语个鼻韵尾没前后鼻音搭 m 尾个对立，简便起见，侪用 [n] 表示。

[an] 是迭些字个韵母：冷 [lan]、梗 [kan2]、硬 [ngan3]、樱 [an]、杏 [ghan]，等等，还有"送行"个"行"。[an] 韵母个字对应普通闲话 eng 韵母个一部分字搭 ing 韵母个大部分字。

[aon] 是"党""网""郎""黄"迭些字个韵母，还有"行业"个

"行"。[aon] 韵母个字对应普通闲话 ang 韵母个一部分字搭 uang 韵母个大部分字。伊个发音类似英文单词 long 里向 ong 个发音，不过搭 [on] 韵母个读音并弗同。

传统浪，垃垃北吴地区箇两组字个读音是区分开个，也就是讲，"打"个读音 [tan] 弗同于"党"个读音 [taon]，不过近年来，北吴交关地区个新派口音侪已经勿区分箇两组音。参见本章后头个"以'打''党'为代表个两类字个韵母 [an] 搭 [aon]"一节。

箇些字侪是 [on] 韵母：东 [ton]、通 [thon]、风 [fon]，等等。老派上海闲话里向"荣""云"读音相同，新派弗同。

[ion] 韵母个字有"兄"，搭老派个"胸""勋"读音相同，新派弗同。

[en] 是箇些字个韵母：恨 [ghen]、村 [tshen]、腾 [den]，等等。

[in] 是箇些字个韵母：金 [cin]、品 [phin]、庭 [din]，等等。

第五，入声韵母。

入声，拨我伲个直观感觉就是短音，垃垃伊个发音后期，有一只勿发音个所谓"喉塞音"垃垃喉部堵牢气流，形成短促音。现在，吴语只有一只入声韵尾，就是喉塞音。

[aeh] 是迭些字个韵母：袜 [maeh]、辣 [laeh]、杀 [saeh]，等等。

[ah] 是迭些字个韵母：白 [bah]、客 [khah]、拍 [phah]、插、擦、册、赤（膊）、策、尺、察、斥（尿）、拆、（阔）绰 [tshah]、只、着、摘、扎、窄、匝、眨 [tsah]、夹（夹闹钟、夹忙头里、夹手、马夹），等等。垃垃大多数吴语地区（譬如苏州个新派口音），[aeh] 搭 [ah] 已经合并，简便起见，可以统一写作 [ah]。根据当时西方传教士记载，1899 年前上海还有 [æh] 韵母个字，譬如"掐"，乃朝迭个韵母个读音垃垃吴语区余多地方还有。

[eh] 韵母个例字：出（书）、测、撤、彻、（牵）掣、叱（咤）[tsheh tso3]、割，等等。老法里拿 [eh] 韵母个字"掇""夺""脱""撮"读 [oh] 韵母个音（迭种读法垃垃吴语区余多地方有），譬如"（衣裳）脱脱"两个字个读音弗一样，念 [thoh theh]。

[iuih] 韵母个例字：决 [ciuih]、掘 [jiuih]、撅 [ciuih/jiuih]（撅起嘴）、缺 [chiuih]、血、噱，等等。老法里也有读 [iuoh] 音个，类似前头第二条压末个 [iuon] 音。

[oh] 是迭些字个韵母：落 [lɔh]、镬 [ghuɔh]、独 [doh]、角 [koh]、樟 [kuɔh]、扩 [khɔh/khuah，老底子读 khuoh]，等等。老底子"潮"个读音是 [kuɔh]。苏州人搭二十世纪初个上海人拿"国"读成"骨"音，譬如演独脚戏个金慧声老前辈，还有评弹演员出身个朱信陵老师。"骨""阔"个韵母是 [ueh]。老派上海闲话"浴"搭"月"个韵母相同，新派弗同，不过老派另外一种读法个月 [nyuih] 带疑母 [n]。

大约摸 1939 年前，"哭"个韵母 [oh] 搭"壳"个韵母 [ɔh] 是弗同个。前一只韵母个读音搭乃朝 [oh] 韵母个读音有细微差别，开口小一眼，嘴往前伸，声音往嘴唇处发，因得要发 [o] 音，例字还有独、国、秃、北、竹、六等等。后一个读音搭乃朝个 [oh] 韵母读音相同，开口稍许大一眼（模仿雄鸡报晓个腔调），声音垃垃喉咙口发，例字还有薄、角、乐、落、捉等等。另外，乡下老人读"渴"个音是 [khoeh]。

[ioh] 韵母个例字：局 [jioh]、曲，等等。"局"个读音搭"轴"音相同。有些上海人，甚至老上海人，拿"曲"读成"阙"音。

[iah] 韵母个例字：脚、略、虐、箬（裹粽子个竹箬），等等。根据当时西方传教士记载，1899 年前还有 [iæh] 韵母个字，譬如"甲"，乃朝搭 [iah] 合并哉，[iæh] 韵母个读音垃垃吴语区别个地方还有。

第六，自成音节个韵母。

[r] 就是"而""儿"个韵母，搭普通闲话个读音类似，但勿哪能卷舌，譬如儿童 [r don]。

"唲""（囡）儿""五"，还有"尔"个白读音，迭些字的韵母侪自成音节。

3 单字声调搭连读变调规律还有连读搭分读个用头

第一，单字声调。

古汉语有四声，就是平、上、去、入四声，吴语继承仔古汉语个四声搭清浊对立，箇四声基于声母个清浊勿同，分化为八调，形成功四声八调个格局：阴平、阳平、阴上、阳上、阴去、阳去、阴入、阳入。用例字表示：东 / 生（阴平，高快降，52 调）；同 / 成 / 求（阳平，低平，22 调[①]）；懂 / 肚（阴上，高平，44 调）；动 / 肚（阳上，低慢升，113 调）；冻（阴去，高快升，35 调）；洞 / 旧（阳去，低快升，13 调）；督（阴入）；毒（阳入）。迭个发音规则交关重要，望诸位记牢。浊（音）声母是阳调，发音头起头就振动声带，低沉一眼；清音声母是阴调，声音清脆一眼。四声八调个声调，主要指单字声调。

吴方言一般保留七八个声调，不过上海闲话个声调已经由开埠之初个 8 个合并到乃朝个 5 个（新派上海闲话个声调）——阳调个平、上、去三个舒声调（舒声搭入声相对）合并成功一个阳舒调，阴上搭阴去调也合并哉，也就是讲，少仔三只。老派上海闲话保留 6 个声调：阴平、阴上、阴去、阳舒、阴入、阳入。阴上、阴去分别对应个一组例字（乃朝个上海人也分得清）：董府醒举鬼饱；冻傅姓据贵豹。苏州、杭州闲话保留 7 个声调，湖州闲话还保留仔完整个 8 个声调。

老底子，上、去声是弗同个，譬如"广"搭"逛""洞"，"养"搭"样"，"也"搭"夜"（老派读成类似普通闲话个去声，譬如读"吃夜饭"个辰光；还有，一只评弹唱篇"夜访陈友才"，评弹演员也读去声）。箇三组字里向，前头个读上声，后头个读去声，不过乃朝交关上海人分勿大清爽。

再讲几条规律。一是"平"分阴阳：中古音个平声发展到普通话里向，分成功阴平搭阳平声调。一般而言，中古音是清声母接韵母个平声，发展到普通闲话里向是阴平声调，浊声母接平声发展到普通闲话里向是阳平声调。二是全浊上声变去声：譬如"舅""动"是上声，普通闲话个读音是去

[①] 松江闲话搭老上海闲话一只顶大个区别就是，平调是低降调 31。

声。三是人派四声：入声字各自归入普通闲话个四声类别，规律勿明显。四是去声呒没变化。晓得迭些规律，就能从普通闲话读音浪推断上海闲话读音，用上海闲话输入法辰光，也晓得输入正确个拼音。

第二，连读变调。

吴语里向连读变调是常态，变调就是，声调勿同个字垃垃一道，组成一只词咾一只短语，讲迭个词咾短语辰光，自然调和出一只比较顺个声调来。（垃垃新派上海闲话里向，后字侪失去仔独立个声调而弱化粘着 [nyie zah] 前字。）譬如，垃垃病人、毛病、生病、老病鬼当中，"病"个声调勿一样，搭单单读一个"病"字个单字声调也常庄勿一样。一旦连读起来，吴语个单字声调就淹没勒连读声调当中哉。同样一个"病"，可以读高调（清音），也可以读低调（浊音），勿再像单字声调埃能介严格是低调哉。再譬如"拉耳朵""到乃朝"，两只词后头两个字个读音顺仔第一只字个音低下去、轻下去，特别是"耳"字，呒没原来个声调。箇两只三字词组也好分开来勿连读，乃嚜"耳朵"搭乃朝个声调搭仔连读辰光个就大大较勿一样哉。

噶咾，我伲弗能死板个遵照上海闲话词典里向个声调讲上海闲话（遵照词典埃能介读单字调没问题），旧原要遵照民间通俗个声调习惯，或者讲遵照阿拉平常讲个声调，要弗然，讲出来个声调会得怪里怪气个。譬如扫帚咾畚箕咾终点站个读音，还有五原路咾宁波个读法。

连读辰光，上海闲话声调个形成搭变化比较自由、宽泛 [fae3]。不过，连读变调勿是杂乱无章个，伊垃垃老大程度浪搭单字声调有对应关系，根据词咾短语里向各个字个单字调，可以推出迭个词咾短语个连读变调方式。譬如迭句闲话"侬听伊个，伊啊，说说罢了。真个伊弗敢做"，第一个"伊"必须读轻声，从"侬"到"个"一路轻下去。挨下来讲几条规律。

（1）头字是阳入声调个三字词组，新派常庄读降连调，而老派常庄读升调（第二只字是阴上、阴去，要嚜是阳舒调个说话，老法里基本浪侪读升调），譬如"绿宝石""落水狗""立起来""绿眼睛""实验室""腊八粥"①，还有后头个"喇叭花"。"拉差头"是反例，平平较读，弗读升调，也可以理解为弗连读（弗符合迭个规律，噶咾弗读升调），"喇叭花"个"叭"搭"喇"连

---

① "腊八粥"个"八"读阴入声调，不过调成功阳入声调个字也弗影响连读升调，旧原读升调。

读，而"拉差头"个"差"搭"拉"弗连读。

头字是阳入声调个四字词组，老派基本浪侪读升调，譬如轧弗上去、勒陌生头、着 [zah] 末生头、着生头里，反例有"石骨铁硬"；新派常庄读降连调。不过也可以拿迭种四字词组读成 22+55+33+31 连读调式，搭第一只字是阴入声调个四字词组个调式差弗多，新派偏向迭种调式，譬如"热汤热水"个调式。

此里侪讲到头字是阳入声调，舒声调嚜就弗一样哉。譬如老派上海闲话里向喇叭花唠喇叭腔，第一个字是阳入声字，整个词读升调；拿"喇"读舒声调（受普通闲话影响）个说话，整只词就弗读升调哉，而是平平较读。

还有一些常用词唠短语讲半升调，譬如终点站、听伊瞎讲，不过升调升勒朆没前头个升调高唠明显。照一般规律，第一只字是阴平，噶嚜应该读降调唠平平较连读，不过伊拉就是读半升调，大概是习惯讲法导致个。外加迭种词唠短语蛮多个，侬弗读半升调就弗是上海闲话腔调，变成功洋泾浜腔调哉。

（2）动宾式两字词组，前后字个结合可松可紧。结合松个，前后字侪勿变调；结合紧个，前后字侪可能变调。噶唠动宾式两字词组个连调读法往往是两可个，譬如缲边（模子）、举手、讨债（鬼）、算命（先生）、剃头（师傅）、磨刀（师傅／匠）、许愿、吃茶、发冷、澡 [hueh/hoh] 浴、赎药（买药）、落霜、落雨、落雪、拔草。

别个结构个词也有两种读法，譬如看到（哦、伊）、四面（侪是……）、（讲）气话、唱片、榨菜（蛋汤）、（好）睏觉（唻）、替换（衣裳）。读法弗同，是因为箇些词或者处于比较独立个语境或者搭别个词连用，譬如作为定语，见括号标识个用法。上一段情况类似。

（3）连调读法勿同可能有勿同个含义，弗同个连调读法常庄搭词个结构有关，譬如下头几个词个动宾式搭偏正式结构属 [zoh] 性个读法搭含义侪弗一样。

开面：偏正式个含义是宽 [khuoe1] 度、面积，譬如店铺开面，连读，迭个是常见用法唠常用意思；动宾式个含义是女子临出嫁绞脸毛，分开读。

敬酒：动宾结构，分开读；偏正式个用法有"敬酒勿吃吃罚酒"，连读。

　　生蛋：动宾结构，分开读，含义是下蛋；偏正结构，连读，相对熟蛋而言。

　　炖蛋：动宾结构，分开读，读原来个音；偏正式个含义是鸡蛋羹，连读，"炖"读重音，"蛋"读轻音。

　　炒面：动宾结构，分开读，读原来个音；偏正式个是名词，连读。

　　（4）别个结构个例子。譬如下头几个词：

　　做人家：三字连读表示节约，常见用法咾常用意思，譬如讲"吃起物事来，做人家来希个"，"做人家"个对立面是"拆家棚"；各字分开读，读原调，表示（好好较/能）做一份人家（持家），好好较/能做人（老古闲话有"学做人家先做人"）。相关讲法：一份人家（家产）全部铲光（用光，骗光）、做小人家（组建小家庭）。

　　九亩田：[cieu m2（白读）die]，连读是上海旧地名，垃垃老城厢，常用意思；[cieu m2/meu2（文读）die]，按词语结构分开读是数量词加名词。

　　热小菜：连读，后字升调，表示热个菜肴；分开读是动宾结构。

　　写两日：连读，后字音顺仔前字音降下去，表示写几日天，是常见用法；分开读，勿变调，表示确定个两天。

　　吃唻[转读leh音]快：分开读，勿变调，述补式，搭"吃得慢"相对，是常见用法；连读，后头两个字读音变轻，搭"吃勿快"相对，别个例子还有"读唻快"。

　　老大：分开读，譬如"老大个""交关大"；连读，譬如"大儿子""大阿哥"。阿拉老大一般表示大儿子，是代表我长兄个讲法，乃嚜讲"阿拉大阿哥"显得加二尊重。讲人家个"老大""老二"可以讲"大儿子""二儿子"，也可以讲"大阿哥""二阿哥"，譬如"侬老大/侬大阿哥""老大、老二/大阿哥、二阿哥俫来哉"。相关讲法还有阿二头、阿三头……阿七头、阿八头，俫是叫屋里小囡个，末脚一个还可以叫奶末头（背称或者自称）。

　　对过：连读，读音轻一眼，表示对面；分开读，发音重一眼，表示核对过，譬如讲"对过勒"。

　　有些两字组名词，照一般构词法看，赛过动宾式或者主谓式。不过，为仔前后字结合得紧，也就只能有一种连调读法，譬如连线（缝衣针）、调羹、如意、挖耳（挖耳屙个用具）、踏步（石级）、踏脚（脚踏车踏板、房间里

个踏脚板 / 搁脚板）、日食、地震、血冒（一种妇女病）。

连读变调对于吴语个意义是，让语流越加平滑、顺畅 [tshan3]、自然，声调起伏勿至于忒大，听感柔和。上海人读英文音译词辰光，连读声调搭原来个英文读音蛮像个，譬如"阿迪达斯"。弗管中文还是外文，声调比咬字准足加二重要，对方容易听懂。噶咾有人讲，上海人学英文要便当一眼。声调比咬字勿准足加二会让人家讲侬是洋泾浜，讲上海闲话也是迭能。

老派双音节词比新派少，有常时三音节词连读也弗是老紧密，譬如拿"三鲜汤"（再早是讲汤三鲜）、"芭蕉叶"个前两个字搭后一个字分开读。老派比新派语速慢，稳当当笃悠悠，比新派少一眼连读倾向。老派双音节词个连读声调也复杂多样，连读辰光读音曲折而后音较高较长，譬如"胆小"（44 长调 +44 长调）搭"酒水"（34+53）两个词个读音。老法读音弗是两只字分开个读音，也弗是新法读音介快个连读，优雅个老法读音就是迭能慢悠悠咾稳稳当当。

需要标注单字声调个辰光，我伲可以采用下面个单字声调数字标注体系：平声 [bin1]、上声 [zaon2]、去声 [chiu3]、入声 [zeh4]；0 表示轻声，譬如呢 [ne0]。实际浪，入声因为带有 [h] 尾，并勿需要标注声调。

形成对比个是，北方闲话（包括普通闲话）个连读情况相对少一眼，尤其普通闲话个连读情况交关少见，基本浪侪读各个字个单字声调。

4　尖音搭仔相关规律

尖团音就是搭韵母 [i][in][ih] 或者介音韵母 [ie][iu][ian] 等等搭配（见表 1 韵母栏），[ts] 行声母（见表 1 声母表头个四个）搭 [c][ch] 等等声母（见后一段里向个对应声母）个对立读音。譬如 [tsi3] 搭 [ci] 个对立读音，[si] 搭 [shi] 个对立读音（类似英文单词 sea 搭 she 读音个区别），前一种是"尖音"，后一种是"团音"。北方闲话个尖团音合并比较早，吴语个尖团合并始于新中国成立前后，上海垃垃二十世纪四十年代到六十年代，苏州晏一眼，垃垃八十年代。垃垃交关吴语里向，尖音合并到团音里向去哉。

　　垃垃普通闲话搭新派上海闲话里向，尖音并入团音后，尖音声母变成功 j、q、x（普通闲话声母）搭 [c][ch][sh][j]（上海闲话声母）。噶咾拿箇些字（具体是何里些字，乃要根据经验判断或者查上海闲话字典）个普通闲话声母 j、q、x 或者新派上海闲话声母 [c][ch][sh][j] 转成功 [ts]（对应 j 或者 [c]，譬如尖音字"津"个声母）、[tsh]（对应 q 或者 [ch]，譬如"枪"个声母）、[s]（对应 x 或者 [sh]，譬如"想"个声母）、[z]（对应 q 或者 [j]，譬如"秦""晴"个声母），就恢复到原来个尖音哉。（我垃垃前言里讲过，弗提倡对照普通闲话学老派上海闲话，不过假使有得特别好个、特别强个对照规律，倷也弗要忽视咾排斥，伊能相帮倷提高学习老派上海闲话个效率。此里个规律是我断断续续思考仔交关辰光垃垃困惑 [ghoh] 中逐渐明晰，独立总结出来个规律，也是一条交关有用个规律，噶咾分享拨诸位。）

表 1　尖音字简表

韵母	声母			
	ts	tsh	s	z
i	济挤剂际祭	妻凄栖且沏	西些洗细	齐
i(u)	咀沮	蛆（白嚼蛆）趋取娶趣觑	婿需须絮	徐叙聚序绪（光绪，读音可模糊化）沮（沮丧）
ia	嗟姐借	且笡	写泻卸	邪斜谢榭
iau	焦蕉礁椒剿	悄俏	肖消销霄硝宵道绡萧潇筱小笑啸鞘（剑鞘）	瞧憔（憔悴）樵
ieu	揪啾酒	秋鳅（泥鳅）	修羞宿秀绣锈	酋遒囚泅就鹫袖岫
ie	尖煎剪箭荐	千仟迁阡扦签荃醛浅茜倩	先纤（纤维）酰宣鲜仙选腺（胰腺）线	全泉前钱旋潜羡（羡慕）贱

（续表）

韵母	声母			
	ts	tsh	s	z
ian	将（将来、将帅）浆蒋桨酱	跄（踉跄）锵（铿锵）枪抢炝呛（呛啷咙）	相箱湘厢镶襄相（面相）	墙蔷樯祥详翔庠匠像象橡
in	津晴精菁旌晶尽（尽管）井进晋浸俊峻（峻峭）骏竣浚（疏浚）	侵亲青清氰（氰化钠）鲭（鲭鱼）请寝沁	询心芯辛锌新薪星猩腥惺醒省信性姓讯（问讯）汛（潮汛）迅凶	秦情晴旬寻浔（浔阳）巡循驯（驯服）尽（穷尽、尽量、尽力）静荩靖（靖难）阱（陷阱，文读）烬（灰烬）净殉
iah	爵雀（麻雀儿、麻将）	雀鹊	削	嚼
ih	节疖接迹唧积绩即脊嵴瘠鹡稷蛐（蛬蛐，指蟋蟀）婕睫（睫毛）	辑缉（缉拿）七柒漆戚喊（喊喊喳喳）茸切窃妾	薛（薛宝钗）雪昔惜析晰蜥（蜥蜴）膝息熄悉蟋锡媳楔（楔子）泄屑亵（亵慢）恤（抚恤）戌（戊戌变法）	疾蒺（蒺藜）嫉（嫉妒）集藉（狼藉）籍（籍贯）寂（寂寞）捷截绝拾夕（夕阳）习席袭

[i(u)]：有两种读音，一种读 [i] 音，另外一种读 [iu] 音，譬如"据"个韵母读音。

关于何里一些字读尖音，记牢下头一些声旁会事半功倍：齐、前、即、息、昔、七、亲、青、心、尽、西、先、宣、肖 [siau3/sau]（生肖）、秀、相、将、焦、千、且、取（取消），等等。请注意一些例外，譬如"喧""揎"勿读尖音而读 [shioe1]；"宪"也勿读尖音，读 [shie3]；搭"轩"音接近，声调勿同。二十世纪二三十年代个一些滑稽大师，譬如鲍乐乐（杭州文人到上海发展），也拿一些尖音读成团音。简说明，一百年前，上海人对尖团

音分得也弗是煞辣势清。^①

5　以"打""党"为代表个两类字个韵母[an]搭[aon]

读 [an] 韵母字个辰光，嘴张得比较大，发音比较靠前；而 [aon] 呢，发音比较靠后。下头是几组例字，前一只是 [an] 韵母个字，后一只是 [aon] 韵母个字。

[an/aon]：张 / 赃、蚌 / 帮、场 / 尝、常（长）/ 上、厂 / 唱。

第一，吴语里向个 [an] 韵母。

普通闲话里向一部分 eng 韵母个字，对应吴语里向 [an] 韵母个字，譬如彭、棚、耕、坑、争、撑、生、孟、冷，等等。普通闲话里向有邪气少一部分 ing 韵母个字，对应吴语 [an] 韵母个字，譬如杏、硬、樱、鹦。

第二，吴语里向个 [aon] 韵母。

普通闲话 ang 韵母个字，除脱翘舌音声母个，垃垃吴语里向大部分侪读 [aon] 韵母个音，譬如忙、网（撒网）、仓、浪、郎、狼、当，详见表 2。

---

① 古代个尖音还大量保留垃垃广东闲话里向，一些河南、河北、山东人（包括年轻人）讲个闲话里向旧原有（明显个）尖音，譬如"津""尖""挤""心"个读音，听上去像摩擦音，比较尖锐。山西闲话保留个尖音也交关多。京剧搭别个一些曲艺也保留仔交关尖音，表明古代南方、北方交关地方个人侪发尖音。乃朝各地个方言差别交关大，不过垃垃古代搭近代，有一些方言交关接近，侪保留仔老祖宗个相同读音，地隔千里、时隔千年，竟然有迭种结果，实头神奇。譬如粤语搭老派上海闲话个 [m] 声母（搭"万"个声母读音相同）、[ng] 声母（搭"眼"个声母读音相同）、[y] 声母（如"现"）、全浊声母 [z]（如"是"）、[ah] 韵母（如"百""白""发"）、[aon] 韵母（如"江""上""浪""苍""罡""障"）、[ie] 韵母（如"千""边""面""天"）、[on] 韵母（如"风""梦"）、[oh] 韵母（如"国""扑"）、[oe] 韵母（如"断""乱"）、尖音（如"青""醒""小""笑""心""侵""秀""相"）侪有交关字读音几乎一色一样，研究研究粤语歌就能寻着迭些例子。老底子"垃圾"个读音也接近。广东搭吴中隔仔千山万水，竟然有介许多相同唔交关近个读音。垃垃古代搭近代，吴语搭闽语、中原闲话也有交关相同个读音，我垃垃二十世纪九十年代西安交通大学读书个辰光就发现，陕西闲话里向一些字个发音搭吴语个交关像，当时还觉着交关奇怪。伲共同个老祖宗对后代个影响力是迭能大！

表 2 [aon] 韵母个字

常用字		拼音	声调	示 例
唐		daon	平 / 1	
塘		daon	平 / 1	
搪		daon	平 / 1	
溏		daon	平 / 1	
瑭		daon	平 / 1	
堂		daon	平 / 1	
棠		daon	平 / 1	
樘		daon	平 / 1	
膛		daon	平 / 1	灶膛; 眼膛; 胸膛
糖		daon	平 / 1	
螳		daon	平 / 1	
醣		daon	平 / 1	
螳		daon	平 / 1	螳螂
盪	荡	daon	上 / 2	荡碗（洗涤碗具）
凼		daon	去 / 3	水凼
宕		daon	去 / 3	宕出来; 宕账
菪		daon	去 / 3	
碭	砀	daon	去 / 3	砀山
趤		daon	去 / 3	趤马路
蕩	荡	daon	去 / 3	飘荡
盪	荡	daon	去 / 3	荡秋千
庄		tsaon	平 / 1	常庄

常用字		拼音	声调	示 例
妆	妆	tsaon	平 / 1	
章		tsaon	平 / 1	
莊	庄	tsaon	平 / 1	庄稼
裝	装	tsaon	平 / 1	装佯
嫜		tsaon	平 / 1	
彰		tsaon	平 / 1	
漳		tsaon	平 / 1	
獐		tsaon	平 / 1	
臧		tsaon	平 / 1	臧否
鄣		tsaon	平 / 1	
椿	桩	tsaon	平 / 1	
樟		tsaon	平 / 1	
璋		tsaon	平 / 1	弄璋
蟑		tsaon	平 / 1	
賍	赃	tsaon	平 / 1	
髒	脏	tsaon	平 / 1	肮脏
仉		tsaon	上 / 2	
掌		tsaon	上 / 2	
駔	驵	tsaon	上 / 2	
髒	脏	tsaon	上 / 2	
壯	壮	tsaon	去 / 3	
葬		tsaon	去 / 3	
嶂		tsaon	去 / 3	叠嶂
幛		tsaon	去 / 3	幛子

（续表）

常用字		拼音	声调	示例
障		tsaon	去 / 3	
瘴		tsaon	去 / 3	
牂		tsaon	平 / 1	
江		kaon	平 / 1	
杠		kaon	平 / 1	杠棺材
肛		kaon	平 / 1	
岡	冈	kaon	平 / 1	乱葬冈子
缸		kaon	平 / 1	七石缸
剛	刚	kaon	平 / 1	
罡		kaon	平 / 1	罡风

常用字		拼音	声调	示例
茳		kaon	平 / 1	
豇		kaon	平 / 1	
崗	岗	kaon	平 / 1	
綱	纲	kaon	平 / 1	
鋼	钢	kaon	平 / 1	
港		kaon	上 / 2	
講	讲	kaon	上 / 2	
洚		kaon	去 / 3	
降		kaon	去 / 3	降落
槓	杠	kaon	去 / 3	门杠；轿杠

第三，余多情况。

普通闲话读翘舌音 zhang、chang、shang、rang 个字，垃垃吴语里向大多数侪读 [an] 韵母个音，譬如张、常。有一些例外个字垃垃江苏、上海搭别个场许读 [aon] 韵母或者 [an] 韵母个音，常见个主要有"章""昌""商""尚"搭用伊拉做声旁个形声字；还有一些字，譬如尝 [zaon1]、偿、上、伤、赏 [saon2]。

普通闲话 iang 韵母个字里向，有一部分对应吴语 [aon] 韵母个字，譬如江、讲、降、项、巷（街巷）；还有一部分字垃垃吴语里向个读音带介音 [i]，迭些字垃垃吴语里向读 [ian] 韵母个音，譬如向、姜 [cian1]、量、将。[iaon] 韵母个字垃垃江苏、上海吴语里向只有一只，就是旺 [yaon3，白读]，意思是火旺（得唻）或者草木茂盛 [meu3 zen3，文读]。

普通闲话 uang 韵母个大多数字，垃垃吴语里向主要读 [aon] 韵母个音，譬如庄、桩、窗、疮、床、霜、双、爽。吴语尽管拿介音 u 虱脱仔，不过旧原能保证"庄"搭"张"两个姓个读音勿混淆。有一只例外，"光"（[kuan1]，譬如光火，不过勿包括光线唠辰光等词）读 [uan] 韵母个音。

6 以"司""书"为代表个两类字个韵母[y]搭[yu]

垃垃一些吴语里向，譬如中派咾新派上海闲话，"斯"个读音搭"书"个相同，发生仔"书""输"类字个读音并入"斯"类字读音个过程。有些吴语则是拿"书""输"一类字个读音并进仔虚音，譬如江阴闲话（镇江个一些方言也是迭能）。以苏州闲话搭老派上海闲话为代表，"斯""书"两类字个读音是有区别个——韵母勿同。

"斯"箇类字个韵母是 [y]，就是个空韵，像煞呒没韵母。"岁"是多音字，譬如"新年新岁"，"岁"发 [y] 音。噶嘤"书"类字呢，伊拉个韵母是 [yu]，发 [y] 个圆唇音——先发"斯"音，然后嘴唇收拢，形成小圆唇，就能发出 [yu] 韵母字"书"个读音。当然，熟练之后用弗着介烦难，可以直接形成小圆唇后发音。

普通闲话"资""此""斯"搭"知""痴""师"一类字个读音，垃垃老派上海闲话里向侪是 [y] 韵母。而普通闲话"主""猪""处""书""除"类字个一部分垃垃吴语里向（包括老派上海闲话）是 [yu] 韵母，有眼翘舌音个味道。噶嘤哪能拿箇一部分搭另外一部分区分开来呢？侬讲个方言拿 [yu] 韵母并入 [y] 韵母个说话，噶嘤，侬只要拣出既是普通闲话里向读"猪""处""书"类音个又是侬讲个方言里向 [y] 韵母个字，就是 [yu] 韵母个字哉。还有一部分 [yu] 韵母个字来自普通闲话"吹""水"一类字个读音。①

---

① 可参阅通用吴语拼音：http://wu-chinese.com/romanization。

7 [ah]韵母搭仔[eh]韵母

交关上海人搞勿清爽箇两只韵母，弗仅读错，同时因为读错也写错字。譬如"路子煞清"个"煞"是 [ah] 韵母个字，表示邪气个意思；有人平常辰光读 [seh] 清，写个辰光弗晓得啥个 [seh]，就写"色清"。

下头是箇两只韵母个部分例字（见表 3）。

表 3　[ah] 搭 [eh] 韵母个字

常用字		拼音	声调	示例
甲		kah	入 / 4	盔甲（白读）
夾	夹	kah	入 / 4	马夹；夹头夹脑；夹闹钟；夹手
袼	夹	kah	入 / 4	夹袄
胛		kah	入 / 4	卸肩胛
革		kah	入 / 4	皮革
格		kah	入 / 4	格子；打格楞
戞		kah	入 / 4	
嘎		kah	入 / 4	
隔		kah	入 / 4	隔开
嗝		kah	入 / 4	打嗝
膈		kah	入 / 4	
骱		kah	入 / 4	百节百骱
骼		kah	入 / 4	骨骼
合		keh	入 / 4	（又音）合算
疙		keh	入 / 4	疙疙瘩瘩；粘支疙瘩；黏搭搭

常用字	拼音	声调	示例
革	keh	入 / 4	（文读）革命
割	keh	入 / 4	
蛤	keh	入 / 4	癞蛤蟆
葛	keh	入 / 4	
噶	keh	入 / 4	噶咾
鸽	keh	入 / 4	
佮	keh	入 / 4	佮算（搭合相同）
垃	lah		垃垃
拉	lah		（又音）拉差头
剌	lah		
喇	lah		喇叭
瘌	lah		瘌痢头；稀毛瘌痢
辣	lah		辣手
猎	lah		打猎
腊	lah		腊月；希腊；腊肉

（续表）

常用字	拼音	声调	示例
蜡	lah		石蜡；蜡梅
鬣	lah		鬣狗
犁	lah		
爉	lah		
蝲	lah		
了	leh	入 / 4	
肋	leh	入 / 4	肋棚骨
垃	leh	入 / 4	垃圾（搭广东闲话个读音一样）
捋	leh	入 / 4	缲袖捋臂（缲袖指拿袖子卷起来）
勒	leh	入 / 4	勒浪
嘞	leh	入 / 4	
邋	leh	入 / 4	邋遢
卅	sah	入 / 4	
刹	sah	入 / 4	刹车
栅	sah	入 / 4	乔家栅
杀	sah	入 / 4	
歃	sah	入 / 4	歃血为盟
煞	sah	入 / 4	急煞
飒	sah	入 / 4	飒飒秋风
霎	sah	入 / 4	霎那
螫	sah	入 / 4	
萨	sah	入 / 4	萨克斯

常用字	拼音	声调	示例
烁	sah	入 / 4	闪烁
铄	sah	入 / 4	铄羽而归
睒	sah	入 / 4	眼睛一睒
十	seh	入 / 4	
什	seh	入 / 4	（又音）什么
失	seh	入 / 4	睏失窗；失撒；失去
式	seh	入 / 4	样式
色	seh	入 / 4	颜色
圾	seh	入 / 4	垃圾
刷	seh	入 / 4	刷子
室	seh	入 / 4	室内
唰	seh	入 / 4	唰一记
涮	seh	入 / 4	涮锅
率	seh	入 / 4	麦率头（麦穗）
设	seh	入 / 4	设计
嗇	seh	入 / 4	吝嗇
塞	seh	入 / 4	活塞（塞头）
濕 湿	seh	入 / 4	湿水（水名）
溼 湿	seh	入 / 4	潮湿
瑟	seh	入 / 4	琴瑟；鼓瑟
轼	seh	入 / 4	苏轼
饰	seh	入 / 4	装饰
摔	seh	入 / 4	掼摔跤

（续表）

常用字	拼音	声调	示例
说	seh	入 / 4	说明
撒	seh	入 / 4	撒娇；撒谎
蟊 虱	seh	入 / 4	老白蟊
适	seh	入 / 4	适应
涩	seh	入 / 4	羞涩
蟀	seh	入 / 4	蟋蟀
识	seh	入 / 4	识别

常用字	拼音	声调	示例
释	seh	入 / 4	释放
慑	seh	入 / 4	震慑（俗音）
摄	seh	入 / 4	摄影
窣	seh	入 / 4	勃窣（指矮胖个人走路弗方便）；窸窣

还有"麦""袜""宅""闸""吓""瞎"是 [ah] 韵母；"没""十""黑"是 [eh] 韵母。

8 [e]韵母搭仔[ae]韵母

相关语音分析参见本章第 2 节个相关内容，表 4 是部分例字。

表 4 [e] 搭 [æ] 韵母个字

常用字	拼音	声调	示例
灰	hue	平 / 1	灰尘
恢	hue	平 / 1	恢复
挥 挥	hue	平 / 1	挥手
晖 晖	hue	平 / 1	朝晖
詼 诙	hue	平 / 1	诙谐
輝 辉	hue	平 / 1	光辉

常用字	拼音	声调	示例
麾	hue	平 / 1	麾下
徽	hue	平 / 1	安徽
悔	hue	上 / 2	悔恨
毁 毁	hue	上 / 2	毁坏
燬 毁	hue	上 / 2	毁灭
卉	hue	去 / 3	花卉

（续表）

常用字	拼音	声调	示例	常用字	拼音	声调	示例
晦	hue	去 / 3	晦气	攒 攒	tsae	上 / 2	积攒
喙	hue	去 / 3	弗容置喙	赞 赞	tsae	去 / 3	赞助
贿 贿	hue	去 / 3	贿赂	蘸	tsae	去 / 3	蘸酱油
诲 诲	hue	去 / 3	教诲	讚 赞	tsae	去 / 3	赞许
諱 讳	hue	去 / 3	忌讳	災 灾	tse	平 / 1	灾难
穢 秽	hue	去 / 3	污秽	哉	tse	平 / 1	
燴 烩	hue	去 / 3		栽	tse	平 / 1	栽培
褘 袆	hue	平 / 1		者	tse	上 / 2	记者
褘 袆	hue	平 / 1		宰	tse	上 / 2	宰相
甩	huae	去 / 3	甩开	崽	tse	上 / 2	猪崽
斩 斩	tsae	上 / 2	一斩势齐；白斩鸡	载 载	tse	上 / 2	三年五载
撍	tsae	上 / 2		再	tse	去 / 3	再会
盏 盏	tsae	上 / 2	碗盏	這 这	tse	去 / 3	这个
嶄 崭	tsae	上 / 2	崭新	载 载	tse	去 / 3	承载

　　余多[1]还有"杯"搭"班"、"袋"搭"蛋"、"碎"搭"散"、"桂"搭"惯"、"逵"搭"环"、"危"搭"还"。

----

[1] 可参阅吴音小字典：http://wu-chinese.com/minidict/index.php。

9 文白异读个规律

文白异读是讲一只字有两个读音，白读用于读传统词汇，文读用于读外来语（譬如"马克思"个"马"、"加拿大"个"拿"、"味之素"个"味"）搭新词汇、成语、文言词汇咾啥。吴中古代读书人也大量使用受南京闲话后来又受杭州闲话（被大量南渡个中原人影响之后个杭州闲话）影响个文读音。

文白两种读法有辰光可以任意，有辰光读错仔就显得怪里怪气个。有个字，老派上海闲话文读比较多，有个字，新派文读比较多，实际浪箇当中有交关字完全 [woe1 zie1] 可以白读。讲老派上海闲话个人（譬如二十世纪前半叶个上海文化人还有比伊拉晏出生、坚守老派上海闲话个一辈人）偏爱文读是受当时风气影响。古代江南文人看重南京音搭仔后来个杭州音个文读，南京音（包含中原音）、杭州音受中原音影响比较大。"绕""饶""人""染"个 [z] 声母发音就是杭州发音。讲新派上海闲话个人偏爱文读是受语言环境影响，也常庄因为勿熟悉白读音，乃嚜就向普通闲话靠拢哉。下头是一眼例子。

"大"读 [da3] 音个词：大学（生）、大弗了、大不了、大头菜、大吃大喝、大麦、大菜司务、大路货、大锅饭、大班、大场、宝大祥、大舞台、大世界、大千世界、大炮、大衣、大人（称上级官员，老百姓则称老爷、大老爷）、大英，等等。大菜是讲西餐 / 番菜，譬如七道头大菜、大菜台（长餐桌），不过后首来烧中式菜个司务也叫大菜司务。迭些词要嚜原来个上海闲话里就呒没，要嚜难般碰到，噶咾读文读音。吃大菜另外一个意思是冷水浇头。

"大"读 [du3] 音个词：大小、大写、大人（相对于小囡）、大人家、大米、大菜（酒席浪末脚上个八宝鸭咾松鼠鳜鱼咾蹄髈咾全鸡咾啥，见图2，老底子一般是讲平常日脚垃垃屋里吃弗着个菜，体形大，价钿贵，吃功夫，卖相弹眼落睛，是中式菜弗是西式菜。不过乃朝上海人勿大讲大

图2 苏州菜松鼠鳜鱼

菜哉，只讲冷盆搭热炒）、大头鬼、大前日、大年夜、大鱼大肉、大风大雨、热大头昏（头脑发热）、大马路，等等。刚刚讲仔介许多大菜，实际浪有辰光大菜弗是好物事，譬如讲我要请伊吃大菜，弗是真个要招待伊，而是要请伊吃"家生"。

"家"读 [cia1] 音个词：科学家、作家、家务、家教、家庭、家乡、家长、家常菜、家常便饭，等等。

老派讲个文读音：文学、学院、男生、戴、太、筷、怀。余多文读音：牛蛙、爬行、行动、樱花、马虎、鬼神、鬼迷心窍、龟甲 [kue1 kah]、时间、奸细、哲学、二郎腿、残忍、韧带、传染、褥疮、美味、结尾、亡 [vaon1] 国、愿望 [vaon3]、妄 [vaon3] 图。

10 容易读错个音

目前，吴语读音已经日逐国语化，本音正逐渐被伲忘记，几年、几十年之后，由于约定俗成，迭些国语化个吴语发音将反客为主，成为吴语个"正音"。为避免强调错误读音，此里一般勿写出迭些错误读音，除非需要特别提醒。下面是正确个读音，大家对照一下，平常辰光阿有读错。

捷报：[zih] 报，读音搭"绝""截""疾""籍"相同，譬如苏州词"捷转头"。

夕阳：[zih] 阳，读音搭"席"相同。

弱队：[zah] 队，读音搭"石"相同。

硕士：[zah] 士，读音搭"石"相同。

若无其事：[zah] 无其事，读音搭"石"相同。

勺：[zoh]，读音搭"蜀""辱"相同。

旬：[zin1]，搭伊仅仅音调勿同个近音字有"靖""净"等。

贱货色：[zie3] 货色，伊个读音搭"践""饯"相同，搭"贱"仅仅音调勿同个近音字有

"旋"等。

哺乳动物：哺 [zy2] 动物，读音搭"市"相同。

燃料：[zoe1] 料，读音搭"船"相同。

然：[zoe1]，仅音调勿同个近音字有"罪""篆""隧"。

人事科：[zen] 事科，文读，读音搭"成"相同，勿读 [nyin] 事科。

松鼠：松 [tshy]，读音搭"此"相同。

编辑：编 [tshih]，读音搭"七""切"等相同。

括：[kuah]，读音搭"掴""刮"相同。

秘书：[pi3] 书，读音搭"闭"相同。

曲调：[chioh] 调，勿读"去"调。

旭：[shioh]，读音搭"蓄"相同。

血：[shiuih]，读音搭"噱"相同。

欢迎：欢 [nyin]，读音搭"宁"相同。

打猎：打 [lah]，读音搭"辣"相同，"猎头公司"个"猎"读音搭伊相同。

崩溃：[pen gue3]，"崩"是文读，"溃"读音搭"柜"相同。

魁梧：魁 [ngu1]，读音近似

[ngu2/ngo2]，仅音调勿同，是带疑母个例字。

觉悟：觉 [ngu3]，搭箇个词个读音容易混淆个词是甲鱼 [ciah ng1]。

卧室：[ngu3] 室，搭"饿煞""误杀"个读音弗同。

鄂：[ngoh]，读音搭"颚"相同。

电视剧：电视 [jih]，"剧"是浊声母，读音搭"杰"相同。

期房：[ji] 房，读音搭"棋"相同。

略胜一筹：[liah] 胜一筹，读音搭"掠"相同。

虐：[nyah]，读音搭"疟（疟疾）"相同。

肉：[nyoh]，读音搭"玉"相同。

砚台：[nyie3] 台，读音搭"念"相同。

月饼：[nyuih] 饼，"月"是老派读法，是带疑母个例字。

仁义：[nyin1/zen1] 义，文读，[nyin1] 同音字有"吟"等。

履行：[li2] 行，读音搭"李"相同。

贸易：[meu3] 易，读音搭"谋"个读音接近，不过音调勿同。

茂盛：[meu3] 盛，读音搭"谋"个读音接近，不过音调勿同。

中介：中 [cia]，文读，清声母，读音搭"驾"相同。"中介"个老派讲法是"荐头""荐头店"。

嘉奖：[cia tsian]，文读。

嘉定/嘉兴：[ka] 定/[ka] 兴，白读。

龚：[cion]，搭伊只是音调勿同个近音字有"囧""炅"。

先：[sie]，音调勿同个近音字是"选"，伊拉读音相近是符合造字规则个。

溪流：[chi1] 流，读音搭"欺"相同。

发酵：发 [ciau3]，文读，读音搭"叫"相同。

小霸王：小 [po3] 王，读音搭"靶"接近，不过音调勿同。

巷：[ghaon3]，譬如"小巷""打街骂巷"。

帆船：[vae] 船，勿读"翻"船，渔民、船工交关忌讳后一种读法。上海人拿帆船称为（扯）篷船。

维护：[vi] 护，摩擦音明显，音调弗同个近音字有未、味、费（姓）。

趣味：[tshiu3 vi]，勿读"趣位"。相关词汇：味之素。

微波炉：[vi1] 波炉，勿读"伟波炉"。相关词汇：微积分。

乐器：[yah] 器，读音搭"药"相同。

华夏：华 [ya]，文读，读音搭"夜"相同，还有搭"下"接近。

游弋：游 [yih]，读音搭"翌""协"（"协"又读 [yah]）相同。

聿：[yuih]，读音搭"曰""穴""粤"相同。

青浦县：青浦 [yoe3]，读音搭"院"相同。

浴：[yoh]，读音搭"役""域""育"相同。

余多读音：樱 [an] 桃、鹦哥 [an ku]、叛 [boe3] 变、袖 [zieu]、聚 [ziu]、侍 [zy3]、侧 [tseh]、读者 [tse2]、厕 [tshy]、屈 [chiuih]、岸 [ngoe3]、藕 [ngeu2]、坑 [khan1] 道、约 [iah] 定、麻雀 [mo1 tshiah]、削 [siah]、含 [nyi3] 义、忆 [i3]、例 [li3]、阿拉 [ah lah]、猛 [man2] 虎、元帅 [se]、宿舍 [soe3]、赦 [so3] 免、落雪 [sih]、蹊跷 [yi1 chiau1]、压迫 [pheh]、浮 [veu] 桥、系 [yi3] 列、容 [yon] 量。

第二章 词汇

1 面熟陌生个词汇：（老底子个）常用词汇搭仔用法

「**阅读提示**」本章词汇较多，一口气读下去，可能比较枯燥，可以垃垃学习余多内容个空档，翻看本章内容，就像学英文单词能。加二多个老派词汇垃垃各章节正文里出现，以减轻读者集中学词汇个压力。结合具体个语境学习，诸位也能掌握得加二好，外加增加学习兴趣，垃垃潜移默化过程中接受、掌握交交关关老派词汇。

下面个交关词汇乃朝用个人勿多哉，不过垃垃二十世纪，伊拉是邪气常用个。

第一组词汇

【叫】"叫"是虚词，赛过普通闲话个"地"。

例句　请侬搭侬姆妈好好叫讲闲话。

【明明较/叫/仔】相关词汇：重重较、静静较、暗暗叫、毛毛较、好好较、辣辣较（"辣辣较做番大事体"有大手面个意思）。

例句　明明叫看见电车隔仔一条马路，红绿灯翻仔七八埭，豫命还垃垃一条马路外头。

【好算算】意思是算得上。

例句　伊好算算读书卖力哉，侬还勿满意。
　　　侬个本事垃垃迭�堆是好算算个。

【硬劲】勿管事实或者可能性硬要……

37

例句　依要慢慢较劝伊，勿好硬劲逼伊个。

倷弗要伊一道去，伊硬劲要尾巴拖①垃后头。

伊是用家生硬劲挢出来个。

【挢】意思就是撬。

例句　贼骨头垃垃挢门。

【排门板】戏称大块头；赛过一排门板能（堵牢进出路口）。

例句　老娘舅（赛过）排门板排垃前头，阿拉侪出勿去。

【别转头】转身。

例句　伊一看到老板，别转头就跑脱勒。

【一把头】一把。

例句　伊一把头抓牢小偷个领头，勿拨伊逃。

【焐心】愉快；温暖；满意。焐：用文火煨；焐热；焐干 [koe]。

例句　伊埃能介话，噶嚁我听仔就勿焐心唻。

【牢】着；住。相关词汇：追牢伊（追住他）；捉牢伊（抓住他）；盯牢 / 铆（实际浪是大字头个卯）牢 / 吃牢伊（盯住他，缠牢伊）；抓牢（抓住）；看牢（看住）；拉牢（拉住）。别个词汇：跟牢、捆牢、套牢、搿（牢）头颈。

例句　阿哥对牢我点点头。

依跟牢我。

依手拉牢我。

迭个冲手已经界老派铆牢了。

【一笔账】意思是一回事体。"打统账"则是拿各自个经济或者物事合起来算。

例句　箇两桩事体是同一笔账。

【插朴】电气插头，朴来自英文 plug。

例句　湿手勿要碰插朴。

【蟚】读 [huah]。快速看；偶尔看见。

---

① 再譬如：倷吃饭又没叫侬，侬哪能又拖得来哉（吃白食）；吃饭嚜来得起劲，到会钞辰光就拖勒人家后头去哉 / 要滑脚；伊到东到西侪要拖点物事回来（顺手牵羊）。还有"拖鼻涕""涕涕拖拖 / 涕沥拖拉""拖来拖去""拖到东拖到西""裤带拖出来""袖子管拖垃汤里"。

例句　伊蠡仔一眼门外头，吓仔一跳。

【双脚跳】受刺激反应激烈，急或者气。

例句　侬双脚跳也呒没用。

【乃】现在，迭歇，这下。

例句　乃好过来了。

乃伊开始认真读书唻。

【脚路／路子／路道】门路，门道，关系 [kuae yi] 网；本领；意图，想法。譬如"认得侬算我路道粗"，意思是认识你算我有路子（讽刺）；还可以讲"真（正）输拔侬"，意思是你很强，看到你怕，无可奈何，服了。

例句　弗是好路道。

迭个人路子／路道勿正。

迭个小姑娘勿对我路子。

车子拨小王发动起来了。迭个小王一点也看弗出，修修助动车还是蛮有路道个。

【瞎乌搞】瞎讲闲话，瞎做事体。

例句　好好较，勿要瞎乌搞。

【寻生活／寻生意】找工作。还可以讲"兜生意""江湖浪放生意"。

例句　我出去寻生活做。

【污坑】粪坑。

例句　拿物事掼到污坑里。

【登】居住；停留。

例句　老早搁得伊勿晓得自介登勒何里埭（早就打得他……）。

徐登垃许垓埭做啥？好归去唻。

伊垃许提篮桥登仔三年。（提篮桥是建于 1905 年个西式牢监。）

【弹／觚】觚是庖 [bau] 个去声。意思是瞪、脱出。

例句　伊两只眼乌珠弹出仔。

【赛过】好像。

例句　伊吃老酒赛过吃白开水。

伊对我老（"老"字搭惯常个连读调弗一样，勿搭别个字连读，单独读一个从低到高个长调）好个，赛过伊是我嫡嫡亲个儿子。

一沓赛过五本书介 / 能（一样）厚个情书。

【贼腔】鬼里鬼气。

【介贼腔】迭能贼般个样子。垃垃此里，"贼腔"个"腔"字勿读"区香切"，而读"溪扬切"，即升调。还可以讲"死腔"。

> 例句　侬哪能介贼腔！
>
> 勿要贼（十）腔九腔哉，豪愫拉我起来。
>
> 为啥伊拉看到我，面孔侪介贼腔啊？

【死样怪气】慢佘佘，弗爽气，牵丝攀藤，勒煞吊煞。

> 例句　有个人一径欢喜拿一只手机奉垃眼门前，外加投入得弗得了。电梯到仔一楼或者伊拉要到个楼层，厢门打开，伊拉木知木觉弗晓得出来。等到人家要进去哉，伊拉再笃悠悠望外头走，擤牢人家个路，目中无人能。看到迭种人阿要心里骂一声"死样怪气"！我垃垃学堂里向常庄碰到迭种勿认得个同事。
>
> 有个人明明看到黄灯亮哉，硬劲要穿马路，外加还笃悠悠个走，三三两两一头走一头茄讪河，赛过公园里散步，晓得侬个机动车、非机动车弗敢碰伊。阿要心里骂伊拉"死样怪气"！我夜里垃垃松江大学城个龙腾路、文汇路路口常庄碰到迭种人。

【台板】桌面板。

【横里】左右。

> 例句　伊个工资垃许二万块横里，具体几许我也勿晓得，小鬼头勿肯告诉阿拉。

第二组词汇

【拗断】断绝关系，一刀两断；恋人分手。

> 例句　伊拗断工龄，拿仔十万块离开仔公司。

【拗分】勒索。还有讲"伸手大将军""乡下人弗识敲更——敲竹杠"。"敲竹杠"原本是讲衙门里用竹杠打犯人，爷娘拿竹爿打小囡也拨戏称"竹笋炖肉"，譬如讲："侬今朝又吃过竹笋炖肉啦？"俗语：熟皂吏打重板子。

【虚胖】摆谱，掼派头，摆奎劲。

【常庄】常常。

> 例句　伊常庄放人白鸽。

【一连牵】一连串。

> 例句　伊请伊女朋友一连牵看仔三部影戏。

【头搭搭】点点头。

> 例句　大块头头搭搭。

【绞连棒】麻花形状个物事。

> 例句　侬阿欢喜吃绞连棒？

【脱底】勿留余地，勿留后路。

> 例句　伊忒会用铜钿，每到月底就脱底。

【勿然介】不然的话。

> 例句　叫侬是我嫡嫡亲个儿子，勿然介我真也要搭侬拗脱。

【埲】趟，指次数。

> 例句　侬跑仔一埲又一埲是啥道理啦？

【跑】上海闲话里向个跑，大多数勿是跑步，是走个意思，跑起来就是走起来。"跑上跑落"可能忙是蛮忙，急是一点也弗急。吃汽水辰光讲"快吃呀，汽侪跑脱唻"。"跑单"就是逃单。"跑单帮"就是做做小生意。余多讲法还有"自来水表跑勒介快""煤气管跑气""店里个跑堂""记者是跑新闻个"。

> 例句　慢慢叫跑好唻，奔伊做啥啦？
>
> 辰光差弗多哉，好跑路哉。

【现到手】现成到手。

> 例句　房子挂牌现到手价 900 万。

【荐头 / 中介】佣金现到手后是弗会退拨侬个。箇就叫老鬼勿脱手，脱手勿老鬼。

> 例句　寻娘姨要到荐头店去寻。

【操】打。

> 例句　我操起来界伊一拳。
>
> 我操起一脚，踢垃垃伊屁股浪向。

【料作】人个本质；料子。

> 例句　迭个人勿是啥好料作。

【坏料 / 坏胚子】交关愀个人。

> 例句　箇只坏料又要来惹我哉。

【愀】坏。

> 例句　箇只赤佬老愀个。
>
> 有啥个爷娘，养啥个小人，脾气愀个人弗好搭伊配夫妻个，就算伊卖相再好，再有权有势，都弗能要，要弗然一世苦。

【顶】最。

> 例句　阿三拣只顶硬个苹果对牢伊头甩过去。
>
> （顶）顶结棍埭，疯子拿48号里头个总水表也敲脱。

【甩】丢，投。"甩水泥"意思是拌水泥。

> 例句　侬出去辰光顺带便拿垃圾甩脱。
>
> 我远远较看到阿三拾到一只皮夹子，垃垃里向拣发拣发，拣出两张钞票，然后拿皮夹子甩到垃圾桶里去哉。

【弄弄大】做做大。

> 例句　一门心思拿生意弄弄大。

【勿罢】不止。

> 例句　孛相要到大世界，三日三夜看弗罢。
>
> 余多铜钿弗罢迭眼。
>
> 迭套房子价钿三根大条子勿罢个。

【湁】意思是稍许喝一眼，小口慢慢较喝。

> 例句　伊老酒湁湁，无线电听听，日脚交关写意。

【末脚 / 压末】最后。

> 例句　末脚走个（人）拿门关脱。

【兴令哄隆】表示声势交关大能。

> 例句　侬垃垃做啥啊？兴令哄隆个，介吓人做啥？

【揞】强加；强要。

> 例句　侬今朝定规要拿迭碗饭揞下去。（揞个动作有向内个意思，噶咾划船叫揞船。）

【几许 / 几化】交关，多少。"几几化化"意思是行情行事。五只铜板一串为一花，噶咾还有"几花"迭个词。

> 例句 伊闲话讲仔介许多，就是要讲伊儿子几化来三。
>
> 我等勒侬几几化化辰光，侬晓得哦？
>
> 南京路浪几几化化人。
>
> 我写拨伊几几化化信。
>
> 侬几许客气。
>
> 事体几许烦难。
>
> 小笼馒头几许好吃。

【慢笃笃】慢悠悠。

【勿然】不然。

> 例句 伊是看勒侬是老熟人面浪，勿然个说话，照规矩是要……

【挺】读去声。留下，剩下。

> 例句 吃饭弗好挺饭米糁个。
>
> 灯也拉脱，只挺伊头浪向一只。
>
> 只挺伊一干子。
>
> 2 000 块洋钿用下来只挺 10 块。
>
> 侬袋袋里还挺几钿？

【头头子高头】起头个地方，起头个辰光。

> 例句 迭条路个头头子高头立勒一个警察。
>
> 伊每年个头头子高头回上海探亲。
>
> 1990 年头头子浪我花仔 90 万，垃垃建国路头头子浪买仔一套房子。

【瘕命】瘕读音同"段"，要命，该死个，难以容忍。迭个词女个讲得比较多。相关词汇：死腔、触气、惹气弗啦、肮三弗啦、弗睬侬、啥人睬侬、神经病、十三点、怪弗啦、嗲弗啦、侬有毛病啊、侬算好煞哎、痴头怪脑。迭些基本浪也是女个讲个，男个弗大讲，要弗然会拨人家讲娘娘腔个。

> 例句 箇瘕命个天气。

【有数】心里明白而勿张扬，心照不宣；有默契 [chi3]。

例句　老张心里有数，头搭搭转去哉。

【有数脉】有交情。

【假姿假呆】佯装弗晓得，装聋作哑。近义词：摆功架（做样子）。

例句　从我半边走过，伊假姿假呆，装吭没看到我。

【旧原 / 原旧 / 原径】仍 [nyin1/zen1，白读文读侪可以] 旧，照原来样子。类似个，忍 [nyin2/zen2] 受、闰 [nyin3/zen3] 月、茸 [nyon1] 毛、褥 [nyoh] 子侪可以读 [n] 声母音。

例句　过仔介许多年数，箇地方旧原老样子。

第三组词汇

【毛厘】货币单位：角。

例句　这支笔三毛厘。

【鱼头】五块洋钿。

例句　老早子一只鱼头就好垃小饭店请客个。

【横冷横冷】动静交关大；放开啪咙讲闲话。

例句　伊横冷横冷叫安装师傅上上落落。

【横竖横】横下心来，硬仔头皮上啊；豁出去哉，弗管哉；死猪猡弗怕开水烫；已经迭能勒，索介……

例句　伊吃仔好几张罚单，索介横竖横唻，捉牢仔嚜总归死蟹一只。

【齐巧】恰巧。

例句　我真急得要命，齐巧小王来哉。

　　　我望伊来，伊齐头来哉。

【崭货 / 真崭实货】交关让人心仪个物事。

例句　迭张碟片崭货啊。

【实实叫】实头。

例句　今朝运道实实叫忒好。

【作兴】或许。

例句　侬真个等伊啊？作兴伊今朝勿来呢？侬勿是等得憨脱啊？

【肋胳竹】腋窝。"竹"是"肢下"个合音，正字是"胙"，譬如"肋胳

（胙）下头"。余多讲法还有肋胳子咾胳肋子。

> **例句** 伊肋胳竹夹一本书跑过来。

【瓯煤球】大触霉头；弗识头 / 弗色头。

【神之胡之】头脑糊涂，勿清醒。近义词：无天野地。

> **例句** 好好较，勿要神之胡之。

【擸】皮肤被尖利个物事划一记 / 划破。

> **例句** 伊家主婆拿伊面孔擸破脱哉。

> **儿歌** 小丫头（丫鬓），弗成器，弗会做生活，看看真惹气。叫伊淘淘米，撬脱仔饭箩底；叫伊挽挽水，驳起屁股摸螺蛳；叫伊拔拔葱，登垃田里竖烟囱；……叫伊绣绣鞋，好像鸡脚擸；……叫伊兜兜火（借火），东家白话西家坐……

> —— （胡祖德《沪谚外编·小丫头》）

【抖豁】害怕，内心勿安。

> **例句** 抖豁点啥，上啊！

【叫人】令人。

> **例句** 迭只狗一叫，总归叫人心里抖豁。

【嗒嗒】尝尝。

> **例句** 我要畀眼苦头侬嗒嗒。
>
> 今朝要弄眼黄连汤（拨）伊嗒嗒。
>
> 弄眼老酒嗒嗒 / 湢湢。

【发格】发脾气。

> **小故事** 有家崭剁机代理公司招到一位老弹簧（甚至比老法师还要结棍个人才），如获至宝，马上派伊到德国培训。老弹簧天生聪慧，外加原本精通机电，所以一般个培训课程勿用翻译（老派词汇是"通事"，类似"主笔""讼师"）也侪晓得意思，德国培训师也勿晓得老弹簧根本勿懂德语。

当讲到高速崭剁机个崭刀需要平衡调矫配重辰光，老弹簧用上海闲话问翻译："啥意思？"德国培训师先呆一呆，再重复解释平衡调矫配重个重要性。当德国人讲到崭刀失去平衡会造成高速崭剁机震动移位辰光，老弹簧又问翻译："啥意思？"德国人又是一呆，然后，辣辣伊继续讲崭刀组个动态勿平衡垃垃高速崭剁辰光会有几化危害辰光，老弹簧又问翻译："啥意思？"

德国培训师严肃个搭老弹簧话："I have heard you speaking in profanity (prəˈfænəti) words（脏话）three times, what are you meaning and why?" 翻译豪愣回答："He has said no profanity words, only asked me what the meaning you have just said was." 德国培训师讲："I have heard clearly three times 'scheisse' ('shaisə，德国国骂) in Deutsch (dɔitʃ), I am a German, I know the meaning of 'scheisse'." 翻译问："What's the meaning of '啥意思' in Deutsch?" 德国人讲："'Scheisse' has the meaning of 'shit' in English!"

原来，上海闲话里向个"啥意思"，拨德国人听起来就是骂伊"瞎讲、臭狗屁"，怪勿得德国培训师勿开心。乃嚜，随同翻译告诫老弹簧千万勿要再讲迭个词。老弹簧叹仔一口气讲："嗨！原来问一声啥意思，德国人要发格。"随同翻译用闪电般个手捂牢老弹簧个嘴讲："发格垃圾英语里向也是骂人个，赛过讲戳伱。""啊？！"老弹簧交关尴尬，长叹一声，后来垃垃课堂浪再也没发出任何声音。

【鸭屎臭】勿要面孔，言行拨人家看勿起又可笑；男女弗正当个关系，譬如"鸭屎臭人物"。

【气潽潽】发响辰光满腔怒气个样子。

> **例句** 伊讲好闲话气潽潽个走哉。

【搭进搭出】一歇歇对，一歇歇错。

> **例句** 伊讲闲话常庄搭进搭出个。

【硬上】蛮干，硬拼。

> **例句** 伊生仔无病也硬上。

第四组词汇（包括"吃"个专题）

【贴对过】正对面。

> **例句** 伊住勒我屋里向个贴对过。
>
> 我登垃垃老卢湾区公安局贴对过。

【借因头／寻由头】寻借口。

> **例句** 伊借因头上厕所，是去吃香烟。

【一脚／一径】一直，一向。

> **例句** 伊拉做生活一径做到日头落山。

【讲歇过】讲起过。引申词汇：听歇过（听到过）。

> 例句　侬讲伊也垃垃我伲公司里向？我哪能从来呒没听别人讲歇过伊，也没看歇过。

【别过去】转过身去。相关词汇：别转头；脑子别勿转（转勿过弯）；别弗着（个苦），巴望弗着；脚撇筋，手撇筋，腰撇筋，脑子撇筋；别牢。

> 例句　请侬别过去，我要换衣裳了。

【七歪八牵】勿整齐，勿端正。

> 例句　队伍哪能七歪八牵个。

【歇歇】休息休息；放弃；马上。

> 例句　侬吃力哦，我劝侬还是歇歇吧。
>
> 侬还是歇歇哦，侬弄（去声明显）勿过伊个。
>
> 侬有啥个闲话马上讲脱，伊歇歇就要走个。

【气急夯夯】气喘吁吁。

> 例句　伊爬山爬得气急夯夯。

【保险】保证。

> 例句　阿拉老板娘勿是个好户头，侬看见伊保险侬就头混。

【头混】头昏；勿欢喜。

> 例句　我看到侬就头混。

【擦刮辣亮】十分明亮。

【赤刮拉新】全新。

【眼烊】眼热，羡慕。

【腔调】形象，模样，气质，地位。腔调对男人来讲是邪气重要个，弗管侬垃垃城里还是乡下，呒没腔调个说话，尽管侬赅铜钿、有学问、有地位，垃垃背后旧原拨人家看弗起。噶咾腔调个涵义就弗仅仅是刚刚讲个迭眼解释，还有肯担肩胛、肯帮衬人家、勿坏人家事体、勿让人家勿开心、谦虚低调等等优良道德表现。

【赖头分】分币，零钱。

【贼塌嘻嘻】嬉皮塌/笑脸，弗怀好意。

> 例句　侬迭个人哪能贼塌嘻嘻个，做人一眼也勿入调。

【勿入调】言行庸俗低级，搭吃豆腐个意思相近，要流氓。相关词汇：

勿二勿三（勿正经）。

> **例句** 伊个师傅勿入调，老是借因头教女徒弟基本功。譬如讲徒弟垃
> 前头劙肉，师傅狗皮膏药搭垃后头手把手，箇只动作哪能讲
> 法，赛过人家跳两步头男女面对面，现在女个转一百八十度，
> 差勿多就是了，赛过跳芭蕾。

【用头】用处。

【拨瞪拨瞪】眼睛一瞪一瞪个样子。

【吃局】吃个物事；饭局。

【吃煞伊】深爱对方，痴心迷恋。

【吃吃】欺负 [vu2]；揩便宜。譬如"吃吃伊"。

【吃地段】看重地段。相关讲法有"吃房型"。

【吃牢】死盯。譬如"吃牢我"。

【吃劲】费力，吃力。

【吃瘪／吃闷头】理亏 [khue1] 语塞 [seh]，被问倒，无言以对。可作为
及物动词用，譬如"吃瘪伊"，意思是弗用武力让对方屈服。相关词汇：服
帖，譬如"服帖侬"。

> **例句** 讲斤头被人家吃瘪。

【吃足输赢】受够哉。

【吃排头】吃批评，被数落，受斥 [tsheh，文读] 责。"吃伊排头"意思
是批评伊。"排头"指木排个头粗大结实，撞 [zaon3] 着船腹，船往往吃弗
消。相关词汇：刮鼻头。

【吃轧头】受指责，如风箱里个老虫两头受气；受挫，吃苦头。

> **例句** 东家要拨我吃轧头个。

【吃家生】吃大亏，倒大霉，受打击；被硬个物事撞着（苏州闲话）。

【吃软档】讲闲话专门拣人家软肋。

【吃功夫】消耗精力、技巧。相关讲法有"吃体力"。

【探探】侬揭露一个人个隐 [in] 私（或者刮三／刮讪个事体），伊弗承认，
还反问侬，迭辰光侬可以讲"勥功夫好，侬想想看"，拿一只金钟罩罩牢
伊，要嘤讲"勥做功好来希，侬想想看"。

> **例句** 探探伊看，引伊闲话出来。

【吃相】吃喝辰光个腔调；言行，表现；面色；架势。

例句　迭个人吃相忒难看。

【吃辛吃苦】含辛茹苦。

例句　阿拉一日到夜吃辛吃苦，到头来一眼苗头也呒没？

【穷吃阿二头】形容大吃特吃。老底子，老二垃垃屋里常庄是得着照应顶多个。相关讲法：小菜对我胃口，我是吃足输赢[1]。

【吃老米饭】失业，只有消费呒没收入；退休谦称；一脚做老本行。吃老饭店（吃爷娘个）也叫吃老米（陈米）饭，甚至于坐牢也叫吃老米饭。[2]

例句　我还是吃我个老米饭。

【吃酸／吃老酸】尴尬；辣手；惹气、弗爽而又没对策；难过，吃弗消。

例句　吃侬老酸。

我会得输拨伊，真吃老酸。

三介头个生活要我一介头做，真吃老酸。

【吃红灯】弗讲吃绿灯，是因为迭种语境里，吃表示弗好个事体，譬如"吃罚单""吃火车"。

例句　今朝触霉头，只只红灯吃过来／侪吃到。

【吃汤团】吃零分。迭个词来自旧社会舞厅，原来是讲舞女吃汤团，没客人请伊跳舞，意思差弗多个讲法是被剃了只光郎头。舞女个收入以舞票计算，陪客人跳一只舞，舞客就付拨伊一张咾几张舞票，舞女再搭舞厅拆账。一些走红个舞女（一般弗跳舞、专门陪舞客茄讪河个舞女）由舞客邀请"坐台子"，好拿着比较多个舞票。二十世纪三十年代，垃垃顶红个舞厅"百乐门"，红舞女每个号头有 2 000 多块个进账，甚至有 3 600 块个进账。迭个收入算得上一流高收入哉，因得普通职员只有二三十块个收入。

【吃头塔】畀（又音 [peh]，俗写是拨）垃垃头顶浪敲一记。"头塔"是头顶部分。相关词汇：头顶心。

---

[1] 类似讲法：冷闲话是听足输赢；今朝是睏足输赢；物事是拿足输赢（拿得足够多）；伊个铜钿是赚足输赢；拨伊捉牢辫子哉，伊是拿我骂足输赢。

[2] 做啥个生活就是吃啥个饭，譬如吃生意饭（《何典》里就有）、吃银行饭或者吃金融饭、吃律师饭／吃法律饭、吃码头饭；吃公事饭个就是拉拉公司咾政府做生活个；吃开口饭个是讲说书先生乃至做无本生意个字相人、阿诈 [tsa3，文读] 里。

【吃耳光 / 吃屁股】侪有被打个意思，只是被打个部位弗同。

【吃火腿】被踢。

【吃皮榔头】一般是讲垃外头畀人家打，而弗是垃屋里畀爷娘吃生活。

【吃得开】吃价；行得通；受欢迎。"吃价"意思是紧俏、受尊重，譬如"垃垃市面浪蛮吃价个"。

图3　吃讲茶

【吃讲茶】老底子，发生争执个双方到茶馆店里请有身份个人、公众评判是非（见图3）。有理呒理，出垃众人嘴里。流氓往往既弗讲道理也弗肯轻易认输，噶咾吃讲茶常庄不欢而散，甚至直接垃垃茶馆里大打出手，乃嚜交关茶馆侪贴仔一张告示"请弗讲茶"或者"请弗吃讲茶"。茶馆店里吃讲茶是中等档子个做法；上等点个是饭店（酒店、大栈房）开房间谈判；戤脚个老虎灶边头也好讲斤头。相关讲法："摆句闲话过来！"（类似切口"划出道儿来"，也有要对方晓得、表示态度、答应事体个意思。）理亏一方只好买账，拉几只台子（请客），点一副香烛，赔罪吃瘪了事。

【吃头势】吃个热情咾名堂搭气势。相关词汇：头势（程度强烈）、吞头势、结棍头势。

例句　侬今朝漂亮头势（弗谈）。

车子轧头势（弗谈），人搭人挨肩擦背。

只只模子结棍头势勿谈。

只只小菜味道好吃头势勿谈。

个个员工侪学历高头势勿谈（表语从句，老派讲法用垃新语境个好例子）。

今朝热头势（弗谈）。[1]

侬迭个人搞是搞头势啊。

伊养仔条狗，宝贝头势啊。

---

[1] 热弗过→热得咂→热头势→热煞→热得一塌糊涂：程度越来越强。

伊家主婆养仔条狗，伊恨头势啊。

余多词汇：吃（有进个意思）水深；吃重 / 吃力，意思是受力点；吃（推动）两档 / 吃倒档，譬如"吃进倒档，预备倒车"；吃食堂 / 吃夜排档。

第五组词汇

【捷】读音搭"乾""钳"相同。意思是举、扬，拿自介个手脚举起来；肩扛。

> 例句　捷仔伊拉爷个牌子。
>
> 伊假手捷只矿灯。
>
> 踢仔一天球，现在连脚也捷勿起来。
>
> 伊肩胛捷仔一只塑料桶。

【柴爿】劈开个成片个木柴。爿 [bae1]：量词，譬如一爿商店、一爿水田、一爿工厂。东半爿、西半爿：二十世纪三十年代，"半"读 [pe]，噶咾"半""爿"读起来音比较接近。"南""男"个读音也有迭个情况。乃朝"餐"旧原有两种读法。引申词汇：竹爿爿（竹片），譬如讲"伊假手捏只竹爿爿做个黄鳝夹子"。

【水菜】蚌。

【生活】工作；手艺。真生活：真实功夫；生活重、难或者技术要求高；问题辣手。

> 例句　箇桩事体真生活啊！
>
> 铜钿银子真生活。

【隔夜面孔】夜到眍没眍觉，早晨头 / 早浪头个面孔。

> 例句　倻看看，一只只隔夜面孔，昨日夜到准定又打仔一夜天个牌！

【呆牢】呆住。

> 例句　经理呆牢，勿晓得讲啥闲话好。

【行】流行。相关词汇：风行。

> 例句　迭歇又行出来啥鞋子？
>
> 现在小姑娘行裤脚馒头浪向挖只洞眼，侬晓得哦？

【生心】起疑心。

【碗脚头 / 脚脚头】挺下来个少量物事；残羹冷饭。引申词汇：脚脚进，意思是得寸进尺。

【触气】惹人讨厌 [ie]，迭个词女人讲得比较多。

【勏】读 [on3]。挤。

> 例句　演员一到，大家像马蜂斗胡蜂能侪勏上去。

【有常时 / 常时】有时候。

> 例句　伊有常时出出摊头，有常时勿出。
>
> 再有常时嘎，扳着伊伙计个小错头咾赖脱一个月个工钿。

【来】很，非常。

> 例句　鱼汤鲜来。
>
> 伤心来。

【心想】心思，心情，兴致，耐心。相关讲法有"有心有想""一门心思""隔年蚕做茧——没心思"等等。

> 例句　伊个心想啥人也摸勿透。
>
> 伊做事体心想是好。

【坐歇】坐下歇歇。

【爽爽气气】爽爽快快。近义词是"乐开"，意思是讲闲话做事体上路，公正大方豁达。

【槽头肉】猪猡头颈后头一块肉。

【夹曦势白】面色煞白，毫无血色。

【跔头缩颈】缩着头颈，头缩进大衣领头；做事体拘谨；猥琐。跔 [geu1，平声是平声，不过伊是全浊声]：身体某部分卷 [cioe2] 曲。

> 例句　招待人客勿好铜钿用起来跔头缩颈。

【伛 / 佝】曲身；低头，弯腰曲背；表示恭敬。佝 [heu3] 背个意思是驼背。

> 例句　伊伛到地浪拾啥个物事。

【屏】双方用力抵住相持不下；捱。近义词有"佝""佝得牢""趄"等等。

> 例句　拔河比赛，双方屏垃许交关辰光。
>
> 侬个屏功好个。

【（啥）叫啥】居然；啥个是……，箇是苏州闲话。

> 例句　讲好九点钟碰头，（啥）叫啥伊勿来了。
>
> ……阿有啥 / 碰着点啥，伊自介弗来了。

【踏踏酥】特别酥。

【小八腊子】没权没位个群众，也可戏称小朋友。引申词汇：危险八腊、作孽八腊、罪过（除脱可怜，还有弗敢当个意思，作为谦辞）八腊、腻心八腊 / 腻心刮搭、龌龊八腊。

【淘伴】同伴，朋友。

【挑挑侬】抬举你，拨侬机会。

> 例句　请问各位，经理看重侬，挑挑侬，侬是勿识抬举呢还是豁上？

第六组词汇

【搞轧】关系纠缠、复杂，勿容易处理，麻烦。

> 例句　公司里向人搭人个关系邪气搞轧，噶咾我辞职哉。
>
> 侬先去，有啥搞轧打只电话回来。
>
> 小鬼介晏还吰没转来，路浪弗要有啥搞轧哦。

【拌勿大清爽】搞勿清爽。

【打煞 / 碰顶】顶多，也只能；打死。

> 例句　打煞半粒米。
>
> 伊个工钿廿块碰顶，勿会再多个。
>
> 箇车子碰顶 3 000 块洋钿。
>
> 伊碰顶是个科长级别。

【来煞勿及】急吼拉吼，急出呜啦，迫 [pheh，文读] 不及待。

【仔 / 勒】了。

> 例句　抱仔小囡回娘家哉。

【头初里】起头辰光。

【上腔（势）】发作，寻响势。

> 例句　伊再讲我，我定规要上伊腔。
>
> 我又没犯着侬，侬上啥个腔（势）？

【样色样/样样色色】各种各样。样色：各种。

> 例句　样色样侪要伊经手。

【有讲头】闲话多讲弗光。

> 例句　迭桩事体伊拉有讲头哩，一个时辰也讲勿光。

【呒讲头】呒啥好讲个。

> 例句　再讲下去呒啥讲头哩。

【速】快速穿过个声。

> 例句　一只老虫速一记（一记头，形容速度快）穿过去哉。

【炀】热络。相关词汇：火炀 [yan1] 哉，指火点着哉；凑热络，指套近乎。

【好得】好在，亏得。

> 例句　好得侬来帮忙，我一介头吃勿消个。

【笡】读 [tshia3]。歪斜 [hua1 zia1]。譬如"嘴笡""字写笡"，"笡对过"即斜对面。

> 例句　迭幅画摆笡脱了。
>
> 　　　　伊登垃俚门口街路笡对过。
>
> 　　　　伊头笡过去。
>
> 　　　　伊齐巧头一笡，子弹从头颈旁边飞过去。

【殟塞】心里烦闷、窝火，有苦话勿出，难过、心情恶劣。

【头昏哩】没主意哉；害怕、心虚哉。

【得哩】语气助词。

> 例句　侬动作慢是慢得哩。
>
> 　　　　老酒吃是好吃得哩。
>
> 　　　　侬迭个人弄是难弄得哩。
>
> 　　　　侬戆是戆得哩，戆得（哩）一塌糊涂。
>
> 　　　　侬闲话讲是讲得好听得哩，像唱歌能。

【一作堆】一堆，一处。

> 例句　八个人坐垃一作堆。

【埃面/埃面墕/埃只里/过面墕】那里；娘舅墕/伊面/墙头。

> 例句　伊从朋友埃面（墕）/埃墕借仔一部黄鱼车。

老头子过面墙蛮空。

【丫杈头】晾衣叉（见图 4）。"晾"老底子读 [laon]。引申词汇：晾霉，指热天里拿衣裳咾书晒咾吹一遍。

【哭出乌拉】哭丧着脸。

> 例句　迭只面孔哪能介好看啦？哭出乌拉笑嘻嘻，
> 做啥啦（嘲小囡个闲话）？
> 有个人垃垃开条斧咾借铜钿辰光也会得哭
> 出乌拉笑嘻嘻，做功来得好。

【急出乌拉】迫不及待，十分急切。近义词：急响拉吼、来煞弗及、笃笃转团团转。

> 例句　辰光来勿及哉，伊急出乌拉个要去赶飞机。

图 4　丫杈头

【胀胀】瞧瞧。《儒林外史》（作者是吴敬梓，成书于乾隆十四年，写个是明朝正德前后个故事）里向常庄出现"胀一胀"，上海人训斥人就常庄讲"眼乌珠胀胀"。

> 例句　伊胀胀柜台里头白瓷盆浪向个酱麻雀。

【嬲】读音搭"袅"相同。纠缠，缠牢。

> 例句　伊嬲牢老头子要铜钿。
> 我老忙个，侬勿要嬲牢我。

【剐】刀割。

> 例句　伊手浪向拨刀剐了道口子。

【吉普卡】吉普车。英文 jeep 搭 car 个合称。

【衰瘰】吃力，疲惫。相关词汇：勌 [tae1]，是讲过度疲劳，体力弗支，写成功"瘫"字勿正确。

【独有】只有。

【潵尿】小便。潵 / 拆：去除污秽，清洁物事。

第七组词汇

【谈敲定】谈朋友，谈恋爱。

【坏肚肠】坏主意。

【肚肠痒】忍勿牢。相关讲法："挖心挖肺挖肚肠"，就是掏心掏肺个意思。

> 例句 侬勿话拨我听，我肚肠要痒煞个。

【洋火／自来火／洋煤头】煤气也叫自来火，煤气厂也叫自来火房。

【谜谜子】谜语。

【吹牛三】吹牛。

【箇排】箇种。

> 例句 我哪能会碰到侬箇排人个啦？

【噶咾】所以。

【阴司由甲】阴险；奸诈 [tso3，白读]。由甲：阴损；恶劣；刁钻。

【阴势刮搭】让人难行个阴冷潮湿天气；为人阴险，暗中算计人家。

【阴损】暗中损害别人。

【装胡样】装糊涂，装戆。

【嚎嚎】讲假闲话、好听个闲话骗骗人。相关词汇：嚎头嚎脑（油嘴滑舌）、花功道地。

【胡梯】楼梯。

【悉悉索索】象声词。

【想勿落】想勿明白，想弗通。

【单吊】单身。

【菜刀头】扁头，可能因得缺少某种营养，头型发育弗好，也有人讲是毛毛头辰光拿头（后脑勺子）睏扁哉。

【光郎头】单身男子。

【恶死做】做得别人走投无路，做死做绝。

【关门落闩】拿闲话讲煞。

> 例句 关门弗落闩。

【着着】意思是最，一般是讲方位浪个最上头或者最下头，譬如"着着下头""着着高头""着着里向"。

> 例句 像煞是吃到着着底下头再吃到一块肉。今朝演唱会浪，伊是着末脚一个唱个。

【饭格子】饭盒子，原来是老早子包饭作用个（见图5）。老早子上海一眼生意人中浪头弗烧饭，垃垃洋行、店铺可能也没条件烧饭，就包拨包饭作，就是乃朝个外卖。请包饭作送饭，排场大一眼个用藤格篮，漆红漆个，四菜一汤加上饭，笃定摆得落。排场小一眼个用长幺幺个钢 [tson1] 饭格子，有三格也有四格个，有得拎攀。

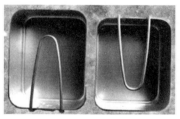

图 5 饭格子

【盉】扛。不过一般弗好讲扛，伊一般用于扛棺材，读阴平声调，赛过普通闲话个第一声。大户人家讲移台子叫撤台子，抬起来后短距离移动。

例句 拿铜鼓盉上卡车。

【身胚】身架子。

【擎共擎共】象声词。

【掉枪花 / 调枪花 / 调花枪 / 翻门槛】字相手段。

【弄乖】字相小聪明，字相花招。"乖"指精明。"合仔家，做啥乖"：既然已经成亲，夫妻淘里就弗必虚伪作假。

【老卵级格】神气活现，弗拿人家摆垃眼里，摆老资格。

【道是】以为，当仔。

【毛脚】准女婿。毛脚女婿头趟上门带个礼也有定规：一挺机关枪、两百发子弹、两只手榴弹、一只炸药包，就是一只火腿、两条烟、两瓶酒、一只奶油蛋糕。相关词汇：毛脚新妇。

【脚跟脚】后脚跟牢前脚；间隔辰光短，前后脚。相关词汇：脚碰脚（水平相当）、轧脚（鞋子小）、跟脚（鞋子勿显大）。

【蹿起来】跳起来。

【加二】越加，苏州闲话有迭个词汇。

【毛】大约。

【发痴】发神经。

【心宕得来】心发慌而提起来。

【抖抖豁豁】颤抖。

【懊闷痛】后悔，内疚，心疼。

第八组词汇

【三日两（横）头】三天两天。

> 例句　当师傅嚎，花露水也蛮浓，学员马屁也拍得蛮勤快，三日两头有酒水吃。

【弄怂／搋】捉弄。搋：用拳头咾三角尺打，譬如"拨侬搋仔一记"，还有推、托个意思。

【统扯】均分，平摊。

> 例句　共总 200 块，统扯每人 20 块。

【咪里嘛啦／呜里嘛啦】多嘴，啰嗦，闲话多。

【伏勒嗨】伏在。相关讲法：伏太阳。

> 例句　伊伏勒嗨空调房里。

【七荤八素】晕头转向。

【搭浆】推扳，搭水扳浆。迭个词是乡下讲法。

> 例句　没办法，年纪大了，脑子越来越搭浆。

【山色／山水】苗头。看山水：头子活络，见机行事。

> 例句　讲是迭能讲法，不过做个辰光就要看看山水哉。

【迭歇】现在。

> 例句　迭歇我垃忙，没空搭侬搭嘴。

【头高头】初。

【活狲】猢狲，指猴子，也可以形容多动调皮个小囡。

【五斤吼六斤】讲闲话、做事体激烈急迫个腔调，态度勿好。相关讲法：狠三狠四、吃饱生米饭。

【像煞（是）】如同，好像。

> 例句　车老大面孔高头绷弗牢，有眼像煞一口头含仔几十只话梅，含垃许嚎忒酸，吐出来嚎勿像腔。

【日里头】白天。

【掼炸弹】扔炸弹。

【光头】光亮。

【戳壁脚】背后挑拨，讲别人坏闲话。近义词：拆台（脚），拆台脚个人叫撬客。相关词汇：拆壁脚（《何典》里就有）、听壁脚、放野火（造谣）。

【勿关哪能】弗管如何。

【度死日】无所事事混日脚。

【神烊烊】舒坦、迷迷糊糊、陶醉个腔调。

【神兜兜】自我感觉良好，神气活现，嗯瑟。

【赶勿及】来不及。

例句 伊手里个书也赶勿及放一放。

【豪悴】赶快。

例句 侬豪悴去上班呀，否则侬迟到唻。

【本则来】本来。

【见歇过】看到过。

【笔笔挺】笔（笃／立）直。

【发毛】发火。

【极叫】拼命叫。

【作乖】识相。

【悉力索落】小动物发出个轻微声音。

【半半日日】辰光长，特别是讲应该垃垃短时间内做好个事体，耽搁仔老长辰光。

【閛】读 [phan3]。关门声；关门。

例句 门勿要忘记閛上。

【濽】读 [zae3]。水溅出来。

【大远许】很久很久。

【讲张】聊天。迭个词来自苏州，"张"是张士诚，因得张士诚治理苏州深得人心，苏州人欢喜、怀念张士诚，七月三十夜烧九思香祭拜张士诚。

例句 伊拉忙勒讲张，呒没人睬我。

【十三点】为人处事轻浮，忘乎所以；讲闲话勿中听，行为弗合规矩。迭个词女人讲得比较多。（相关俚语）像"福煦路来个"：老底子，延安东路叫福煦路，箇三个字俱是十三画；老底子个德律风听筒个洞洞眼是十三只，也有人用德律风听筒隐称十三点。

【披嘴】嘴唇往旁边撇一记。

【烂笑】乱笑。

> 例句　伊拉三介头烂笑。

【齐头好】正好。

【六零部队】六十岁。因得六十岁退休。

【擎令咣唧】形容声音大。

【脚馒头 / 膝馒头】膝盖；样子赛过馒头。相关词汇有"裤脚馒头"。

第九组词汇

【弹眼落睛】引人注目 / 惊艳；刺眼；凶狠。

> 例句　迭只浴缸雪雪白，弹眼落睛。侬眼乌珠眙勒介出做啥，当心落
> 下来。

【皮】玩。

> 例句　阿爸关照浴缸里勿好皮水。

【横对】蛮不讲理，蛮横。

> 例句　勿是我横对，事体是侬做了勿对。

【杂格龙冬】乱七八糟。

> 例句　灶（头）间里向杂格龙东个物事忒多。伊个书杂格龙东个。

【结梆梆】手头紧，铜钿勿多；紧绷绷。

> 例句　箇眼饭有眼结梆梆。

【放血】用脱大钞票；低价出售；请客吃饭。

【打只中觉】睡个午睡。

【淘里】关系。

> 例句　日脚长仔嚜，大家混得熟哉，赛过朋友淘里。小囡淘里，弗要
> 打打闹闹咾哭咾啥。

【掴】打（耳光）。

【聋聱】耳朵聋。

【钝】嘲讽。（相差词汇）车：戏耍、挑逗，对方吭啥好，甚至根本就是
弗好，而用奉承闲话讲伊好，可能是调侃 [khoe2]、嘲弄对方，譬如讲"我
车车 / 叉叉伊"。嘲讥讥：嘲弄个口气，酸溜溜个讲伊好是嘞。

【罄】读 [zoh]。射，抛。

例句　伊阴笃笃罄来迭能一句，迭记没防备。

【开伙仓】烧饭；过日脚。

【一干子】一介头。

【横垛里（向）】横向里。

例句　啥人晓得横垛里蹿出一部大卡车。

【活脱势像】一模一样，邪气像。类似词汇：煞辣（势）清（一清二楚）、煞辣势平、煞辣（势）齐等，煞辣是上古复辅音字分开后形成个联绵词，联绵词是绑定出现或者讲同时出现再有意义个词。

【赞货】好物事。

【赖三】女流氓。

【蹿发蹿发】跌跌蹿蹿；跑路脚馒头弗动。

【唻】语气词。

例句　外头邮差叫唻（垃垃叫）。

【寿头刮气】傻里傻气，勿灵活。寿头：办事体愚 [nyu1] 笨，原来有"寿字猪头"讲法，因得猪猡头浪交关皱纹，像寿字；弗懂世故，弗识厉害。

【勒煞吊煞】一个人夾七缠八，罗唆得要死，旁人听垃许恨勿得去吊煞；交关吝啬，小气个人，常庄亦要望自介面孔浪贴金，讲出交交关关理由来，人家当然勿愿意听；弗肯马虎，认死理。相关词汇搭俗语：免提听筒（常庄自言自语，没人欢喜听）、狗屎倒灶、一钿如命、一分洋钿看得比磨盘／轮盘还要大。

例句　问伊讨两只角子（零碎铜钿），勒煞吊煞拿勿出。

【水荡】积水处。

【淘】拌。引申词汇：汤淘饭、茶（白开水）淘饭。

例句　伊菜咾汤咾亨八冷打淘垃饭里头拌拌开，三口两口夯脱。

【夯】打；用力做事体；气急夯夯。夯脱：一口气吃光。

例句　夯得侬爬勿起。

　　　　夯脱三碗饭，实在夯勿下去了。

【触心境】提起人家勿欢喜听个事体，牵 [chie] 动情绪。

例句　小李个女朋友才拨人撬脱，侬就勿要触伊心境哉。

【枪篱笆】篱笆。

例句　朋友，侬懂勿啦，轧朋友 ①（升调）是吭没枪篱笆个，老正常个嘛。外加打过侬招呼哉。

【装佯／装洋】装腔作势，假装洋盘，装洋吃相，吃吃老鬼。

【连牵】像样。

例句　四季衣裳弗连牵。

　　　侬哪能讲闲话也讲勿连牵。

　　　我饭也吃弗连牵，还养得活小囡？

【搭脉】相提并论，比较。老早仔是一句切口，讲流氓打探底细、打样。

例句　迭弗好搭脉个。

【打样】投石问路，事先打听、试探情况。

【饭（米）糁】饭（米）粒。相关词汇：饭糍（锅巴）；咸糁饭。

【辣辣较】明显个，气势磅礴 [paon3 boh] 个。

例句　拔火筒搁上去，一扇弗要扇，炉子自介辣辣较炀起来。

　　　伊个革命热情辣辣较蹿上来。

　　　迭只公司要辣辣较改革改革哉。

【进账／效涨】收入，效益。

例句　侬麴讲，打桩模子（立垃浪马路边浪做黑市交易 [yi3，多音字] 个
　　　人）个效涨蛮好个。

【勿搭腔】勿搭嘴，勿搭话理睬。

【一大刀】一大叠。相关量词：一坒（叠、层、排）礶 [loh] 砖／钞票／青菜／石头／房子。

二十世纪二十年代歌谣（关于量词）：龙华塔，高七层，七坒窗咾七坒门。七层楼梯团团转，七丈柱头矗天心。七万礶砖三万瓦，七千人工造完成。下筑一丈七尺三合土（三和土），上有定风珠七粒宝和金。年年三月初七到十七，香客齐向塔上登（现在弗允许哉，要保护文物）。七坎进深龙华寺，七层宝塔对山门（此里并无山，平地一片，不过习惯称呼寺门）。寺里和尚六七百（应该是夸张哉，龙华寺并

---

① 轧朋友是谈恋爱，一般个交朋友叫轧淘。

弗是老大个），修成七世童身根行深。善男信女走来念七佛，七日七夜功德做虔诚。最好看七月三十夜，塔身上下齐点灯。三国时候孙权造此塔，经过十七八个朝代到如今。

【斥屙面孔】一脸苦恼尴尬相。余多讲难看面孔个词：隔夜面孔（骂早浪头赖揩面个小图："猫面孔就跑出去啦？"也好讲一只面孔瞓勿醒）、刮三面孔（尴尬面孔、坏人面孔）、讨债面孔、晚娘面孔、活狲面孔、死人面孔、吊煞鬼面孔、杂夹种面孔（弗曾长好）。

【斥尿出／斥屙出】尿床，大小便失禁。

【户头】人。

> 例句　伊勿是好户头。

【瞓棺材】寻死。

【眼火】眼力。

【劲道】激情。

> 例句　伊劲道上来哉，勿要瞓觉哉。

【梗牢】堵牢。

> 例句　鱼刺梗牢喉咙。

【混道道】水混浊，引申为头脑勿清醒、稀里糊涂。近义词：七荤八素。

> 例句　头爿混道道。

【瞎来来】盲干、乱来，做事体弗计后果。

第十组词汇

【大推板】差得多。

【热天光／介】热天里。

【揩吱揩吱】费力气。揩出：翻箱倒柜寻出。

> 例句　伊姆妈揩吱揩吱黄鱼车踏出来。

【来得】非常。

> 例句　风景来得好。
> 　　　　伊来得生气。
> 　　　　伊来得结棍。

【近腔把】最近。

【昏头落晱】晕头转向。

【辣手】棘手；厉害，手条子辣；弗合常理，超出想象。

> 例句　补课费蛮辣手个。
>
> 　　　啊！肉钿一记头涨仔三成，辣手个！

【意勿过】过意勿去，勿好意思。

【呀呀乌】质量推扳，一碰就坏。

> 例句　迭个人个脾气啊，呀呀乌。
>
> 　　　伊个辰光产品质量呀呀乌来希个。

【人来疯】人多个辰光欢喜表现自介；来得快去得快个热情。人来风也好讲电风扇，老早仔做人家，有人客来仔再舍得开电风扇，噶咾叫人来风。

【稀奇勿煞】稀奇得勿得了，是讽刺个闲话。有个小朋友欢喜显宝不过又小气得不得了（调仔大人身浪就是摆标劲、掼浪头，又弗肯帮人家），别个小朋友就会讲迭个闲话。

【硬伤】勿称心，弄坏脱了。

【别转身】转身。

【必过】不过。

【窃窃戳戳】压低声音讲闲话，往往指垃垃背后讲坏闲话。

> 例句　伊欢喜窃窃戳戳个垃垃人家背后讲坏闲话。

【司务】师傅。相关词汇：饭司务（厨师）、大菜司务、擦背司务、裁缝司务。

> 例句　江司务对张先生一眼吰良心。

【霹雳啪啦】放鞭炮声。

【阿潜阿潜】是讲程度强。

【猛门】勿讲道理。相关讲法：强横、横对、横理十八条、强凶霸道。

【狗头牌】Goodbye 的谐音，意思是再会，引申为男女双方层次、素质、家庭背景勿相配。噶咾介绍男女朋友或者轧朋友（连读，升调）侪像两张牌硬劲凑勒一道，凑出来个只会得是臭牌，又叫狗头牌。

> 例句　人家小姑娘条件蛮好个，侬哪能发一张狗头牌拨人家啦？

【谓之讲】所以讲呀。

> **例句**　迭个人老勿讲道理个！
>
> 谓之讲呀，我叫侬麵睬伊！

【糊达达】全部烧烂了，混勒一道分勿清爽。

【现开销】当场发难／责难；弄个明白；责骂。

> **例句**　阿爸还假客气，姆妈就有眼现开销，当仔两介头闲话亵出来。

【宕】捱；搁置。

> **例句**　事体宕下来哉。

【迗迗叫】偷偷个，悄 [tshiau2] 无声息个。

【半夜把】半夜里。

【呆想想】用弗着动脑子就晓得。

> **例句**　呆想想伊来仔呒没啥好事体。
>
> 侬呆想想，我哪能可能有介许多铜钿借拨侬？

【挜】读音同"丫"，硬劲拿物事送拨人家或者卖拨人家。譬如（字相人）挜卖手巾／毛巾肥皂、挜卖私盐（便宜货）、挜上门。

> **例句**　伊硬劲拿戒指挜拨我。
>
> 饭挜下去。
>
> 伊又勿感兴趣，我挜上去做啥。

【搨】涂；摊。相关讲法：搨便宜。

> **例句**　颜色搨了勿好看。

【打瞌睏】打瞌睡。

【肋棚骨】肋骨。

【翻毛腔】发火，板面孔吵相骂辰光用个调门。

> **例句**　英商自来水公司毛腔翻到工部局——无轨电车勿好烂开。（旧上海公共租界个最高管理机构是工部局，法租界个则是公董局。开无轨电车：讲闲话、做事体、做人没轨道，勿着边际；讲闲话离题、漫无边际。）

【勿然介】要勿然。

> **例句**　规矩要做起来，勿然介龙头拨男人扳过去，下趟作勿了主有得苦。

【滂进水】水飘进来。

【大进宫】大动作，指声势交关大个做一桩事体。

> 例句 出门门窗关好，今朝有阵头雨，雨水溚进房间又要大进宫唻。
> 看来大进宫哉，一家门俦去火车站接伊拉阿娘去哉。

【一微微】很少很少。

【把细】仔细。

> 例句 伊迭歇做人要比老底子把细。

【迭排里】迭种。

【没不透风】房间里闷；天气闷热，一眼气也勿透。

【刮辣松脆】很松很脆，一刮两响，交关弹硬。

> 例句 伊个要求，伊拉爷应承 / 答应得刮辣松脆。
> 西瓜皮吃起来刮辣松脆，好当小菜。

【打地脚】打基础。

【抖豁豁】害怕，如履薄冰。[①]

【拗造型】有意塑造自介个形象。作为"摆 Pose、摆造型"个升级版，"拗造型"像煞越加有一股疯狂劲道，一只"拗"字就用足仔力道，有一眼勿要命个意思[②]。越来越多个人深谙"眼球经济"个重要性。

2 词汇详解搭典故

甴曱

对一种特别个情况，上海人有一只专门个词表达，不过偏生迭个词也是迭种情况，像煞冬天个冻瘃[③]、夏天个蚊叮能，难以名状，让人可恨可恼。迭个词交关人会得讲，不过交关人勿会写；越加可恼个是，有埃能几个人

---

① 胡宝谈．弄堂［EB/OL］．［2018-01-27］．http://www.ximalaya.com/36541004/album/5403205.
② 世界浪确实有勿少人因为拗造型、自拍送脱小命。
③ 即冻疮，又讲死血（本邦人讲个）、冻瘃（苏州、浙江人讲个）。

会得写，却偏生写仔出来，吭没人会读。侬讲由甲哦？

由甲个意思是讲勿出个难过，古怪刁钻个勿适意，由甲个事体往往是芝麻落垃针眼里。冬天生冻瘼勿算稀奇，不过偏生要长垃小脚节头（后三个字连读）浪；热天被蚊虫叮咬也是老平常个事体，蚊子却偏生要叮垃脚底心，就算抓 [tsau] 得到，也是件顶顶由甲个事体。

齐巧个事体还有交关，譬如侬计划仔好几个礼拜，要垃垃何里一天去何里一爿店买样物事。不过，无巧勿成书，侬好勿容易请仔假，赶仔过去，而迭爿店齐头垃垃箇天盘点，勿营业，迭种情况就叫由甲。

前头迭眼碰巧是所谓老天弄怂 [lon3/son2]① 人，噶嚟有人力所为个碰巧呢？有人拿水掺/齫 [chian1] 拉邻舍②个油瓶里；有人鬼戳戳拿图钉撒垃浪同事脚踏车必经之路浪；有人鬼戳戳垃垃上司眼门前讲仔一眼勿应该讲个别人个故事……迭眼阿是交关由甲呢？而迭些人本身就是由甲人。由甲人一径欢喜打鬼算盘（背后算计人）、恶作剧，只是做出来个事体勿上台面，损人勿利己，不过伊拉一脚以为自介交关聪明，以为人家勿会晓得。不过，终有一天纸包勿牢火。迭种弄怂/撞别人个人就是由甲鬼。

相关词汇有恶掐、恶里恶掐。

吼势

吼势（吼势是俗写）：恼怒，胸闷，难以名状个难过。老早仔个上海人拿天浪个彩虹称为"吼"。虹一般垃垃夏天个雨后出现，箇辰光天热气闷，叫人难过。黄梅季节一到，湿度高、气压低，早夜有点冷飕飕，中浪头热烘烘，墙头、地搁（板）、家生甚至衣裳侪会湿答答个。噶咾上海人讲："黄梅天，吼势天。"

吼势天形容天气，引申开来就是发吼势。为之各种事体勿开心，殟塞 [ueh seh]、烦恼、发格，大家就会讲："迭个老朋友现在正勒发吼势哉。"寻事体、寻人发发格，骂骂（太平）山门，迭个叫寻吼势。芝麻（眼）事体寻西瓜吼势，弗是寻西瓜个吼势，是寻西瓜介大个吼势。两个人结怨、结

---

① 捉弄，令人出丑，程度比恶作剧稍轻。
② 垃垃老房子个公用灶（头）间有机会迭能做。

仇嚯，可以讲"伊拉两介头一脚就有点吼势个"。

末脚，吼势还变成功一种心情、一种感觉。吼势垃垃箇辰光就简化为一个字：吼。为之福利分房拨同事捭 ①/ 轧出分配名单，吼；为之买仔传说中个优质股票拨股市套牢，吼；为之高考考分只推扳名校录取分数线一分两分，吼。迭眼个吼来自大事体。而平常日脚为仔微微小个事体吼个行情行事。噶咾侬会听到迭眼闲话："唉！真正叫我吼煞！""侬讲吼勿吼？""吼！吼！" ②

瘪三

瘪三由洋泾浜英语"瘪的生司 /empty cents" ③ 而来，就是穷勒一只铜板也吮没。还有讲衣瘪、囊瘪、腹瘪，谓之瘪三。有辰光就是讲叫 [kau3，多音字] 花子，譬如讲，马路浪迭排瘪三有个是假个。垃垃旧社会，上海被传说成冒险家个乐园 ④ ——"上海滩遍地是金子"，拾黄金个白日梦自然会引来囊 [naon1] 空如洗个穷人。乃嚯，上海滩遍地除脱"金子"，就是一文不名个瘪三。不过从另外一只角度讲，垃拉一定程度浪，确实遍地是"金子"，就看侬会拾弗会拾。

我伲最熟悉个小瘪三，就是漫画家张乐平笔下个三毛了。有瘪三个环境，就有世（去声）态炎凉，任何一个小市民侪可以随随便便骂一个衣装 [tsaon] 寒酸个人"瘪三"。当时还出现仔洋装瘪三，就是外头天天着西装，里向穷勒叮当响个人（叮当响朋友）。李伯元（晚清小说家，伊个作品还有《官场现形记》等）写个《文明小史》就描写过看上去风流倜傥 [thih thaon2]，实际浪日脚潦倒个洋装瘪三。迭种人实际浪吃饭也吃弗连牵，却 [chiah] 硬劲要整天着一套笔挺个西装，永远勿换季，拨人虚假个体面印象。新中国成立前，蹩脚个西装被称为洋铁罐头，譬如讲"神气点啥，身浪不过是只洋铁罐头"。上海还有一句俗语：勿怕屋里天火烧，就怕出门跌一跤。迭句闲

---

① 意思是迭个人手条子蛮辣个，千方百计拿人家捭下去，伊自介就好望上爬哉。

② 可参阅上海之家吧：http://tieba.baidu.com/p/2550367228?pn=2。

③ 一文不名，拿弗出。另外一种写法是瘪滴生司。像沙发、马达、白脱（butter）等词都是由上海人根据英文音译而来，再垃垃全国传播，噶咾迭些词个上海闲话读音比普通闲话个读音越加接近英文读音。

④ 1843 年后个一百多年里向，上海成为殖民者垃垃中国倾销商品、搜刮原料咾钱财个主要口岸，所以迭能讲。

话就是讽刺迭种人只有一套行头，跌一跤，弄鏖糟仔，就着勿出去，甚至出勿出门哉。至于屋里，可能伊也没屋里，要嘿只是借个房 [vaon] 子，噶咾也勿怕火着。法国十九世纪个小说里也有箇种人。迭能介个人现在也有——一身顶级名牌，实际浪常庄艰难度日，甚至要借铜钿过日脚，只是现在被叫作"新贫族"。

山东人拿烧饼 [pin] 称为火烧，姚周垃垃滑稽戏里讲"添火烧"，实际浪山东堂倌垃垃楼浪楼梯口是垃讲"客人要添烧饼"，结果上海账房小先生以为是"天火烧"，马上打德律风拨救火会。救火会来仔几只大水龙头（水龙头个来历）望饭店里喷水，结果拿行情行事个菜、碗碟盆子搭仔小先生个铺盖一道爺出来（意思是讲被停生意哉）。当然，曲艺是夸张个，并弗符合实际。譬如埃个辰光，普通小饭店哪能可能有德律风？附近也弗大会有。救火会来仔弗曾看到火灾哪能可能望房子里喷水？伊拉毕竟是专业人士。噶咾讲只好听听字相相，付 [fu3] 之一笑，弗好深究。

弗要以为瘪三侪是苦恼人（用新法闲话讲就是弱势群体），老早点，有交关上海瘪三也是能呼风唤 [huoe3] 雨个。顶顶苦恼个瘪三是拾垃圾个，还有叫花子。

"罗宋瘪三"则是华洋杂居个上海滩独有个。起头，罗宋指俄侨（见图6），也就是 Russian。俄国十月革命以后，大批旧俄贵族、资本家、地主等亡命上海，伊拉为仔谋生，垃垃上海从事低等职业，被叫作"罗宋瘪三"，譬如埃个辰光市区个牛奶棚多数是白俄开设。跟仔伊拉流入上海个物资搭生活方式，譬如罗宋帽子、罗宋皮鞋、罗宋面包、罗宋汤、罗宋大菜等，也一头被上海人看作勿上档次，一头为之廉价垃垃崇洋个上海人当中流行。罗

图6　俄侨

宋帽拉开来像只桶套垃头浪，也可以拥起仔，乃像普通帽子一样。后来，上海人省事个拿所有露贫个外国人侨叫"罗宋瘪三"，而一切 [tshih] 便宜个、蹩脚个洋货侨拨上海人冠以"罗宋"。噶咾伲既弗要露富也弗要露贫。

门槛

垃垃中国封建社会，门槛搭别个建筑构件一样有等级制度，等级越高个建筑，门槛越高。譬如书院（高等学府）个门槛高达 3 尺，迭种门槛像煞只适合跳高运动员跨。当时，私宅也被规定了门槛高度，门槛越高个，主人地位越高，反之则越低。有些贪图虚荣个人私底下增高门槛高度，以提高自介个地位搭身份，迭种做法是违反封建等级制度个（违制），一旦被告发就会受到惩罚。乃嚜，要滑 [wah] 头个人预备了勿同高度个门槛，平常辰光用高门槛装威风；一旦有达官显贵来访，就马上拆卸 [sia3]，改换低门槛（箇个就是翻门槛）。迭能介个门槛被称为"活络门槛"。后首来，门槛就被用来指做事体个窍槛（秘诀）。

也有讲上海闲话里向个门槛原来是英语单词 Monkey 个洋泾浜英语。中国人拿活狲看作机灵鬼，噶咾门槛（Monkey）就是精明个意思。讲一个人有潮州门槛嚜，越加勿得了，因得有交关潮州人垃垃旧上海从事蔗糖、百货贩运生意，肯吃苦，善于经营，是上海客帮里向个头挑。

一眼字相人能混出道成功大亨，因得伊拉做事体落门落槛。跑单帮个碰着地痞吸血虫，喂伊一眼血，货色差弗多就保牢哉。开爿烟纸店，马路小兄弟上门来，总归要应酬一番，搞落一眼灰钿（求太平咾免晦气个铜钿，原来指敬鬼神个铜钿）。垃垃小处弗好计算、节省，要弗然伊拉寻侬夹 [gah] 头、扳侬叉头，反倒用脱一笔大铜钿。此里个落门落槛除脱门槛精，还有到位个意思，赛过造屋／造房子架门框上门楣落门槛，要样样舒齐；还有店铺上（排）门板能到位，严丝合缝，恰到好处；依经手个事体弗需要再添手。

扎/执台型

扎台型指扎面子（譬如讲面子扎回来哉）、要面子，卖洋三千，显示自介比人家优越。台型原来指演员垃垃舞台浪个艺术亮相 [sian3]、表演搭造型。老早点，顶顶大众化个娱乐场所就是戏院，垃垃戏院个台型对演员来讲邪气重要。旧辰光，有一些艺人为突出、抬高自介个"台型"，出铜钿收买观众为自介捧场（现在也有箇种行为），叫"扎台型"。而有种艺人演出勿灵光或者失手，被观众开荷兰水（也叫开汽水，指发出个嘘声，喝倒彩），就像

戏台倒塌 [thah] 能吓人。另外一个讲法，台型源自 dashing，指穿着、打扮漂亮。

　　"扎"是上海闲话常用词，譬如扎足指分量足，扎劲指有劲、有意思。"争"搭"执"意思相同，执台型就是争面子个意思。扎台型讲勒好听点是争强好胜，讲勒勿好听就是自我感觉忒好勒。（出锋头搭扎台型个意思相近，就是显露自介，原来指拿皮衣裳个毛从绸缎咾呢料覆面个边边头露出来，迭能加二好看，要弗然也弗晓得侬着个是皮衣。迭个词从二十世纪初开始流行。最花哨个式样是四面出锋——领口咾袖口咾下摆侪有毛露出来。）扎台型个对立面是拆 [tshah] 台脚。还有穷扎台型个讲法。

　　1949 年前，常庄有有钱有势个戏迷票友，为仔追捧自介心仪个演员，勿惜花重金拨足"台型"。《中国戏曲志·上海卷》记载，1921 年，著名京剧演员余叔岩赴沪参加赈灾义演，同台献艺个还有程砚秋。当时，沪上程派戏迷为数众多，伊拉除脱赠送大量花篮、银盾（见图 7）、缎幛、诗文，还觅得高约三尺个大银瓶一对，并刻以上下款[①]，插仔大花枝，垃垃程砚秋上场前，分置台口左右。余派戏迷看到后，发誓 [zy3] 要压倒对方，乃嚜临时末脚

图 7　银盾

派人到各处寻购加二大、加二气派个银瓶。结果，真搬 [poe1] 来一对高过三尺个大银瓶，外加上光上色过（表示重新），垃余氏上台辰光，摆拉台口。因得高过前头个花瓶数寸外加赤括拉 [lah] 新，噶咾越加白光耀眼，台下为之热烈叫好，可谓台型扎足。

有面子

　　要面子是中国人个传统，面子问题是上海人个大问题。有辰光，钱财可以破，面子是勿可以失个，包括黄金荣、杜月笙迭能介个青帮流氓也常庄箇能想。不过，黄金荣伊拉又常庄做弗要面孔个事体。垃垃旧上海，别个沪荡也一样，有势 [sy3] 力个少爷看相（仔）何里一个舞女个说话，迭个

---

① 接收者搭捐赠者。

舞女一般是弗好拒绝个，要弗然就是勿拨迭个少爷面子，叫伊坍台。乃嚜伊个后果不堪 [khoe1] 设想，弄勒勿好，是要拨泼硫酸个。

而伊些有头有脸个人物，越加深谙 [oe1] 面子个重要性。蒋介石发迹（手握大权）前，曾垃垃上海向青帮大亨黄金荣拜过老头子，投过帖子①。事隔十多年，显达后作为北伐军总司令，蒋介石再到上海，外加要去拜访黄金荣，黄金荣晓得迭个消息，当然面浪向有光，喜滋滋讲："阿元（蒋介石原名瑞元）！阿元要来啦！伊还记得我？有良心个！我当初就讲阿元好！"

徒弟做仔大官，师傅当然要送见面礼表贺，但不过旧徒个地位今非昔比，到底送啥个物事好呢？送金条哦，勿伦勿类，少了拿勿出手，多了像煞斗富；送大金匾 [pie2] 哦，也勿妥，招摇俗气。黄金荣横想竖想呒没主意。

还是杜月笙头子活络。杜月笙讲："总司令现在啥个物事顶重要？"

黄金荣讲："侬讲啥个物事顶重要？"

杜："面子！"

黄："面子？噶面子重要又哪能呢？"

杜："我伲就送拨伊面子！"

杜月笙鬼灵精怪想出一个妙法，黄金荣茅塞顿 [ten3] 开。蒋介石到仔上海，黄金荣先托上海商会会长虞洽卿送去一件重礼。蒋介石收下礼一看，喜出望外——重礼就是伊当年拜先生辰光个帖子！而当时还是虞洽卿带伊去投靠黄金荣个，真是解铃还需系 [ci3] 铃人。迭能介物归原主，可谓拨足蒋介石面子哉②。黄金荣埃面，师尊个架子卸脱归卸脱，却勿失得体派头。乃嚜，双方侪有面子。事后，黄、蒋重逢，心照不宣，皆大欢喜；而杜月

---

① 迭个之前，孙中山安排蒋介石垃垃广州军队里向当军官，但蒋受粤系军官排挤，就离粤返沪。蒋搭戴季陶等做生意，为革命筹款。不过好景弗长，生意弗顺，蒋亏空几万债款，债主逼债逼得结棍。蒋求助于同乡虞洽卿，虞请老朋友黄金荣收蒋做学生子，相帮摆平埃些债主。黄拨仔虞面子，收仔蒋做徒弟，并用流氓手段让埃些债主弗敢再向蒋讨债。过脱一腔，借助黄个资助，蒋遵照孙中山个要求，离沪返粤，保护孙弗受陈炯明军队伤害。

② 总司令有一个青帮头头做师傅，终勿是啥体面事体。蒋介石个老上级陈其美也是青帮里向个头面人物，伊是垃垃上海推翻清朝统治个总指挥，也是孙中山个得力助手，上海光复任沪军都督，后被刺杀身亡。

笙也因退帖搭蒋介石挂上仔钩 ①。

青帮源自明末个粮帮 / 漕帮，就是大运河漕运（从南方运粮到北京）水手个民间组织（秘密组织）。道光十三年（1833 年）后漕运一度败落。1907 年英美法等六国搭清廷签订《禁止鸦片贸易协定》，丧尽天良贪得无厌个清廷官吏搭军队只好利用搭扶植青帮运输搭贩卖鸦片。原来就是做水浪船运个青帮成功民间最大个帮会组织。

青帮里向个辈 [pe] 分排行有"大通悟觉"，入青帮要有人引荐，行三跪九磕 / 叩之礼，投上红帖，定下老头子、小脚色个名分。老头子就是爷个地位。后来收徒礼节比老底子随 [zoe] 和，也可以投门生帖子，称师生。黄金荣自称是青帮里个，实际浪是大兴个，也只有黄金荣个徒子徒孙像煞有介事，拿天字辈个讲法当真个，拿黄金荣看作正宗个青帮大亨。1927 年南京国民政府成立后，颁布《社会团体组织法》，取缔民间秘密结社，所有团体必须登记，乃有仔张仁奎个"仁社"咾黄金荣个"荣社"咾杜月笙个"恒社"等等，不过一直到二十世纪三十年代，大家侪按照习惯旧原称伊拉青帮。箇三位青帮大佬分别是大字辈、通字辈、悟字辈，黄金荣是张仁奎个学生子，杜月笙是张仁奎个徒孙辈，杜月笙原来也拜黄金荣为老头子，因得救黄金荣有功，两介头再加上张啸林就结为弟兄，杜月笙乃辈分上升一级。

还有一只帮会洪帮 / 洪门，搭青帮合称青洪帮，伊拉后首来也合并哉。"洪"是"洪武"年号个"洪"，洪门起源于清朝初年反清复明个原明朝官吏秘密结个社。洪帮呒没辈分之分，抱 [bau] 着"四海之内皆兄弟也"个宗旨，一律称兄道弟。交关人结成一组，称为山头，每一只山头奉一个老大。1853 年小刀会起义个小刀会就是洪帮个分支。青帮个人可以同时加入洪帮，洪帮个人也可以加入青帮。旧社会有势力个人常庄是青洪帮出身，或者有一定身价后再加入青洪帮，求得业务方面个便利。

掼个相关词组

掼浪头原来是切口，就是夸 [kho] 海口咾抬高自介，浪头蛮大，浪花呒

---

① 杜月笙搭蒋介石后来也是一歇好一歇坏，抗战前后，蒋利用杜，抗战胜利后，又勿信任杜。蒋败退台湾后，希望杜去台湾，不过杜末脚也没去台湾。

没个。不过，没本事又想抬高自介个人，只好讲一眼弗搭界个事体，用迭眼物事吓人。对方就会得讲："侬覅掼浪头，阿拉勿吓个。"

掼派头指掼铜钿、摆阔。上海人是讲究实惠个，噶咾瞎用钞票也叫掼派头。常庄有大人会得讲："迭只小鬼头赚钞票勿会，掼派头倒蛮来三。"相关词汇有掼铜钿银子或者简化为掼铜钿，还有掼钞票。掼铜钿指个人用起铜钿来没数目，常庄做仔洋盘还勿晓得。

倘使讲，掼浪头咾掼派头个人侪是下巴壳派额角头用（意思是眼睛生垃头顶浪，趾高气扬，摆架子）个说话，噶嚜掼头掼脑就正好相反哉，实际浪就是讲一个人垂 [zoe1] 头丧 [saon3] 气、精神萎 [we2] 糜勿振个腔调。吃败仗 [tsan3] 个雄鸡就是掼头掼脑个。

掼纱帽被引申为拒绝做分内之事、撂 [liau3] 挑子、辞职个意思。大多数辰光，掼纱帽只是讲讲个，末脚，事体还是要做个。真个勿做嚜，拿烦难事体掼拨别人去做，叫掼烂山芋①。拿烂山芋掼拨别人，叮勒别人手浪，交关形象。还有抛出让人难堪 [khoe1]、尴尬话题个意思。

掼纱帽咾掼烂山芋，一般是单位里个事体。垃垃屋里嚜，（两）夫妻相骂，怨气积勒胸口，只好拿家生出气，发格掼家生。掼家生是种艺术，上海女人顶顶来三。上海女人晓得，掼好仔家生，日脚旧原要过个。噶咾伊拉哪怕哭得昏天黑地，望上去抓起啥物事掼啥物事，不过细细观察，我伲会得发现，上海女人有一种立时三刻保证动静 [zin2] 大、价钿小个本事（电影《站直喽，别趴下》里向，个体户个家主婆发格辰光敲脱一只小金鱼缸就是迭个道理）。伊拉个（做法）是一种气势，一种威慑力，比起有些人，一言不合敲个精光、一拍两散个做法，勿晓得高明几许。后一种尽管有打击力，不过玉石俱 [jiu3] 焚，勿是过日脚个道理②。

乱乱掼掼：随意处理，表示一样物事或者人拨人家看勒老轻个。讲仔贬义个，再讲一只褒义词：（生活）掼得出，意思是拿得出手。相关讲法：掼侬三条横马路。

① 指糊弄、瞎蒙，带欺骗性吓人。烧熟、蒸熟或者烘熟个山芋比较软。

② 邵宛澍 . 上海闲话［M］. 上海：上海文化出版社，2014：250–251.

介个相关用法

介：个样子，迭能。下头是例句。

伊每日看书搭仔杂志，像煞是日逐 / 日多吃饭介，没一日肯停个。

伊对囡儿像儿子介，样样生活要伊做。

碰着石头介个物事，十有八九是水菜。

哪能特务接头介 / 能（怎么像特务接头一样）？

侬吃饭哪能饿煞鬼介，吃头势介（这样 / 迭能）足。

伊蓬头痴子发疯介，扑上去搭阿三拼命。

高头摆两只圆台面介大个大锣鼓。

伊像煞大脚膀介粗个手臂膊，看勒吓人倒怪个^①。

伊弹簧介弹起仔，随便哪能勿肯再跪下去。

伊哪能像煞开飞机介开机器脚踏车（摩托车 [mu thoh tsho]），腾空而起，吃伊勿消。

勿是嫩豆腐介好吃吃个。（覅以为好随随便便欺负伊，搨伊便宜。）

侬哪能介（这样）难讲闲话啊？

侬也没介急个，一有事体，立时三刻就要办到。

倒仔介一眼眼开水啊，一口就吭没唻。

脚踏车

脚踏车个零件：

平车龙头（传统龙头）、轻便车龙头（翘 [chiau3] 把，见图 8）、跑车龙头（见图 9）、三角架（主骨架）、坐子、书包架（子）（见图 10）、撑脚架叶子爿 [bae1]、前叶子爿、后叶子爿（挡泥板）、半链罩、全链罩（链条壳）、踏脚板、前飞、后飞（前轮轴 [jioh]、后轮轴，飞是 fit、fitting 音译，指齿轮）、单飞、双飞、三飞（三级变速齿轮）。

---

① 相关讲法：吓得煞人、吓煞坏人（当中两个字连读）。

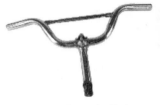  

图 8　轻便车龙头　　　　图 9　跑车龙头　　　　图 10　书包架（子）

大扳铃：揿起来要用力道；双铃：揿起来刮喇 / 辣松脆，嗤 [tshy1] 嘟嘟——，半条马路侪听得到。

蟹钳 [jie1]：形容前叉邪气形象。相关讲法："蟹螯钳牢我手节头弗放"，里向个"钳"可以白读为 [ge1]；"钳伊出去，像钳只死老虫能"，程度比横伊出去咾揎伊出去还要狠。

快马：新车子或脚踏车。

老坦克、老爷车："揎嗤揎嗤老坦克，喀喇嗒喀喇嗒老爷车"，是极尽贬低之能事个意思。"老爷"指老朽，转动弗灵。相关词汇：老爷机器、老爷式气（寿头式气、温暾水式气）。

踏脚踏车带人叫荡，譬如"我荡侬转去"。嘲人个闲话：侬部脚踏车啊，除脱铃勿响，别个侪响。

小人学踏脚踏车，人勿够长，一只右脚从三角架穿过去，只 [tsy2] 踏半圈头，叫踏三角车。身高足够哉，男小人要会得后上车，再叫帅 [se]；女小人要前上车，再文雅。现在交关人侪是死上车，摆垃老早子老坍台（难为情）个，不过，乃朝望 / 看上去也蛮帅个，外加比后上车、前上车实用。再讲，乃朝个人长勒也长，死上车蛮适合个。

戳轮胎个事体、戳轮胎朋友是弗上台面个。

一组词汇详解

【甩】

拿垃圾甩脱（扔掉）。

出去爭相勿要拿小囡甩脱（甩垃旁边，勿管 [kuoe] 小人，弄丢了）。

烧小菜个辰光，甩眼盐 [yie]，甩一把葱末。（料作加勒老随便能。）

篮球甩（扔）了邪气准！

看勿起一个人，讲人家是乱脱货。

【杀胚】

天生要被杀头个人，早晏点要被杀头个人叫杀胚。杀胚迭个词，一听就是五斤狠六斤 / 横对 / 杀气腾腾 / 横冲直撞。杀胚勿是专门形容男人个。我伲垃垃公共场所可能看到过迭能一幕——模样小家 [cia1] 碧玉个女小人勒陌生头对牢手机叫道："侬只戆巴死到何里去了？！"看到个人暗自叹道："迭只女人杀胚个。"相关词汇：杀胚模子、强盗胚、贼胚、吃官司胚子。

【杠头】

麻将牌用语，一圈麻将个压末一只牌。摸到迭压末一只个，叫海底捞月。侬摸到仔花，或者有仔四张一样个牌，就可以去杠，箇就叫杠头。停垃杠头浪，是讲垃垃是非之地、高危 [we1] 之地。叉麻将个侪晓得，杠头是非多，十杠九冲。拿自介停垃杠头浪，是讲自寻烦难。

余多解释还有冲头、出头鸟、刺头。顶杠头：自介去做冲头。弗入港 / 杠：弗保险，呒没着落，入港原来是俚语粗话。

【老娘家】

老娘家来自苏州闲话，老早仔，可以称人家爷为老娘家，譬如讲"倻老娘家"；也可以尊称普通老老头为老老，譬如戚老老咾方老老。老娘家还可以是像煞尊称咾嘲人个称呼，被讲个人也勿一定岁数老大个，搭称老兄差勿多，譬如讲："大家忙得团团转，伊老娘家油瓶倒了也弗扶，笃姗姗勒搭人家茄讪胡。"老娘家还可以指旧屋 [oh] 故地、老家，譬如老娘家私房菜。

【搬砖头】

无本生意。自介手里向勿积压货源，当客户需要货色个辰光，去有货源个商家拿货，然 [zoe] 后卖拨客户，从中赚取差价。淘宝里向，有人拿代 [de] 销称作搬砖头，代销个人自介没库存，拿别人个商品上架，有顾客"拍"（买）勒商品，就让上家代发货。大型渠 [jiu] 道商 [saon1] 国美、苏宁有辰光也会迭能做，让家电制造企业直接发货拨顾客，伊拉自介弗肯花资金买入商品摆垃仓库里向。

搬砖头个核心是勿占用或者短暂 [zae3] 占用自介个资金，通过链接供 [kon1] 应方搭需求方，作为谈判搭交易个纽带，拿商品从供应方直接转手到需求方，获取差价。也有人拿写论文辰光个抄袭 [zih] 行为叫作搬砖头。

【卖野人头】

用空话、大话蒙 [mon] 骗别人，以假货、推扳货行骗，虚张声势咾吓人或者骗人，譬如讲："侬勿要口气大来希，啥人勿晓得侬垃垃卖野人头。"上海刚刚开埠辰光，英租界个福州路变成功十里洋场个风花雪月之地，一些外国人也抢滩此里，孛相一眼西洋物事，赚眼小钞票。有几个花旗人[1]就利用西方蜡像技术，制作逼真个人头模型，号称是西方个野人头，吸引上海人去看，伊拉讲，看 [khoe3] 客只要花一两个小钱 [zie1] 就可以看到来自西方野人个头。不过，过仔一段辰光，上海人晓得了所谓个野人头只是一只蜡人头，是外国人做假个骗人行 [ghan1/yin1] 为。花旗人为仔弄虚作假被揭穿，只好关门大吉。

【洋盘】

① 来源于英文短语 young boor，也就是乡巴佬，后来被洋行买办用来讽刺同胞，慢慢叫传到民间。洋盘是全本外行，糟兄是半吊子（成事不足，败事有余）。

② 对洋人加倍个价钿。

③ 讽刺旧社会个"洋大人"，伊拉尽管平常日脚作威作福，比官老爷还要弗好得罪，不过到仔茶馆里，因得弗懂规矩，常庄被戏弄。

④ 花仔冤枉 [ioe1 uaon2] 铜钿个外国人（对外国人欺生加价），上海人后首来索介拿外行勿识货、上当勿觉着、寿头寿脑、曲里曲气、处处受人欺侮个阿木林侪叫洋盘或者瘟生。"花仔瘟生钿，还做阿木林"，阿木林原来是外国词汇，而阿土生是乡下小囡乳名，后首来侪被用来侮辱生客、十六铺刚刚上来个。瘟生还指吭没经世面咾拨人家弄怂个人。

引申词汇：洋盘小开、蜡烛小开（脾气像蜡烛）、棺材店小开（哭出乌拉）、豆腐小开（软弱好欺侮）、药水小开（药水是臭药水，小开是臭魆魆小开。小开头衔还垃垃，不过爷娘埃面铜钿讨弗着，袋袋瘪脱，走到外势，一眼也没台型。人家当仔伊是小开，想沾伊个光，结果伊反倒到东到西隑人家牌头吃人家

---

[1] 指美国人，伊拉个种族、语言侪搭英国人个相同，噶咾用花旗相称。垃垃二十世纪二十年代之前，倘使侬讲美人、德人，中下阶层个中国人还弗晓得侬垃垃讲啥呢。

白食）。

扛木梢/捐木梢（《何典》里就有）：木知木觉，上当，钻进人家圈套，等到弄清爽，木梢已经扛垃肩胛 [kah] 浪哉，想放下来，人家弗许；受骗、被人家撺掇/唆掇/挑唆/唆使/怂恿 [son ion]/ 弄怂而做仔自讨苦吃或者弗应该做个事体。搭扛木梢对应个词是顶缸，顶缸主动个意思比较多。相关讲法：捐枪。

⑤ 勿领市面/行情，花冤枉铜钿、受骗上当（个人），做冤大头。还有外行个意思，譬如讲："迭种事体侬就洋盘来，让我来教侬哪能做。"相关讲法：做市面（市面做做大，弄弄大）。

【野胡脸】

鏖糟/龌龊、难看个面孔；容易翻脸、弗讲情面个人；大花脸，戏剧脸谱；纸面具。野胡来自上古驱赶疫鬼个驱傩 [chiu1 nu1]、汉代以后个傩戏咾打傩、南北朝个野云戏、宋朝个打野胡，野云戏发展为明清以后流民咾叫花子面孔浪搨仔墨咾搨仔彩，跳舞代人驱疫驱鬼，强行讨饭个手段，也叫打野胡，噶咾腊月里要备一眼零碎铜钿应付上门打野胡个。后首来，下作个、弗入调个人搭物事被称为野胡，叫花子龌龊个面孔被称为野胡脸。譬如讲："看侬只野胡脸，还弗去汰汰清爽！"余多还有野野胡、野野胡胡、野胡得一塌糊涂。

小囡打个玻璃弹子游戏，全透明里向有花瓣 [又音 bae3] 个叫西瓜弹；玻璃没烧透咾半透明、弗透明个弹子，推扳咾便宜个，叫野（通"亚"）胡弹 [wu dae3]，也就是蹩脚个弹子，一粒西瓜弹抵得上两到四粒野胡弹。眼乌珠有病咾变白、眼火弗好叫洋白眼，装洋白眼、装弗懂咾打过门（顾左右而言他，转换话题，蒙 [mon1] 混过关）叫装野胡弹（装呒没看到，装弗晓得，眼开眼闭）；弗想参加、弗想讲自介个想法叫装戆，明明懂咾装勿懂，大脚装小脚。

3 特色词汇

扎劲个声音

侬记得哦？阿拉小辰光字相游戏，小囝先自动围成一圈，再声音搭动作一道，一面嘴里发出"呼磷磅磄起"个声音，一面小手就拍着脚膀，节奏整齐，拿自介个右手朝前头唰 [seh] 个一伸。有个手背朝上，有个手心朝上，根据"黑白"两色，分为两组。"呼磷磅磄"是象声词，是物事撞击发出个响声。清代学者胡文英垃垃《吴下方言考》（吴下指吴地）里向讲："吴中谓击重物碎声曰呼磷磅磄。"而小人嘴里刮辣松脆个童稚 [zy3] 口令，邪气扎劲，成为游戏起头个号令。

上海人蛮晓得利用声音个腔势先声夺 [deh] 人，用软糯 [nyoe2 nu3]、嗲甜、尖细、洪亮、低沉，甚至喳啦等五花八门个花腔来模仿、形容。象声词垃垃表达浪具有独特个效果，能加强词语个扩张力度，有效满足大家垃垃听觉浪个"美声"需求。搬物事手脚重哉——擎令共隆 / 擎零咣唥 [laon1]；人多、干劲足个样子搭声音——兴令哄隆；讲闲话吵吵闹闹——叽哩喳啦 / 叽叽喳喳。

"辟哩啪啦"是鞭炮声，也可以讲辟哩啪啦一顿生活；"的粒笃落"是雨滴声或者小物事接二连三落下来个声音或者啰哩啰唛个讲闲话声；"淅力索落"是夜到老虫爬个声音或者小个动作发出个轻微声音；"吉里夹拉"是挑担声；"叽哩咕噜"描摹闲话多或者报怨个声音；"咯笃咯笃"是大口大口吃水声；"唧洛唧洛"是唧水声；"扑隆一通""空隆（啊）通"是跳到或者又大又重个物事落到水里个声音；"豁琅"是瓷器掼垃地浪个声音……描摹 [mu1] 个声音既真实形象，又易学易记，外加好听顺口。

双音节个拟声词还可能是叠声（母）词或者叠韵（母）词，譬如"扑托扑托"是心跳声。"扎嗒一口咬下去""扎搭一把抓牢"箇两只短语里向个"扎嗒"搭"扎搭"描摹声音或者动作，"啪嗒"是书落到地浪个声音。平衡性弗好，跑烂泥田埂就容易拨乡下小囝嘲笑"啪嗒一跤，烂泥吃饱"。

象声词搭名词、动词、形容词一道出场嘤，就越加勿同凡响了。舞动个竹板叫"的笃板"（越剧乐器），铜质圆形个打击乐器（铙）钹 [beh] 索介叫"哐哐器"（见图 11），交谊舞索介就叫"蓬嚓嚓"哉。经过上海闲话个华丽拟声后，名词一记头就灵动起来哉。还有搭形容词、动词个连用，譬如乒乓响、潄潄 [tah] 淅 [ti]。甚至于还可以有加长版

图 11 钹

个用法，譬如："迭家人家勿作兴个，眼垃浪个衣裳潄潄潄潄淅"，声音超长，邪气出彩。

迭里有一只例子，一位网友嫌敁人家拿伊吵醒 [sin2]，气愤之余，写仔迭能一段闲话："昨日子早晨头，我还垃眍梦头里，弗晓得阿里墢锣鼓家生敲得来一塌糊涂，只听到是'穷穷穷—穷来潄潄淅'，又是'穷光蛋—穷光蛋—穷来潄潄淅'……结果是弄堂口个水果店开张（新开豆腐店），迭能介勷'穷光—穷光—穷穷光'啊！"当然，迭个是发泄 [sih] 个闲话。

另外，部分象声词从老早子个单纯模仿声音，到今朝内涵变得丰富起来。譬如刮辣松脆至少可以形容食物松而脆，搭仔讲闲话响亮、清脆而利落，还有人爽气、讲信用、讲义气个意思，小囡叫人叫得主动咾叫得刮辣松脆，外加还笑嘻嘻个叫，多少讨人欢喜。

从前头个内容，倷可以感受到上海闲话个细腻搭仔生动活泼。

近义词/同义词

① 定当 / 定计 / 定规 / 准定 / 一准 / 保准 / 板 /（呆）板数 / 板定 / 稳 / 决计 / 势必至于。譬如讲："侬主意定当拉嚒？""我准定明朝要跑个。""伊保准几分钟里会到。"定坚：坚决，一定。

② 作兴 / 大约 [iah] / 大约莫 / 大约莫作 / 大约光景 / 约莫光景 / 乃中 / 大概。

③ 轰声 [san] 能（苏州人常庄讲个）/ 忽声能 / 忽然 / 着生 [zah san] 头 / 着生头里 / 着末生头 / 勒陌生头 / 突然 / 突然间 / 突然之间（后三只是新派上海闲话词汇）。

④ 立马造桥 / 立时三刻 / 临时佛脚 / 临时末脚 / 一时头浪。

⑤ 老底子 / 老底仔 / 老早子 / 老早仔 / 老早底 / 老里八早 / 早先 / 先头 /

起头／先起头（开头）／头起头。

⑥ 统统／一共／共总／一共垃许／一塌刮子（一搨括子是苏州闲话，源自裁缝店；刮子是搨浆糊个木片，又叫刮浆刀）。

总共／一总／一道垃许／统统；拢共、（一共）拢总是浙江籍人讲个。一齐 [zi1] 拉起、一齐、一齐垃 [lah] 许、一齐勒化出自本土，现在上海农村还垃用，城里人基本浪弗讲。还有夯姆浪打／亨八冷打（闽粤语）／国落三姆（源自 gross sum、all sum）。

⑦ 一点点／一滴滴／一微微／一屑屑／一沰沰／一眼眼。一沰沰用于厚（黏稠）一点个物事，譬如一沰烂泥、鼻 [beh] 涕、痰、馋吐水。

⑧ 黑黜黜（黑乎乎）／墨墨黑／墨黜（乌）黑／乌漆墨托／黑铁墨托。

⑨ 潭弗牢／吃勿消／熬勿牢／屏勿牢／行勿住。

⑩ 汰脑子／校 [kau3] 脑子／校路子／教 [kau3] 路子。校路子：用强硬个手段纠正、修理，让对方做事体上路。

⑪ 吓势势／吓丝丝／吓唠唠／怕丝丝／寒老老。

⑫ 神志胡知／神志野胡／昏头落眃／七昏八素／木知木觉／蹿头蹿脑。

⑬ 原本／本底／本底子／本来／本生／原来。

带商业味道个词

第一，日常词汇延伸到商业中。

【饭碗头】引申为工作、职业。饭碗老底子叫汤盅，酒盅也是老法头叫法。

【卷铺盖／停生意】被辞退。

【吃饭家生】靠伊过日脚个工具。

【吃萝卜干饭】学生意，过苦日脚。吃萝卜干：手节头关节拨击伤、扭伤。

少年时代，垃垃学堂里，假使一个男同学一介头搭一群女同学交代公事，乃嚡背后头闲话马上传过来哉——"介许多萝卜轧了一块肉"（萝卜烧肉）。现开销个当然是男同学，或者看弗惯，正气凛然个讲，或者眼烊，酸溜溜个讲。

【吃空心汤团】勿会兑 [de3] 现个承诺。

第二，商业词汇延伸到生活中。

【吃价】吃价铟，值铜钿。譬如讲："反正毛皮衣裳最吃价铟个部分是囥垃里势看弗见个，噶嗄索介做一件呢大衣。"吃价还有好咾了勿起个意思，也好用于人，譬如讲："迭个人蛮吃价个，伊拿迭只机会让拨垃……"

【买面子】看人情面，靠交情办事体；通融。

【买账】引申为认可、服贴。相关词汇：勿领盆（弗买账，非要搅个明白），譬如讲："侬弗领盆我，我也弗领盆侬。""倒有眼三个弗领盆。""小鬼跌金刚，棉纱线扳倒／蜘蛛丝扳得倒石牌楼（只要有决心，弱小个也可以打败强大个）。真叫弗领盆来弗领盆。""三个弗领盆，捋光串头绳（拿草绳浪个铜钱全部输光）。"

有一只例子，天蟾舞台老板顾竹轩拿被强拆迁官司打到伦敦大理院，讲"大不了全部家当弄光"，坚定勿买账，居然打赢哉！工部局赔仔伊 10 万块洋钿，顾竹轩垃垃新址（四马路云南路）重建天蟾舞台。不过伊后首来也蛮后怕个，打赢官司弗是桩容易个事体。

【卖相】本来指买物事讲究品相，后来引申为表面样子，再引申为人个外表形象。相关词汇：吞头（势）、吃相、腔调、腔势。

【推扳货／垃圾货／瓯脱货／肮三货／蹩脚货／落脚货／下脚货】除脱形容物事，也可以形容能力低下、品行差个人，噶咾"侬哪能介肮三啦"迭句闲话交关重个。铁拐李摆摊——蹩 [bih] 脚货。落脚货：人家拣挺下来个推扳物事。相关词汇：落市货（过仔时节个货咾要弗然是马上要过仔时节个货）、搭浆、拆烂污。

【搭底】顶推扳个，譬如搭底货、垫脚货。推指用刨 [bau3] 子刨 [bau1] 木头，扳／板原来是版，雕错、雕坏脱个版子，弗好印刷哉，要刨脱雕过（表示重新）。推扳个用法，譬如"独养儿子推扳弗起"（弗好有一眼眼差错，弗好让儿子吃苦头）。

【浪荡货】好吃懒做个人。

【上台面】可以让大家公开评论，上得了台面；弗上场昏（怯场），公开亮相后得到个评价弗推扳。

【谈斤头／讲斤头】一斤一两死抠，互 [wu3] 不相让讲条件，讨价还价。譬如讲："货色进得勤，量跑起来就大，人家（指卖主）道侬是大户，有斤头好谈个。"

【放一码】对应普通闲话里向"放一马",意思一样,箇两个词来源弗同,一个是垃码头浪讨生计,一个是垃垃战场浪搏命,前一个是讲外码头人到本地跑码头,请求漕帮放只码头跳跳,好上岸、立足、做生意,譬如讲:"请老娘舅放只码头跳跳。"

【打回票】退回。

【勿关账】弗管。

【翻老账】引申为拿老底翻出来。

【倒扳账】算老早子个旧账,重新算账,事体过去又重新提起。

【扦头皮】搭前头两个词意思接近,用人家个把柄、老早个错误 [ngu3] 控制伊,提起或者数落人家老早个过失;对一个人开刀。譬如讲:"勿要看伊头皮介撬,等一歇经理过来扦伊头皮,伊就会识相哉。"相关讲法:捏牢骱(抓牢一个人个要害)弗用刀。

连下来几个词个出现背景是老底子个上海,商店日逐开门头一桩事体,就是账房先生捷仔算盘 [boe1] "叱叱叱"摇几记,表示开盘哉;夜到,轧好账,也要摇摇算盘表示收盘。算盘是中国人算账个工具,"盘"字也慢慢较成功价钿个行话。譬如讲:"伊一只算盘啊,二十六档(普通算盘只有十三档),侬算得过伊啊?""吃弗穷,着弗穷,弗会盘算一世穷。"

【定盘子】定价钿。老底子商店营业,往往没一定价钿,针对弗同个人定弗同个价钿,也就是定盘子。顾客进门后,店主会先上下打量一番(盘算一番:有铜钿还是没铜钿个人),听伊讲闲话个口音……乃嚡,定价钿有数脉哉。

【客盘】对客边人(外地人)欺生加价。

【明盘】公开价钿。相关词汇:暗盘。

【大放盘】大减价。

【翻盘】逆转,反败为胜。

【一推六二五】推诿,原来讲"一退六二五"。

【二一添作五】平分。

【三一三十一】三个人平分。

【三下五除二】干净利索。

"一推六二五""二一添作五""三一三十一""三下五除二"再加上
"九九归一"侪是珠算口诀。

【户头】男女朋友。

【开户】年轻人婚后搭爷娘分开过日脚。

【绩优股】事业浪有发展潜力个男青年。

【原始股】未 [vi3，文读] 被发现外加没恋爱经历个纯情男小人。

【资产重组】再婚。

带"老"个词汇

【老套头】呒没变化，循规蹈矩。

【老爷（车）】破旧不堪。

【老鬼三】勿方便明讲个物事；带有强调语气指一样物事，譬如讲："侬
日日夜夜吃迭两样老鬼三（此里带有弗满情绪），吃伤脱哉。"

【老傢生】多年个家具。

【老酒甏】嗜 [zy3] 酒如命；酒坛。

【老户头】熟人常客。

【老搭子】长期搭档。

【老茄茄】指逞能，老茄是个替代词，文雅得多。（老茄也有乃朝普通闲
话流行词"酷"个意思。）譬如讲："迭个脚色老茄茄得弗得了，侬讲伊几句，
伊嘴还得比侬还凶。""小来一眼眼个人，讲闲话老茄三千！"

【老相公】叉麻将辰光，一个人手里向个牌多仔一张呣少仔一张，迭个
人就拨人家叫作相公。照牌头，相公是弗好胡牌个，只好陪叉。

【老浆糊】善于推脱搪塞，近义词有浆糊桶。

【老弹簧】专家老手；资深滑头人物，垃垃单位里，形容一个人资格
老，托伊办事体侪拨打回票，像弹簧能。相关讲法是吃弹皮弓，意思是要
求拨拒绝。引申词汇：磨光石卵子（指交关圆滑）。

【老门槛】门槛精，老奸 [cie1] 巨猾，铁算盘。譬如"算盘珠打得滴笃
转""戆进弗戆出""一分洋钿拗两半（也有做人家个意思）"。

【老牛三 / 腮】吹牛连天。

带"头"个词汇

【摆噱头】故弄玄 [yoe1] 虚，耍花招；设圈套；卖 / 埋关子。近义词：吊胃口。噱头：大话，引申为吸引观众个（低级趣 [tshiu3] 味个）表演，搭仔各种华而不实、哗众取宠、引人发笑个手段；有办法、有本事。譬如讲："箇个人噱头弗是一眼眼，事体到仔伊手里总归来三个。"相关词汇有"老噱个"（交关扎劲）等。

【花头（经）】花样，办法；勿正当男女关系个苗头。近义词：花露水（花样 / 名堂 / 好处）。

【起花头 / 弄花头】别出心裁，玩弄手腕 [uoe3]。相关词汇：花头花脑、戆头戆脑。呒（没）花头：呒啥名堂，呒啥成绩，呒啥本事。

【有花头】暗藏玄 [zaon1 yoe1] 机。

【搞花头】孛相阴谋诡计。（"点生活做弗好哉"搭"点生活搞弗好哉"，后头一句感情色彩加二强烈。）

【起蓬头】一蓬头来仔交关顾客，生意兴旺 [waon3]，出现高潮；起哄 [hon1]，造声势；讲大话蒙骗、吓倒人家。近义词有"起浪头"等。

【倒蓬头】生意一记头弗好勒。

【日头横里】太阳头里，太阳下头，日头照着个沪荡。相关词汇：日头旺、旺日头，譬如"趁旺日头拿出来晒一晒"。引申词汇：阴头里（背阴地）。

【看云头】预测天气

【风头】时势。

【放风头】透露消息。

【避风头】避开危险 [we1 shie2]。

【转风头】时势渐 [zie2] 变，转变立场。

【掉枪头】改变策 [tshah] 略。

【轧苗头 / 看风头】察言观色，打探时势，审时度势 [doh sy3]。譬如讲："伊园好奖金，结果伊家主婆轧出苗头，伊只好乖乖个交出钞票。"相关讲法：苗头弗轧，苦头吃煞；弗别苗头吃苦头。别苗头：好大喜功，攀比，明争暗斗。

【触霉头】弗色头，挖苦。譬如讲："侬覅再来触我霉头唻。"弗识头也有出气、弗晓得好恘个意思，譬如讲："伊外头混得弗好，回来就拿小囡弗识头（出气）。"近义词是吃下风。触霉头还有诅 [tsu2] 咒个意思；触伊霉头意思是冷言冷语、嘲讽伊。

【额角头】运道，福星高照。相关讲法：额角头（高）；额角头亮（晶晶）；额角头碰着 [zah] 天花板（运道忒好了）。碰碰额骨头意思是碰碰运道。引申讲法：交财运；交桃花运；交魔窟运——染上恶习，着仔魔。相反讲法：额角头碰着棺材板；额角头皮蛋 [dae] 色（指额角头发黑，有扫帚星下凡）。额角头亦写作额骨头，实际浪额骨头比额角头加二恰当。骨头一词常庄用垃贬义个场许，譬如贼骨头、贱骨头（名词咾形容词）、拆骨头、收骨头，等等，贱骨头也有陀螺个意思。

【发调头】发号施令。

【转念头】思考，想，灵机一动。譬如讲："我念头一歇弗停垃转呀。"（盘算哪能赢对方、吃瘪对方。）转侬念头：垃侬身浪打主意。

【识人头】人脉广、阅历丰富，看人比较准，分得清好恘。

【乌龟头】缩头缩脑。

【呒搞头】妄 [vaon3] 费心思，没希望 [shi vaon3]。

【扳错头】捉扳头，挑刺寻隙，吹毛求疵。扳是扳正、纠正。譬如讲："扳着伊伙计个小错头咾赖脱一个月个工钿。"相关讲法：寻轧头；象牙筷浪扳皱丝；捉牢人家小辫子；豆腐里寻骨头；碰碰扳皱丝，处处寻响势。皱：节甲、木头、皮肤皱起来哉，意思是裂开、翘起来哉。譬如讲："迭个小囡一日到夜字相烂泥，弄得只只节头侪有肉皱皮。"皱丝：木、竹纹理；人为垃垃竹木、皮革浪划个印痕，譬如讲："伊弗当心垃垃大橱面浪拉出一道皱丝。""只超过一分钟，侬扳啥皱丝？"相关词汇：起皱（也可以写成功"殼"），就是表面起泡，还有皮具表面起皱。

【收骨头】管束，使人勿松松垮垮 [khua2，文读]，苏州人也用迭个词。譬如暑假结束，开学要收骨头了。收是收作个简化。收作可以表示整理，譬如收作房间；也可以表示整治、管束。

【施甜头】小施恩惠。

【好户头 / 好糊头】本分老实。

【有肉头】油水丰厚。

【翻行头】追 [tsoe] 求漂亮时路 / 时髦。"一千家当，八百身浪"讲个就是欢喜翻行头个女人。

【嚼舌头】搬嘴舌，搬弄是非。近义词有唊嘴唊舌。

【借因头】巧立名目。

【轻骨头】浅薄，卖弄风骚。

【呒清头】勿明事理，勿理智，没分寸。迭个是苏州闲话。譬如蒋月泉谦虚个讲："我是呒清头当中个有清头。"①相关词汇：呒淘成，意思是没责任心，弗上规矩，弗上路，没出息，弗知轻重，弗检点。相反个讲法是有淘成，意思是有出息咾懂规矩 [kue ciu]，譬如讲："迭个小姑娘好来呒淘成。"

【垫刀头】代人受过，揹木梢，替死鬼，炮灰。譬如讲："迭种事体侬甏甏来西个，自介去垫刀头。"

【有奔头】前途光明。

【好笔头】文章精彩。相关词汇：弄笔头，指访事员、主笔写文章，讼 [zon] 师写状 [zaon] 纸，访事员是记者，主笔是总编辑，访问就是采访。

【瞌睏头（来哉）】眼泡皮要做窠，迷迷糊糊，想要睏觉。相关讲法：睏一窎 [hueh]（睏一觉），一窎睏到天亮；睏勿落窎，翻来翻去睏弗起；弗着窎（睏弗深，常庄醒）；睏失窎，睏失觉；日图一顿，夜图一窎（得过且过）。

【二婚头】再婚重娶 [tshiu2]。

【一哄头】蜂拥而上。

【跌跟头 / 跟踩】办事体受挫折 [tseh]。

【呆木头】呆若 [zah] 木鸡。

【寻轧头（茬儿）】无事生非。

【轧扁头】夹勒当中，左右为难。

【（硬）装榫头】强加于人，寻借口。

---

① 蒋月泉年轻辰光犯过弗少错误，不过伊能够及时从错误里向走出来（噶咾伊讲箇句闲话），最终成功评弹大师。搭伊形成对比个是"评弹皇帝"严雪亭，伊几乎没犯过明显错误，邪气难得，过日脚交关做人家，乐善好施，感情专一，名声邪气好，噶咾被选为上海评弹改进协会（1951 年成立）主任会员。

【跑码头】闯荡江湖。引申词汇：外码头（外地）。

【吊鲜头】烹调菜肴辰光摆进有鲜味个食材、料作等。

【焐/焐被头】贪睏晏起，赖被头。

【（大）亨锵头】大人物，宁波闲话。另外一种讲法：亨是 hundred 音译，原指有百万家产。

【拆骨头】威胁打人。苏州人骂人"剥皮拆骨做面浇头"，凶哦？也蛮噱头个。迭个词来自苏州个拆骨八宝鸭、拆烩大鱼头、拆蟹粉、拆虾仁。

【有蹿头】领导赏识，有上升空间。

【老老头】七老八十。

【来兴头】兴趣浓 [nyon1] 厚。

【卖拳头】垃垃街头或者娱乐场所表演武术以谋生；耍 [sa] 拳卖膏药；装腔作势。

【爷老头】爹爹。

【三斧头】如程咬金个三斧头，来势汹汹，不过有始无终，因得伊个第四斧头就软下来哉，要吃败仗哉。相关词汇：三吓头，迭个词是三斧头个转读，意思是龙头虚，色厉内荏 [zen2]，虚张声势，譬如有人欢喜讲"弗要碰着我"，江南方言里，龙头往往比喻小，如龙头细布；办事体只靠头几记猛劲。三吓头迭个词当年垃小囡当中比较行，指个就是有些小朋友吃相难看，样子凶狠，碰（弗）碰要寻响势唠打相打，不过真要有人硬出头，伊拉又蛮会得寻个落场势收场个。噶唠，要会看山水/山色，弗要轧错苗头，拿定头货当仔三吓头，乃嚘交起手来损失就惨重了。不过，小囡常庄垃垃一道，啥人有点啥花露水，肚皮里侪有数个，弄错脱个情况弗会忒多。相关讲法：钉头碰着铁头。

【砌墙头/砌长城】叉麻将。

【车山头】随意闲聊。

【绕山头】再三再四唠叨 [tau1]、忽悠。譬如讲："侬去做侬个事体，勿立垃我旁边绕山头。"相关词汇：念三官经（喋喋不休）。

【拉山头】另立一派。

【陌生头】勿认得个人。相关词汇：面熟陌生，箇是一个蛮奇怪个对立形容词，重点是后头个陌生，而弗是面熟，譬如小区里面熟陌生个邻舍。

【瞓扁头】弗晓得天高地厚，痴心妄 [maon3] 想；觉瞓得忒多了，瞓过头了。下头是一只小故事。

30 年前，我从农村回城，到仔莫干山路（垃垃普陀区）浪个上海面粉厂当一个装卸 [sia3] 工。天天背面包粉，50 斤一包个干面盎 [aon3] 个四包五包勿成问题。后来，厂里个技校要招个体育老师，我因得篮球打勒好，就做成哉。三年风里雨里泡垃操场浪，晒得墨墨黑。又因得我数学好，还兼教仔《机电数学》。几本教科书里向个上千道题目，闭牢眼睛也算得出。

再去考大学读几年书，我真也弗去想唻（"真也"表强调。新派讲法是"我想都没想过"或"我再弗去想唻"）。30 岁出头个人，婚还没结。小学里、中学里个全体同班同学侪做仔爷娘。我是末脚一名。噶咾我没去报名。技校里个一位领导向来看大勿起我选个装卸工出身个老师。伊垃厂里个大食堂 [daon1] 里嘲我："侬就是瞓扁仔头也弗会考上大学个。做做体育老师，吹吹叫子跑跑步，蛮乐惠个。去考大学个说话，分数一张榜，会老坍台个……"

我一光火，就去填仔报名单。理科报名单一时头浪领完哉，就填仔张文科个。一样考，就考顶好个——复旦。温仔半天功课，是政治，简是我个软档。高考结束发榜，我以 360 分考进复旦中文系。伊个辰光，录取线是 240 分，我是状元。我后来一直垃心里感谢迭个领导。没伊讲我一声瞓扁头，我乃朝大约一径垃瞓痴懵懂 / 懵里懵懂哉。一句瞓扁头，改变仔我个人生。

【瞓梦头（里）】酣睡 [zoe] 之中，梦中。相关词汇：瞓痴懵懂（瞓得来迷迷糊糊，似醒非醒）。

【有劲头】干劲十足。

【骷郎头】头。

【老腻头】烟瘾很大。

【搭讪头】故意搭讪。

【呒搭头】勿想理睬，看到某个人有眼茄门相。

【呒活头】悲观绝望，勿想活了。

【一榔头】重拳出击。譬如讲："榔头柄松哉，拿伊殿殿紧。"

【书踱 / 独头】书呆子。踱头指呆子。

【拉 / 捥差头】招手叫出租 [tsu1] 车。二十世纪七十年代后再有差头迭个词，老底子讲"叫出租车"。

【药罐头】常庄吃药个人。

【光浪头】头发剃光；男小人，男人。

【骚粒头】青春疙瘩。

【加浇头】面条咾饭浪加菜。

【脱枪头】衔 [ghae1] 接勿牢；豁边了。

【懒笔头】记录勿勤。

【懒脚头】懒于走动。

【懒骨头】好逸恶 [u3] 劳。

【硬出头】挺身而出。

【盐钵头 / 老盐头】口味喜咸。

【被横头】被横头指个勿是方位①而是实物，就是垃垃被头靠头眠个一边缝一条布咾长毛巾，被横头鏖糟 / 齷齪仔方便拆洗。相关词汇：被夹里、棉花胎、（覆上）被面子。

【床横头】一般指眠床个头横头（对应个是脚横头），就是摆枕头个一边，人好隑垃浪个部位。相关个词汇是床沿（长边）/ 床半边。

【游码头】旅游。

【拆份头 / 拆账】分红，合伙分肥。

【早发头】发育过早。

【晴日头】天气晴朗。

【癞痢头】黄癣 [sie]，是生垃人头浪个一种皮肤病，造成部分脱发，头皮裸 [lu2] 露。

【荫凉头】避太阳个场许。

【芋艿头】头型难看。

【有盼头】前途似锦。

【带搭头】硬性搭配。

【讨虚头】抬价。相关讲法：轧实价钿，弗设虚头——讲价钿是实打实个；箇桩事体轧实哦——是问可靠哦、准足哦。

【隑牌头 / 骑牌头 / 仗牌头】仗 [tsan3] 人权势。相关词汇：垫 [die] 台

---

① 被头个方位则是"头横头""脚横头"，眠床个方位与此相同。

脚，意思是寻靠山、行贿 [hue]；橄榄核垫台脚——活里活络。"隑"搭"船靠码头、靠岸"个"靠"（接近）意思弗一样。隑脱人家：挤掉人家。掮牌头：拉出有名有势个人撑自介。

【照牌头】应该，按理，准定，稳到手。原来讲法是"照得牢牌头"。譬如讲："噶嚹红歌星我就照侬牌头（靠牢侬）啦。"迭句是滑稽戏《骗银楼》里向周柏春做个小伙计阿毛搭老板讲个，伊癞蛤蟆／癞蛤巴想吃天鹅肉，想讨对过楼浪个红歌星做家主婆，乃嚹想问老板借两根大条子。

【硬脚头】脚硬，有力道。

【做牵头】牵线搭桥。

【香鼻头】两车相碰。

【出日头】旭 [shioh] 日东升。

【老搭头】长期合作个人。

【放马头】放人一马。

【有缠头】死磨硬缠。相关词汇：（缠夹）二先生。

【有吃头】好吃，有货；要吃交关辰光。相反讲法：呒吃头。

【摊被头】铺床；拐被头。

【抽头】回扣／分红。

【多头】没人疼爱。

【客头】买主／客户。

【嫩头】初出茅庐。苏州人称容易欺侮个人为好吃果子，上海人称酥桃子，桃肉酥得唻成一泡水，比喻软弱无能个人。

【耿头】脾气倔。

【香头】葱姜香菜。

【推头】借 [tsia] 口。

【对头】冤家。

总结前头个词汇，带"头"个词汇，贬义词咾消极个词比较多。

带"子"个词汇

【做／坐月子】上海闲话还有叫"做舍姆"，就是 15 天弗好下床，因得"15"个一种老派读法是 [son2 ng1]，转读"舍姆"。

【硬角子】硬币。

【搅脑子】难以理解，胡搅蛮缠。

【兜圈子】转弯抹 [meh] 角。

【通路子】疏 [su] 通关系。

【臭路子】门槛勿精。

【歪路子 / 野路子】旁门左道，歪门邪道。

【懒胚子】好逸恶劳个人。相关词汇：坏胚子。

【浪荡子】勿务正业个人。

【半吊子】学艺勿精、常庄拿事体弄僵个人；弗爽气，半途而废；骑墙派，杨树头。譬如讲："伊是个半吊子，侬拿介重要个事体托伊去做，准定会弄僵脱个。""伊真是个半吊子，事体做仔一半，人影子也寻弗着哉。"

【小扇子】挑拨离间 [cie1]。

【小三子 / 灰孙子】地位低下个人。

【吊膀子】勾搭女人，也指男女间打情骂俏，膀子指手臂。古代，一只流氓看相一家大户人家未出阁个小姐，乃勾引之，小姐上钩，流氓就日逐夜里向"吊膀子"趸到小姐闺房与之幽会。

【博眼子】用扑克牌赌博。

【赶场子】应酬赴宴；连牢垃垃几只场许表演。

【手条子】手腕，手段。譬如手条子辣。

【长条子 / 长脚（鹭鸶）】瘦高个。近义词：绿豆芽。

【寻搭子】寻玩伴、合作伙伴等。

【拆搭子 / 拆档】中途散伙。反义词：拼档。

【拉场子】帮派谈判，流氓讲斥头；打群架；撑场面，讲排场；打开局面，譬如讲请客拉场子。相关词汇：捧场子。

【大娘子】夫妻女大男小，妻子个称呼。

【有条子】身材勿错。条杆指身段。

【毛栗子】板栗；弯仔手节头敲头。

【压场子】名角客串。

【老杆子】老烟鬼。

【门堂子】门周框子，大门。

【抬轿子】吹捧抬举；设局诈赌，骗人钱财，来自麻将桌。

【高帽子】奉承吹捧。

【戴帽子】封官许愿；赚差价。

【放鹞子】放风筝。

上海闲话词汇搭宁波闲话词汇个比较

前头个是上海词汇，后头个是宁波词汇，不过垃垃上海也通用。

春天 – 春天介

井 – 水井

鲫 [tsi1] 鱼 – 河鲫鱼

窗 – 窗门

剃刀 – 剃头刀（剃头是清朝个讲法）

青衣苔 – 青衣

鳗鱼 – 鳗

堂房阿哥 – 堂阿哥

学生子（《何典》里就有）– 学生子

弹子 – 弹子

新娘娘 / 新娘子 – 新娘子

车子 – 车子

杏子 – 杏子

铁镬子 – 铁镬子（相关词汇：钢镬子，就是铝锅）

被面子 – 被面子

汤盅 – 碗盏

（宁波个家常菜：黄泥螺、呛蟹、鳗鲞、熏鱼、腌笃鲜、豆瓣酱、糟鸡、糟肉、糟钵头。腌笃鲜也成功上海人个家常菜，是用鲜肉、咸肉、竹笋、百叶结为主要料作烧个汤。）

缩脚语/缩脚韵

好闲话只讲半句，好闲话勿讲两遍。迭个是吴中人避免冲突个巧槛，实际浪是骂人个闲话，弗是啥好闲话，噶咾讲半句咾勿讲两遍，"好闲话"

是反语。城隍老（爷）、坑三姑（娘）就是典型个例子。譬如讲："我垃讲啥人啊，唉，就是隔壁人家个城隍老呀。"

幺二三：暗指"四"，谐音字是"屎"，意思是臭。譬如讲："喔唷，迭副牌，哪能打得迭能幺二三个啦。"

猪头三（牲）：祭祖宗辰光，供桌浪摆三样物事，一只猪头、一条鱼、一只雄鸡。噶咾骂猪头三弗仅仅是一句轻飘飘个闲话，弗仅仅指埃个人戆咾弗开窍，譬如"有吃勿吃猪头三"，也是骂人众牲、畜生。不过乃朝蛮多人以为是一句比较轻个骂人闲话，乃噢随便骂唻。

4　俚语里向个词汇①

经济类

第一，二十世纪二三十年代个词汇。

【大条子】旧秤 10 两（312.5 克）以上个金条，也称大黄鱼。10 两以下个金条叫小条子或者小黄鱼。

【头寸】钞票、资金个别称。

【出笼】原来指馒头蒸熟取出，后来泛指囤货出售。

【血】钱财，譬如放血、出血。

【老大】黄金。黄金涨 [tsan2] 价，别个货也跟牢涨，噶咾叫老大。

【来路货】高档个洋货、进口货。

【清水货】纯净、绝无杂质个货色；勿化妆。

【抛进抛出】买进卖出。

---

① 本章部分内容引用自《上海青年志》，有修改，出现 / 流行年代有争议，噶咾笔者调整仔部分词个年代归类。

【放货】货脱手或者转手等。

【押头店】重利盘剥个小当铺。

【阿大先生】经理。店主、老板、账房先生被称为朝阳先生，朝阳指位置朝南。穿长衫个被称为先生，为仔搭真正有学问个先生区分，垃一些先生前头加仔定语，譬如拆 / 测字先生、风水先生，教书先生是正宗个先生，可以勿加定语，直接称先生。

清末民初，特别是城里向，一般佣人弗是卖身到东家个，譬如话剧《雷雨》讲个，弗像《红楼梦》里向个情况。贾府、宁府里，有一些佣人也弗是卖身个，而是像打工个，譬如一些辈分咾身份比较高个佣人，譬如被称为妈妈个一些人，伊拉垃垃外头有自介屋，弗当班辰光好回自介屋里个。回到先生个话题，噶咾迭些佣人勿叫主人老爷，而叫先生，也可以叫东家，譬如电影《城南旧事》里英子屋里个娘姨搭仔娘姨男人称呼英子爹爹个叫法，上海也是迭种情况。叫女主人为太太（第二只字发轻音），勿叫夫人，不过叫小主人还是叫少爷、小姐，譬如《城南旧事》里，娘姨男人垃垃英子伊拉屋里门口看到英子，豪惨打招呼："小姐回来啦。"英子因为晓得伊又是照例来问娘姨要铜钿个，没睬伊，向伊翻一记白眼。不过伊个辰光，有点人侬勿叫伊老爷叫先生，伊交关勿开心呢。

垃垃 1849 年到 1850 年出版个《大卫·科波菲尔》也反映仔当时英国个等级社会，伊个年代也是马克思、恩格斯生活个年代（大约 [iah] 摸就是垃垃埃个辰光，马克思到伦敦生活、做研究、参与革命个）。只要出身好，就是上等人，即使家道中落，变成穷人哉，旧原是上等人；出身弗好就是下等人。大卫小小个年纪就被饭店 [tie] 堂倌称为大人，尽管迭个堂倌向大卫骗吃骗喝。年代再早，等级应该加二森严。

老爷迭个称呼垃垃南宋之前中原文字还没记载，到仔元朝开始有哉。到仔明朝，九卿或者外任司道以上再能称老爷，余多称爷。到仔清朝就随便起来哉，有一眼身家个人侪被称为老爷，地主、举人被称为老爷，县官被进一步尊称为大老爷，加二大个官还有更加高个尊称。

再回到先生迭个称呼，还有说书先生，说书先生里又有女说书先生。头起头，女先生弗方便到外头说书，就垃垃屋里摆场子，叫书寓 [nyu3]。女说书先生并勿穿长衫，不过还是叫先生。后首来，到仔 1884 年，苏州人独霸上海书寓市场，乃当中有一部分变成功高级妓院，不过旧原叫书寓，里势个妓女旧原叫先生，外加分大先生咾小先生。为仔提高身价，旧上海有眼档次个妓院里势个妓女常庄声称自介是苏州人，弄得苏州人也蛮殟塞。

而另外一部分女说书先生搭男说书先生一样，走出家门，垃垃公开场合说书，譬如书场、堂会，伊拉是真正个说书先生，乃当中有一些女先生还成功响档甚至大家，譬如评弹皇后范雪君咾盛小云。

【洋行小鬼】垃垃洋行里向职位弗高个年轻人。

【跑街】旧辰光商 [saon] 行、货铺或者公司个推销员、送货员。

【跑老虎】收旧货。沪语"虎"搭"货"发音接近，仅仅音调弗同，噶咾用老虎指老货、旧货。

【跑马】收受 [zeu] 人家托付个钱款后携款而逃。

【戴帽子】商家赚个商品买进卖出个差价部分。

【单帮】抗战后以一人之力携带日用品，往来于上海、外埠之间贩 [fae] 货求利个人。

【空麻袋背米】老底子指做无本生意；白手起家（贬义），勿付出就想得到回报，又麻将弗带钞票。（二十世纪八十年代后多指皮包公司个经营欺诈 [tso3，白读] 行为。）

【劙冲头】用欺骗手法敲诈勿懂经个人，损害消费者个利益，老早点讲敲竹杠、阿木林关进。冲头：勿领行情冲垃前头个人，缺乏主见、容易被人家挑上山个人——导致情绪激动咾上当受骗。

【缲边】围垃一道哄骗人家上当，缲边模子。缲，读音搭"锹"相同，拿布料个毛边缝到里向去，老底子讲"缲摆"；还有"卷"个意思，缲袖子管，搭挦袖子管个动作弗一样，缲是一块一块卷，挦是一把头拉上去。近义词是"帮腔"，譬如讲："要侬垃边浪帮啥个腔？"相关词汇：缲反边，意思是暗地里讲人家坏闲话，损坏人家利益。

【轧头寸】老底子指做账，拉平收支，乃朝指分配好处个辰光，计算得让各方侪满意；也可以指借钞票畀人家，譬如"相帮伊轧仔点头寸"。

第二，二十世纪六七十年代个词汇。

【一只手】垃垃二十世纪七十年代中期出现，指人民币 5 块、50 块、500 块——弗是单张面额。二十世纪九十年代后多指 5 000 元、5 万元。

【一吊里】一毛里，表示人民币一角。

【一密力】人民币一分，也可以表示一厘米。

【工农兵】指人民币 10 元。1965 年版 10 块人民币印有工农兵搭全国各族人民大团结个图案。

【分】代称钱、钞票，后来形成"分"个词组。

【一张分】人民币 10 块，流行"分"字个辰光，最大个钞票就是 10 块。二十世纪八十年代再有 50 块咾 100 块面额个。

【扒分】赚钞票，赚外快，迭个是调侃 [khoe2] 讲法、市井俚语，一般弗会讲自介扒分。譬如讲："倷爷辛辛苦苦垃外头，一个号头做煞也只扒箇点分，侬只小鬼一趟就用脱介许多……"

【拖分】跟垃人家后头赚钞票、获利。

【畚分】捞外快铜钿。

【搬分】取钞票或者借钞票。

【挺分】出资，请客，付账。譬如讲："今朝啥人挺分啊？"近义词：挺账。

【分挺】钞票赚得多，富有。

【断分】钞票用光仔，接济 [tsi3] 弗上。

【宕分】欠款，负债。

【好分】赢铜钿。好分搭坏分相对，坏分是计划之外个大笔支出，譬如拨敲竹杠、拨警察罚款，付煤气费、买支铅笔勿叫坏分。

【吃头】粮票。

【粘头】钞票。因得点钞票辰光要用大指拇头搭食指捻 [nyie1] 起纸币，噶咾叫粘头。二十世纪八十年代后出现粘头个词组，譬如粘头厚（钞票多、富有）、抓粘头 / 粒头（赚钞票）。

第三,二十世纪八九十年代个词汇。

【米】钞票；有辰光也指帮衬人家个资本或者物事。迭个词二十世纪九十年代初开始流行，有抓 / 背米（赚钞票）等讲法。

【一粒米】指人民币一万块，迭个词流行始于二十世纪九十年代初，米是苏北人读 [me] 个音，噶咾用米代称万。相关讲法：一汀分表示人民币一千块，简称一汀，迭个词出现于二十世纪七十年代中期。汀是水门汀个简称，而水搭"四位数"个"四"读音接近，噶咾用汀代称千。一抄里表示十块，一毛里表示一角。

【一龙／一张青皮／一张青龙】人民币 100 元，伊个辰光是青颜色个一百块（第四套人民币），所以叫青皮。

【老百虫】钞票。

【大出血】大亏本，大破费，流行于二十世纪八十年代中后期。

【大哥大】非法从事大笔外汇炒卖或者走私活动个贩子；移动电话。

【开滑轮】做滑头生意，流行于二十世纪八十年代。

【火棒】价位已经交关高、风险邪气大个股票。

【打桩码子／模子】没照会设摊做生意个人，黄牛；投机倒把 [tau2 po2]、炒卖外汇、证券搭仔贩卖外国香烟个人。迭个词垃垃二十世纪八十年代中期出现。

【白色收入】第一职业个收入，搭灰色收入（第一收入以外个收入）对应。迭个词流行于二十世纪九十年代初。

【肉头】好处，油水，有经济实力（搭肉刀意思相同），肉头厚。

【肉里分】血汗铜钿。迭个词垃垃二十世纪八十年代中期出现。近义词：肉里钿。

【赖头分】小面值个钞票，零碎钞票，分币。迭个词垃垃二十世纪八十年代末出现。

【刮盘】买进股票个量搭头势。

【拗下来】买进商品。

【跑道】成交机会。

【盘子】股票发行 [ghan1] 个规模；两手证券交易市场。

感觉、评价类

第一，二十世纪二三十年代个词汇。

【刁】小气，譬如小刁码子／模子——刁钻由甲，精于揩便宜、一毛不拔个人，也指刁钻阴险、会用心计个人。

【出趟】小朋友、小青年举止大大方方，见过世面，上台面。

【糟兄】笨；没能力个人；成事不足，败事有余。

【缩货】胆小鬼，无能个人。相关词汇有缩头乌龟等。

【软脚蟹】碰到事体缩垃后头、无能个人；蜕 [thu3] 仔壳个蟹，脚是软个，形容人底气弗足，没骨气。相关讲法：捏捏蟹脚硬勿硬，意思是掂 [tie1] 量掂量对方有几许 [ho2] 本事；呒脚蟹，意思是蟹脚侪拨拗脱个光杆司令；一蟹弗如一蟹，意思是一个比一个推扳；牛吃蟹，意思是逼牢人勉强做事体。

【阿屈死】勿懂经、勿内行、勿识货个人，见识少乃嗌容易受骗个人，冤大头。相关词汇：寿屈死指愚笨，死板，勿开窍。（词源）清朝辰光，城里向个男人背后拖一条辫子，又光又滑，交关考究。乡下男人因为要劳作，平常只好拿辫子绕垃头浪。进城辰光，怕城里人笑话，拿辫子放下来。不过一径绕垃许个，一记头放下来，总归弯弯曲曲。城里人就称乡下人为"乡下曲辫子"（譬如叶圣陶个《多收了三五斗》里向就有迭句闲话），或者简称"曲辫子""乡曲"。

【豁边】穿绷，过头，出错，露馅。譬如"吹喇叭／吹牛吹豁边了"。

【戆嗒嗒】傻乎乎。

【破】差劲，破旧。

【装胡样】装傻，装可怜。

【吃精码子】专门拣精肉吃，专门揭便宜弗肯吃亏个朋友。

第二，二十世纪六七十年代个词汇。

【摆标劲／摆彪劲／摆奎劲／老奎】摆出傲 [ngau3] 慢个架子，自以为是，牛气，显示身价。摆标劲外加含有弗肯帮衬人家、小看别人咾摆老资格个意思。

【一天世界】各到各处侪是；场面混乱，一塌糊涂；人品糟糕。譬如讲："房间里书乱得来一天世界。"相关讲法：行情／盈行市（多得勿得了，充满，塞满）；轧足输赢；涕拖／涕涕拖拖／涕里拖拉（散乱，勿清爽，勿整洁）；赖柴（龌龊，勿修边幅，做事体马虎）；污七八糟／乌七八糟（乱七八糟）。

【一脚去】事体糟糕完结，没指望；死亡。相关讲法：两脚笔笔直（可以讲自介也可以讲别人）、寿星唱曲子——老调（老掉）。

【一级】最好，一等一级／一等一。

【一帖药】让别人服帖个人。

【大路】普通个，一般个；大方豁 [huah] 达。

【勿禁格】弗是对手，禁弗起较量。

【龙头嘘】说大话头头是道，勿务实。相关讲法：摆龙头。

【皮子】原来指面子、外表，后来指资格、经验，有贬义。

【老狄克】久经磨炼、资格老、见多识广、办事圆滑 [yoe1 wah] 而又交关得体个男人。

【杀渴】结棍，过瘾头，满足。

【顶脱勒／一只鼎／一只顶】好极了，也指最狠个脚色。相关讲法有撑脱了（极好，好到顶了）。

【阿胡】勿仗义，勿近人情，勿明事理。

【脑子别筋】思路受阻，想勿出办法或者钻牛角尖。

【腻先生】做事体优柔寡断 [yeu1 zeu1 ko2 toe3]、没主心骨个人。

第三，二十世纪八九十年代个词汇。

【毛毛雨】数量少；不在话下；无足轻重。毛有小个意思，譬如毛蟹。不过讲"毛蟹"是对上海泖蟹个误解，泖蟹并弗小。"泖"是老底子上海人对河浜个称呼，是有上海特色个称呼。老底子个上海有三泖九峰之称，九峰是松江个九峰。

【老蟹】原来指老而俏个女人，乃朝指精明、经过风雨、见过世面、善于应付个老人。不过一般弗要用迭个词，因得伊也是骂奸猾、恶毒老妪个词。

【大怪路子】原来指一种扑克游戏，后首来指思路行为与众不同、另辟蹊径、脾气古怪个人。怪路子：出其不意。

【木兄】反应迟钝、勿活络、笨头笨脑个人。

【木呼呼】呆滞，勿活络，笨重。

【拎得清】意思是为人处世把握得蛮好，熟悉并遵守社会浪各种约定俗成个做法。

【模子】模具；身体，身形，样子；有实力，有魄力；做事体上品、到位，够朋友，算得上榜样；混得弗错，牛人。

【是模子】够朋友，讲（哥们）义气，弹硬，吃价。开模子：开模具。

【配模子】吃斗，较 [ciau3] 量，比试，对开。

【大模子】块头大 ① 唲结实，身材魁梧 [khue1 ngu1]。

【三光模子】吃光、用光、当光个人。半吊模子：勿内行、勿老成个人。

【连裆模子】串通一气做坏事体个搭档，搭档是中性词。

【赤佬模子】办事体勿上路、损人利己个人。

【歪轮模子】卖假药个人；走穴。

【塞缚】壮实，动作个程度强烈，煞渴，厉害。老底子男人跑码头，背一只包囊，家主婆唲老娘拿包囊里塞仔又塞，缚仔又缚，让伊多带一眼物事。塞塞缚缚：彻彻底底，大刀阔斧，轰轰烈烈。

【煞辣／煞煞辣辣】干脆利落；辣辣豁豁，动作狠，手段厉害。

【煞根／煞痒】过瘾头，满足。相关词汇：煞死煞活。

【扑性】胆量魄力、决心搭冲劲。

【妖】交关奇特，出乎意料。

【跳】色彩鲜艳夺目；与众不同；莽撞 [maon2 zaon3] 嚣张，故意寻响势。

【酷】高傲，冷漠；交关好，讨人欢喜。

【粉】娇柔 [zeu1]，用于形容娘娘腔。

【爽】痛快适意，过瘾头，忒好了。老爽个：有精神，神气，挺刮，上乘。

【糠】呆傻。

【草】差劲，没用场。

【一刮两响】干脆，爽快，响当当。

【太阳牌】外表好看、质量极差或者勿好用个产品。

【牙大】虚张声势，口气大。

【老沙斛】束手束脚，过于谨慎，抖 [teu] 豁。

【老娘舅】和事佬；警察。

【花插插】举止轻浮，欢喜拈 [nyie] 花惹草。

【花露水】小个好处，花招，花样。

【吃上风】运道好。

---

① 大块头指人个形体高大肥胖。老法闲话里，大块头／块头大比大模子／模子大用得多。

【像污一样】相当糟糕。

【香飘】得体，漂亮，潇洒，有气度。

【豁透】有本事，神气得意。

【挺刮】有精神，神气，出色，时路／时髦，质地上乘。

【喳叭】喀咙响，咋咋呼呼。迭个词流行于二十世纪八十年代中期，譬如讲："勿要介喳叭好哦？"

【溜子腔】流氓腔。

男女交往类

第一，二十世纪二三十年代个词汇。

【打无线电】男女间眉 [me1，文读] 目传情。相关讲法：俏媚／眉（侪是文读）眼做拨瞎子看（自作多情咾白费劲）。

【捣浆糊】敷衍塞责，蒙混过关，做事体马虎，滥竽充数，等等。譬如讲："我今朝捣仔一日个浆糊。"近义词：混腔势、瞎和调（瞎附和）。调（古字是提手偏旁）浆糊搭淘浆糊个意思弗一样，调浆糊指垃垃干面里加水，用慢火制成浆糊。拿盐咾味之素咾啥调调开，就是调调匀，调羹就是小汤匙，调也有淘咾搅个意思。

【嗲希希】女人娇柔妩媚个腔调，"嗲"源自 dear。相关词汇：嗲劲十足、嗲里里、神经希希。相关讲法：（绕口令）嗲人背嗲包，嗲人戴嗲表。（二十世纪年代末，"嗲""瞎嗲"是讲"好"。）

第二，二十世纪六七十年代个词汇。

【立电线木头】赛过电线木头能立垃马路边寻猎，引诱异性目标，老底子电线杆基本浪侪是木头个。

【木壳】打扮时髦讲究，善于招摇挑逗女性。

【东三头】引诱、挑逗、玩弄举止轻佻 [thiau1] 放荡个年轻女子个人。

【敲定】青年男女间确定恋爱关系，泛指女朋友。

【炒腰花】男女之间一个觯牢另外一个个腰趤 [daon3] 马路。

【回汤豆腐干】迭个词流行于二十世纪七十年代，恋人分手再复合，叫吃回汤豆腐干，后首来也讲一切吃回头草个行为。

第三，二十世纪八九十年代个词汇。

【打开司】接吻，由 kiss 而来。相关讲法：对口型，也是接吻个意思。

【孛相味道】孛相调情个气氛 [ven1]。

【吃】异性间个追求、爱慕。

【晏歇会】分手讲再会。

【圆宵】搭情人共度良宵。

人、物别称类

第一，二十世纪二三十年代个词汇。

【三坎 / 道头】租界个副捕目，制服臂章浪有三道 / 坎金边，两坎头是正捕目。

【红头阿三】旧社会上海个印度巡捕，后首来也称印度人做个酒店门卫、保安——因得后首来巡捕房解散，印度巡捕只好改行做迭些生活，或者泛指印度人。老早子上海人也拿沿街设置个消防水龙头称红头阿三。阿三源自阿 Sir，英国个公务员，尤其警察，被称为 Sir。另外一种讲法是，上海人拿公共租界个罗宋巡捕叫阿大，拿中国巡捕叫阿二，拿印度巡捕叫阿三，拿法租界个安南巡捕叫阿四。

1854 年，上海英租界成立了"上海市政委员会"，主要负责租界市政规划搭建设。中国人用六部里向个工部搭伊对应，翻译为工部局，法租界个翻译为公董局。埃个辰光，英租界又组建仔 Shanghai Police Station，就是上海警察局，迭个机构垃垃中国是顶早个（薛理勇，1996）。中国没警察迭个词，不过因得北京有巡捕营，主要负责京畿治安搭保卫，乃嘢拿 Police Station 翻译为巡捕房，拿 Police 翻译为巡捕。警察迭个词是从日语引进个，上海人一般拿租界警察叫巡捕，垃垃旧上海的华界就叫警察。做巡捕还是交关吃价个。巡捕房也叫行里，行就是"水果行""洋行"个"行"，店铺个意思，可见巡捕房一开始并弗是行政机构，只是一般个办事机构。

【龙头阿三】老底子个消防员；混混。

【白蚂蚁】是拐骗女人咾小囡个人。相关词汇：搬石头，指拐卖男小囡；摘 [tsah] 叶子，指拐卖女小囡。

【邓禄普】原来指英国邓禄普公司生产个轮胎，后来也指厚颜（文读）

无耻个人。

【快马】（新）脚踏车。

【玻璃杯】女招待，因得伊拉垃垃（大世界）戏馆里为客人送水，噶咾被称为玻璃杯。

第二，二十世纪六七十年代个词汇。

【条杆】身材，譬如讲"条杆挺"。

【吃盒头饭／格子饭】坐牢。

【三胞】港澳台同胞。

【三只手】扒（儿）手，又称钳工——食指搭中指像钳子一样偷人家袋袋或者包里向个物事。

【五六七保密厂】指环卫所或者清洁管理站，简谱5、6、7是"扫垃圾"个谐音，指清洁工人。老底子，垃圾个读音搭广东闲话、台湾闲话里向个读音是接近个——[leh seh]。

【拍半身照个】立柜台个商店售货员。

【外国礼拜】法定假日以外或者临时个休息日。

【全国粮票】子女未分到住房而被迁户口个老人[①]；乱搞男女关系个女人。

【手榴弹】送礼用个、成四瓶一扎个原装瓶酒，用以拉关系解决问题。

【炸药包】盒装个奶油蛋糕或者水果，用以拉关系解决问题。

【两百响】一条香烟——两百根香烟。

【浪头】潮流，时髦。

【铃筒】手表。

【架梁】眼镜，老早子讲四眼。

【刮台风】全市搜捕流氓搭别个犯罪分子。

第三，二十世纪八九十年代个词汇。

【八零八】手铐。

【大炮】机器脚踏车／摩托车。

【山浪下来个】坐过牢或者劳动改造过个人。

---

① 多仔老人个户口，伊拉子女就有可能分到越加大个房子。

【立升】原来指冰箱个容量，也指人个财力、社会活动能力、影响力搭背景等（薛理勇，1996）。有财、有势、有门路个叫立升大，阿拉迭种小老百姓，没背景个，噶咾立升搭弗够[①]。对应个旧词是"力把"。

【门腔】（贬义讲法）嘴（巴），口才。

【文旦壳子／电灯泡】（无意能）介入男女恋人之间个人；光头。文旦壳子拨废物利用，用于盛旱 [ghoe2] 烟，也叫烟木碗，相对于旱烟管搭旱烟，文旦壳子阿是有眼多余？"烟"搭"厌"谐音，从迭个方面看，文旦壳子也指讨恁厌朋友。

【礼拜衫】劣质衣裳，着一个礼拜就坏脱了。

【标点符号】粗鲁、下作、趣味低级个话搭头（口头禅）。

【盲公镜】商标没扯脱个太阳眼镜。

【杠头】健谈个人。

【赤膊鸡】没钞票个人。

【业余警察】退休后维持交通、监督市容卫生或者维护公共场所治安个值勤人员。

【托福党】预备考托福个人。

【汤司令】节省钞票成家而以汤代菜下饭个年青人。

【料作】人品。

【茄勾】扑克牌"J"；心胸狭 [ghah] 窄、嫉妒人家、破坏或者阻碍人家成功个人。

【含金量】质量／质地；含"黄色"个程度。

【条子】外币；身材；金条。

【全鸡全鸭】青年人追求个新婚高档家用物品，"鸡"即"机"。

【红派司】结婚证书。

【羊脚骨】腿细、身体瘦弱 [zah] 个人。

【地方粮票】经局一级或者市认可个职称或者职务。

【青海模子】被注销上海户口，押到青海劳改农场强制劳动改造个犯人。

---

① 阿拉两个人还搭弗够：我俚还弗够朋友。

【南天门】极端，极限。

【海陆空】有海外关系或者落实政策，分仔钞票搭房子个人。

【舞派】专门跳舞个人。

【煤球卡】还呒没登记签证个自费出国护照。

【煨灶猫】无精打采个人，精神勿振作，一副倦态。一只猫，啥个事体侪弗做，整天隑垃灶膛边取暖，外加毛还拨没燃尽个柴爿烧得东一块焦[tsiau]、西一块秃[thoh]，箇只猫捉勿了老虫。迭能介个猫就是病猫，就是煨灶猫[ue1 tsau3 mau1，连读]。上海人常庄用煨灶猫形容身体勿好个人，也用于身体没毛病不过望上去病恹恹、讲闲话有气无力个人。近义词：温暾水、掼头掼脑。

【浇头】原来指浇垃光面浪个菜肴，借指奖金或者额外个小收益。

【阿诈里】骗子，欺骗行为。垃垃改革开放初期，原本个经济秩序被打乱，新个法则还没成型，一时头浪皮包公司满天飞。譬如讲土建套现、外贸订单承接等欺诈行为，大部分三角债侪是箇类交易个结果。交关国有公司因此而走下坡路。

行为、生活方式类

第一，二十世纪二三十年代个词汇。

【砍/开条斧】讲条件；掉枪花咾借铜钿（掉仔枪花借铜钿），借仔嚟可能千年弗赖，万年弗还，甚至是巧取豪夺。

【开荷兰水/开汽水】喝倒彩，发出"嘘"声。荷兰水（据讲来自日本个叫法）指汽水。

【吃皮榔头】用拳头打人。

【伏豆芽】登垃屋里勿出门；冬天赖床；没工作，登垃屋里待业。相关讲法：伏豆芽弟兄（贫贱弟兄，患难弟兄，一道渡过困难辰光个弟兄）。

【坍冲/坍招势】丢人，丢面子。

【豁翎子】暗示，发信号，可以用"甩"代替"豁"。譬如讲："豁赤膊翎子拨伊，伊也弗晓得接。"翎子：戏曲里向，将军头浪插个鸟翅膀或者尾巴浪长羽毛，翎子抖动，能反映将军个情绪。

第二，二十世纪六七十年代个词汇。

【开】打。相关词汇：对开，意思是一对一较量，对打。近义词：对敲。

【开牙】开口发言或者开杀戒，由斗蹩蜘而来。

【校牙】交锋，比试。

【开坏】讲人家坏闲话。

【开销】家庭搭个人开支；解决脱，处理脱；朋友之间资助。

【开大兴】吹牛皮，说大话。大新／大兴：英文 dashy，由外表漂亮个意思引申／转变指实际劣质个、冒牌个，老早仔讲推扳货、东洋货。开大新原来指赶时髦，类似扎台型，也可以谦称搏一只名头。相关词汇：淘浆糊，意思是勿正宗。

【开天窗】考试辰光题目做勿出。

【开红灯】考试、验收勿合格；事体得勿到批准，没办法做。

【开听头】酒足饭饱后打嗝 [kah] 或者呕 [eu2] 吐。

【蹲鸽棚】坐牢，拘留。相关讲法：住个是鸽棚式小客栈 [zae]，穿个是打气袍子，伏豆芽是家常便饭。引申词汇：跌散铺盖，意思是衣裳弗贴身，还有讲跌散铺盖个身材。

【翻皮子】变换服装。皮子迭个词垃垃二十世纪三四十年代就流行哉。

【办事体】流氓斗殴，打群架。

【叉路／差路】离开，开路，拔脚走脱。

【夯下来】接受下来，买下来。

【乌龟吃大麦】白白里浪费，糟蹋，牛吃蟹。

【发叶子】用扑克赌博。叶子是古代个纸牌，垃垃同治年间发展成功麻将，"碰和"就来自叶子牌戏。

【逃鹞】因得一桩事体逃跑个人。

【吃转】上当，拨假象迷惑 [ghoh]。

【哈一眼】给一点，分一点。

【扫描】巡视四面，偷眼打量。

【戴帽子】拨一只职称、职务、称号等。

【摆平】让对方满意；制服（动词）。

【搏一记】拼一下，赌一下。

【弹开】靠边，勿考虑 [liu3]。

【脱介】脱身，脱离关系。

【崩脱】关系破裂；枪毙。

【涨牢】顶住，钳制牢。

【铆牢】盯牢，注意；抓住，捉住。

【捞横档】趁腔势里捞取好处。

【咬狗】告发。

【挑上山】用激将法使人行动。譬如讲："伊硬劲要挑我上山。"上山原来是箪，指拉脱斗蟋蟀个插当中个闸板，迫使两边个蟋蟀碰头相斗。

【帮帮忙】弗要为难我，弗要搭我过勿去，放只码头跳跳；省一眼哦，太平眼，阿咪咪，做人家点；谢谢侬一家门。

【放野火 / 开坏】垃人家背后无中生有，造谣中伤，挑起矛盾。迭里讲两只例句：

老王，隔壁头阿二垃大弄堂里放侬野火，弄得大家俦垃疑心侬了！

有种人自介事体勿做，就晓得垃背后开坏人家。

放野火个本意是农民（伯伯）垃田里放火烧荒。一眼上海人垃农场里当农民个辰光，也会去大田里放一把火，拿地里上一季个秸 [cih] 秆搭野草枯根烧脱。草木灰是上好个肥料，田地也变得白茫茫干净多了。下一季个庄稼 [ka3] 能长得越加好。放野火个辰光，地里浓烟滚滚、雾气腾腾，连人影子也看弗清爽，迭能做会污染空气，乃朝已经勿允许哉。

【放喇叭】背后传播谣言，中伤别人，揭阴私；号啕大哭。

【拟准】算准。

【（老）懂经】识时务；内行。

第三，二十世纪八九十年代个词汇。

【开牌】亮相牌。

【发牌】拿事体讲清爽；生意兴隆。

【发条头】发指示、文件。江南方言拿牲畜个舌头叫口条咾门腔，伊拉后首来又被用于贬称人个舌头，譬如讲："侬拿口条搁搁正再讲闲话。"

【发寒热】发热，头脑发热，冲动，思维、言行反常。

【开脱排】溜走。脱排是指脱排油烟机。相关词汇：打滑达。

【开庎橱（门）/ 庎橱（门）/ 架橱门】吃仔忒多弗适意，酒醉呕吐。庎橱（见图 12）又叫碗橱、碗盏橱、粮橱、小菜橱。

【吃心 / 吃性】贪心，贪婪。

【吃药】难堪，吃苦头。

【趖一把】让一步；暂时不露声色，待机而动，弗是缩脱，（而是）辣火酱做做足，拨对头嗒嗒。

图 12　庎橱

【封关】暂时停办照会（护照、签证）。引申词汇：橇 [chiau1] 照会 / 缲照会，意思是没收照会。照会还可以代指面孔。

【出场水】资助；出材料、主意。

【车 / 叉】引诱、挑逗、玩弄、嘲讽、挑衅等意思，勿写作搓。

【嫖】戏弄，嘲弄。相关词汇：对嫖，指双方相互用言行嘲讽、挑衅搭取笑，并显示自介个优势，让对方坍台、难堪。

【对敲】对搏，吃抖，包括打相打、对质、对赌等等。

【吓我】蒙骗我，孛相我，寻我开心。

【充电】上业余学堂或者学习班补充技能。

【关脱】叫人家停止讲闲话或者调话题。相关词汇：闷脱，更进一步是瘪脱。

【豁胖】虚张声势；没啥本事，吹牛皮，说大话。

【嘲】嘲笑，开玩笑；苦涩、讲弗出个滋味 [mi]。

【撒胡椒粉】每个人分一眼小个好处；讲闲话个人涎唾 [zie1 thu3] 水乱溅 [zae3]。

【喇叭腔】事体办坏脱哉，失约，失信。譬如讲："随便啥个事体，弄到伊（个）手里，就会弄成喇叭腔。"

【刮三】切口，不堪；勿愿意拨人家晓得个，（乃朝）拨人家晓得哉，底脚露出来了，穿帮；出问题哉。

【得分】得到赞许，获得好印象。相关词汇：加分。

【眼黑也眈没了】忙得不可开交（文读）。

【掐牢】抓住，逮住。

【排骨头】打人。

【调频道】转移话题；换对象。

【保身价】保养身体，明哲保身。

【冒野】蒙混，冒充，勿懂装懂。

【点穴道】触及对方忌讳 [hue3，浊化] 个地方。

【扳龙头】抢做首领；占上风，争夺、争论控制权，来自打牌个讲法——争取赢上盘，得到下盘先出牌个机会。争取做庄也叫扳龙头。（例句）申花队讲："上海滩个龙头准定要被扳回来。"（2018 年 11 月，上港队终于拿到中超冠军。）

【拗】威胁，敲诈，譬如拗分（勒索）。

外来语类

纺织业、出版业、银行业、股市等里向个几乎整套词汇，侪是先垃垃上海闲话里向产生，再流传到全国，而迭些词汇又基本浪来自英语。老底子，上海各行各业个老师傅用个专业词汇也差弗多侪是英语。

有些外国词汇被音译后进入上海闲话，譬如巧克力（广州人翻译为朱古力，香港人也迭能讲）、咖啡、色拉（广州人讲沙律）；有些被意译后进入上海闲话，譬如蜜月、黑板；有些被音译加意译，譬如网吧、迷你裙、牛轧糖（英文 nougat）、冰激凌（广州人讲忌廉）；有个先音译再意译，譬如德律风到电话、斯必灵到弹簧。被普通闲话吸收个多数为上海译法 ①。

第一，二十世纪二三十年代个词汇。

【飞阳伞（fiancée）】未婚妻。

【克勒（color）】好，精彩，体面漂亮，上档子。譬如讲："喔唷，侬今朝迭双皮鞋交关克勒。"另外一个讲法，源自 carat（宝石个重量单位）。相关词汇：老克勒。老早子，珠宝店个司务们碰到三克拉以上个钻石宝戒，常庄会大节头一翘，称一声"老克拉"，比喻老上海伊些阅历较深、收入较

---

① 出现迭种情况个原因可能是因为当时香港搭内地个关系没上海个密切，广州个地位没上海个高，影响力没上海个强，而垃垃广州作为中国"商都"个近代，普通闲话还没出现。也可能是因为上海个译法比仔广东闲话里向个译法更加贴切。

高、消费前卫，垃垃文化休闲方式浪引领潮流个男性群 [jiuin1] 体，迭些人大多出身于名门世家，受过当时个洋化教育，或者指有腔调、有绅士风范个老白领，伊拉面相好，为人潇洒。

【吧密斯（bar miss）】酒吧女郎。

【（肮里）肮三 / 盎三（on sale）】事体或者为人邪气推扳、蹩脚，心术不正；让人勿开心、失望；弄僵，尴尬；勿正派，勿上台面，近似"下作"。迭个词源自 on sale——拿卖勿脱个货色，即积压货、过时货、蹩脚货，假姿假呆标上大减价，哄人家来买，以此类推做人个品行，噶咾用肮三表达前头迭眼意思。"肮三勿啦"迭种讲法女人讲得比较多，常庄带贬义，男人讲勿带贬义是中性词。

【派司（pass）】传球。

【朗哨（long shot）】远距离投篮。

【赖司卡（last car）】末班车。

第二，二十世纪八九十年代个词汇。

【大妹苔丝（だめです）】大兴货，意思是质量推扳个物事。

【巴拉巴拉（ばらばら）】去日本打工[①]。

【斯诺克（snooker）】落弹。

上海闲话个快速发展，使吴语个古代、近代、现代元素搭仔余多语种个元素，农业、手工业、现代工业、商业社会个各种词汇，积累搭浓缩垃垃上海几代人个口语里向并传承下来，外加也使上海闲话个时代层次交关丰富。

---

① 之所以日语个一些读音搭上海闲话相近，是因为日语部分汉字个音读源自吴音。据统计，《日本基本汉字》收录汉字 3 000 个，里向头音读汉字中，读吴音个比例达 37.8%。

第三章　上海闲话进阶

1　今朝个上海闲话哪能讲

人垃垃变，城垃垃变，上海方言碰着仔前所未有个诱变因子①。关于上海闲话式微个讨论也无休无止，不过勿管哪能，伲上海人旧原要讲上海闲话，只是今朝讲个，搭老底子个有所勿同哉。语言是开放个集合，方言个变化，老大程度浪体现仔城市文化个变化。

第一，走音搭跑调。

有人举例讲，上海一档蛮受欢迎个谈话类节目《三人麻辣烫》，里向伊个交关"克勒"个男主持人讲一口上海闲话，不过横听竖听就是觉着何里勿适意。细细一想：伊个上海闲话忒文绉绉，缺少市井味道。电视节目里向个上海闲话属于克制后个上海闲话。我认为，《新老娘舅》里向个上海闲话倒基本浪没被雅化，噶咾听上去比较俗气，叫人勿欢喜。箇也是萝卜 [lau boh] 青菜，各人所爱。

拿上海闲话雅化，是出于上海人对本土语言个勿自信。迭个观点弗是绝对个正确，后头一段我会点明。上海闲话一脚被认为忒市井化，勿登大雅之堂，噶咾垃垃交关公共媒体里向出现个上海闲话，俦是雅化个上海闲话。迭种雅化从二十世纪九十年代就开始哉，一部交关经典个电视连续剧《孽债》让人记忆犹新，伊里向头个上海闲话，也比平常日脚个要文雅一眼。倒是伊个辰光潘虹主演个影戏《股疯》，里向一帮小市民闹哄哄个上海闲话蛮接地气，不过有人认为勿上台面。

---

① 譬如二十世纪九十年代上海搞一刀切推广普通话个做法，像煞就是扼杀上海闲话，尤其垃垃中小学里个情况。还有思维、文化、生活方式个变化对上海闲话个影响，国内外交流对上海闲话个影响，等等。

迭个观点有一定道理，箇种腔调（哇啦哇啦、来煞弗及、粗声粗气）垃垃平常日脚或者像《股疯》里向个场景出现没问题，因为贴合生活，不过垃垃正式场合，譬如马路浪电视台记者采访侬，或者垃垃单位大会浪发言，就弗好讲箇种腔调，忒俗气，观众要笑煞个，要寒毛凛凛（寒毛也要竖起来）个。必须有意识个雅化——糯、轻、慢，差弗多就是苏州闲话个腔调。弗是讲要往苏州闲话靠拢，是借鉴伊个腔调。为啥唠有人讲苏州人讲上海闲话比上海人讲上海闲话好听，譬如上海民俗学者薛理勇就是迭能认为个，道理就垃垃此里，就是腔调个问题。

当时《孽债》个轰动，已经使得上海闲话个魅力获 [ghoh] 得仔空前个肯定。但好景弗长，《孽债》之后又出仔一部上海闲话电视剧《何须再回首》，因得有人提出反对意见，伊讲，搭推广普通话个政策勿符合，结果迭部电视剧只好暂停播放，救急重配普通闲话对白后，再获得继续播放个权利。交关观众本生老期待迭部继《孽债》之后个上海闲话电视剧，结果只能看普通闲话版个，侬讲几许懊恼 [lau]。

后来交关年数，就再也没一部讲上海闲话个电视剧成功过。直到 2017年个春节贺岁剧《七十二家房客》，再算得上成功哉，收视率邪气高。李少红拍个影戏《红粉》也值得一提，迭部影戏大量使用上海闲话对白，不过，网浪没上海闲话版本。前几年放映个影戏《罗曼蒂克消亡史》里向个上海闲话对白也相当多，不过，交关是外地演员讲个上海闲话，稍许有眼拘束感。更加要命个是，垃垃伊个时代背景（讲个是黄金荣、杜月笙等人个故事），应该讲老派上海闲话，不过，迭部影戏里向基本浪侪是乃朝个新派上海闲话。

我对迭只影戏名意见也蛮大个——难道迭个以后就没罗曼蒂克哉？再讲，我也看弗出迭部影戏里向个故事搭生活就代表了罗曼蒂克。外加迭部影戏个思想也蛮有问题——像煞垃垃青帮大流氓面孔浪搨金，好像伊拉还是勿错个正常人。了解上海典故个人交关容易看出来，迭部影戏讲个两个主角就是以杜月笙（葛优起个角色）搭黄金荣（倪大红起个角色）为原型个，还有张啸林。（我参考个一本上海闲话书《上海话的腔与调》也有类似个思想问题，譬如第 319 页末脚个内容，暗示民国辰光是太平盛世，能培养出老克勒，不过乃朝弗灵光哉，培养弗出哉。弗罢迭一页，还有别个地方也有类似暗示，譬如第

109、313、314 页。迭个作者弗曾想过，就算民国辰光有风雅，只不过是有权有势人个天下，风雅只属于少数人，大多数人个日脚是交关难行个，只要想一想《三毛流浪记》。伊忘记军阀混战，忘记上海滩浪个青帮流氓，忘记洋大人个火腿，忘记社会个丑陋……）

第二，上海闲话需要新公共空间。

一方面，上海城市建设大大改变仔上海人个住房条件，也改变仔上海闲话生存发展个空间。老城原有个格局已经拨打破，埃点最适宜 [ni] 上海闲话家长里短茄讪胡个旧空间，譬如公用灶头间、弄堂、混堂（浴室），乃朝慢慢较从上海消失。上海阿叔用勿着再去伏 [bu] 混堂；上海阿姨买小菜是去大超市；代替埃点塞满七十二（虚指）家房客个老房子个，是厨卫独用个高层楼房，各家独门独户勿相干。上海闲话原有个语境改变哉。

另外一方面，外地人、外籍人大量涌入，也使得新上海人一天天垃圾迭方水土撑起了市面（撑场面）。乃嚜，全部讲上海闲话个公共环境也比老早减少哉。譬如垃垃地铁里、公共汽车里，邪气可能听到个是普通闲话；去饭店要搭服务员（老底子叫堂倌，栈房服务员老底子叫茶房）讲普通闲话，伊拉再听得懂；至于垃垃一些高级写字楼里，乃中（大概）蛮难碰到一只公司个办公室语言是上海闲话个。

2　勿同地区个上海闲话

（新）上海闲话勿是本地闲话。本地闲话是郊区闲话——近郊菜农、远郊粮农、海边棉农等讲个土生土长个闲话。上海闲话形成于开埠后，主要垃垃市区内。苏浙粤等地个移民各自带仔当地个语言，汇拢垃一道——工厂里、商店里、弄堂里。二房东、三房东、亭子间嫂嫂、七十二家房客，为仔过日脚，菜场里谈斤头，烟纸店里讨价还价，噶咾伊拉侪要学会上海闲话，不过伊拉学起来也快。就算弗是老地道，不过起码基本浪听得懂上海闲话，相互也听得懂可能皅仔交关洋泾浜甚至别地方方言个上海闲话。垃垃苏州好婆（奶奶）、无锡老爹（爷爷）、宁波 [poh，俗音] 阿姆（阿妈）、广东阿柄、本地人阿富根当中，日长世久终于形成功"阿拉"上海闲话系列。

老上海闲话有区域之分。中心区，譬如老静安、老卢湾，略带苏州音；南市一带（老城厢），略带些本地松江口音；四川路一带略带广东闲话，老底子是广东人聚居个地方，尤其汕头潮州人；工厂区，譬如曹家渡（垃垃普陀区）、平凉路一带，埃面热天盛行露天淮剧场，略带苏北腔；鞍山五村基本浪是公安局家属区，由于历史原因①，山东口音重。垃垃上海，一些移民旧原讲原来个家乡闲话。宁波闲话最石骨铁硬；苏北闲话最夸张，抑扬顿挫；苏白最雅，发芽豆叫独脚蟹，螺蛳肉叫罐头肉②，韭 [cieu2] 菜、绿豆芽叫小青青、白娘娘。有句闲话讲："宁搭苏州人相骂，弗搭宁波人白话。"

宝山是近郊，紧邻杨浦。小辰光常庄去埃面个毛豆地里捉蟿蜻 [zae3 tsih]（蟋蟀）。懂经个拿蟿蜻叫虫，本地搭苏州个叫土虫，杭州个叫杭虫，弗禁格个推扳个叫草虫。农民发现后，顺手抄起墙角落头个扁担，远远冲过来："小狼棺材，老里清早到老伯伯田里捉蟿蜻！"同样骂人，远郊搭近郊是勿同个。而南汇人骂个闲话是"寿棺材"。

3 上海闲话正字汇总

【餲】打嗝，打餲。

【塪】里，譬如迭塪。

【朼】读音搭"比"相同，意思是用刀切成薄片。譬如讲："朼点咸肉摆到汤里笃笃，交关鲜。"近义字：刌 [phi1]，平切剖肉，也可以指斜切。"薄

---

① 华东野战军有勿少山东人，乃当中一部分转业后进入上海公安系统。
② 有一只谜谜子："小小罐，小小盖，小小罐里有荤菜。"

薄剞来浅浅铺",指切得交关薄,铺得交关浅,形容请客个人吝啬。

【煸】读音搭"编"相同,拿食材摆垃有少量油个镬子里炒。

【焐】用小火煠酥,譬如焐酥豆,又写作"煰""炵",引申为保温取暖。

【炰】读音搭"刨"相同,用盐腌制食品;用刀削 [siah] 皮,炰黄瓜、丝瓜。

【扚】读音搭"的"相同,用手节头 / 手节甲掐(断)。相关词汇:扚豆芽、扚痧。

【挼】读音搭"奴"相同,按摩、抚摸。譬如讲:"何里痛?我相帮侬挼挼。"

【椹】读音搭"针"相同,拿嵌垃许个物事弹出来,或者拿容器里向个液体、半液体挤 [tsi2] 出来,譬如"椹牙膏"。

【毃】搭"笃""兀"个读音相同,意思是敲、击。和尚敲木鱼叫毃木鱼,用手节头关节敲人家骷郎头叫毃毛栗子。譬如讲:"伊垃垃瞎三话四野豁豁,我跑过去几句闲话就毃瘪脱伊哉。"

【绗】读音搭"行"相同,用粗针脚拿物事缝垃一道,譬如绗被头。

【紭】读音搭"钉"相同,意思是缝。相关词汇:紭衣裳、紭被头,譬如讲:"侬袖口浪线脚侪脱开哉,脱下来我相帮侬紭脱几针。"

【搣】读音搭"蜜"相同,用手节头捻物事让伊转动,譬如搣螺丝;拿糖果等食品含垃嘴里。

【劗】平声,读音像"斩"(上声),用刀等剁,引申为被骗脱钞票。譬如讲:"我今朝被狠狠劗仔一刀。"

【滗】读音搭"笔"相同,擤牢容器里个固体物事,拿液体倒出来,譬如"药汁滗滗干"。相关讲法:潎 [phih] 脱一眼油(用勺子舀脱汤水高头个一眼油)。

【撩】抬手,譬如"撩球""一撩撩转去"。引申词汇:尥 [lau3],抬脚个意思。

【战】读音搭"颠"相同,用手估计物事个重量。譬如讲:"侬战战看迭包物事份量几许。"又写作"掂",掂份量引申为谨慎 [cin2 zen3] 行事。

【枒】读音搭"嚣"相同,意思是掀开、揭开,譬如"拿被头枒开来",

又写作“擤”。

【掤】读音搭“浜”相同，双手用力向两边支撑或者拉开物事。

【揎】读音搭“喧”“靴”相同，意思是掼，引申为打人。譬如讲：“物事拨伊揎到垃圾桶里去哉。”

【囥】读音搭“抗”相同，意思是藏，譬如“拿钞票囥囥好”。引申词汇：囥子鱼，后首来改叫烤子鱼，也叫凤尾鱼，是刀鱼顶小个品种。

【饫】喂（食）。譬如讲：“还要我饫侬吃（哦）？”类似读音：纬纱。

【晾】去声，不过受次浊声母影响，读音搭“浪”相同，意思是晒。

【潟】读音搭“写”相同，意思是倒（茶、酒咾啥）。引申词汇：潟潟板，就是滑滑梯，潟有滑搭跌个意思，譬如讲：“股票指数潟到 1 350 点。”

【擤】上声，读音搭“很”“狠”相同，捏牢鼻头擤鼻涕。

【閛】读音像“砰”（平声），意思是关门。譬如讲：“勿要忘记脱拿门閛上。”

【颬】旧音 [ho]（新派读 [ha]），张嘴呵气。譬如讲：“颬一口气垃窗浪再擦，就会比较干净。”相关讲法：颬痒嘻嘻。

【脗】上声，读音搭“抿”“闵”“皿”相同，紧闭嘴。譬如讲：“伊笑得嘴也脗弗拢哉。”

【漷】读 [koh]，1853 年搭 1868 年记载个上海县城方言个读音为 [kuoh]，读音搭“郭”“国”相同，漱口叫漷嘴，也可以讲荡嘴。

【眍】读音搭“抠”相同，眼眶凹陷 [khuaon1 au1 yie3]，眼乌珠深陷。譬如讲：“几日没睏觉，眼睛也眍下去哉。”

【㲦】读音搭“搭”相同，意思是皮肤松弛而下垂 [zoe1]。譬如讲：“吃力煞了，眼皮也㲦下来哉。”

【睞】读音搭“杀”“煞”相同，意思是眨眼睛。譬如讲：“眼睛一睞，老哺鸡变鸭。”

【匍】读音搭“婆”相同，意思是蹲或者趴 [phah，北方闲话] 垃地浪。

【隑】读 [ge3]，依靠。相关词汇：隑壁书，老早点，有些人欢喜苏州评弹，不过买勿起票，只好勿落座，大半日就隑垃书场墙壁浪听书。

【坌】去声，读音搭“坌”相同，意思是拥挤。譬如讲：“一帮小鬼弄堂里坌进坌出。”

【鿃】读音同"并""柄"，意思是相持。譬如讲："两支拔河队鿃到乃朝（连读，"鿃到"读重音，"乃朝"顺牢前头个音，读比较轻个音，没声调）还没决出胜负。"

【趒】去声，读音搭"荡"相同，没目的个游荡，趒马路。

【空】欠，借。譬如讲："侬空我十块洋钿。"

【居/赅/赅】读音搭"该"相同，意思是拥有、备有。譬如讲："算侬赅两张钞票，有啥了勿起。"

【擗】读音搭"别""枇"相同，意思是扭伤筋骨。譬如讲："我脚擗仔一记"。也写作"蹩"，惯常讲法"蹩"是脚扭伤，别个地方扭伤嚜写"擗"。

【钝】挖苦，嘲弄。譬如讲："好了好了，侬勿要钝我哉。"

【罩】读音搭"汤"相同，意思是抵挡、遮挡。譬如讲："拿窗帘拉起来，好罩脱一点光。"对立个行为是拿窗帘拉开来；拿窗帘收起来是指拿窗帘从窗浪拿下来，汏清爽，捐捐好，摆到柜子里向。

【滤】读音搭"标"相同，液体受到压力从小孔里喷出来。

【蔽】读音如"乔"，物事因为受潮或者日晒变形。

【洇】读音搭"因"相同，水沿牢细缝渗透。譬如讲："楼浪人家水打翻哉，水从天花板浪洇下来哉。"

【烊】读音搭"阳"相同，意思是融化。譬如讲："冰块烊脱哉。"相关词汇：烊头，意思是旺、顺利、顺心、手气好、运道好。譬如叉麻将个人讲："今朝垃许烊头浪，侬要啥牌就会摸进啥牌。"扠麻将个人讲："今朝垃许焜（点燃，慢慢燃烧）头浪，看样子要弄脱两副相公再会烊起来。"

【唊】读音同"革"，意思是发音勿清，譬如拿闲话讲勿清个人称为"唊舌头"。

【轧】拥挤。譬如讲："车子里哪能介轧个啦？""啊呀，侬弗要轧来轧去。"也有人讲伊读[ga]，硬劲轧进去。相关讲法：轧仔坏淘，淘是志趣咾特征相同、相近个一类人，譬如朋友淘里。

【掇】读音搭"得"相同，老底子读[toh]，意思是粘，譬如黏掇掇、黏脂格掇（油脂忒多而黏成一团）。

【艮】正字为誾，意思是性格倔强偏执。

【呴】读音搭"吼"相同,形容气愤却发泄勿了个腔调。譬如讲:"我股票输①脱一万块,呴煞哉。"

【抐】读音搭"肉"相同,意思是衣裳等勿平。譬如讲:"迭件衣裳抐得一塌糊涂,应该烫一烫。"相关词汇:抐面,意思是揉面。

【嘎】读音搭"晒"相同,指喉咙嘶哑,譬如嘎喉咙。

【韧】读音搭"人"接近,指食物受潮而勿脆。譬如讲:"迭块饼干韧脱哉,勿要吃哉。"

【忺/忺格格】形容小人得志或者愿望 [nyoe3 vaon3,文读]、虚荣心得到满足辰光,表现出个轻佻、嬉皮笑脸个腔调;骨头轻,骨头呒没四两重,轻浮,卖洋三千,哗众取宠;献媚。"忺"搭"贱"意思弗大一样,"贱"有自作自受个意思。忺格格也可以用于自嘲,表示戆、冲动、考虑不周,譬如讲:"我是会得寻到伊拉屋里去个,侬讲我阿是有眼忺格格。"

【炀】读音同"阳",意思是火旺 [yaon,白读],引申为手气顺。譬如讲:"我手气真炀,连赢仔三潜麻将。"

【怴】读音搭"血"相同,意思是笨。

【殟】烦闷,譬如殟塞(有人讲迭个词来自 worse)。

【怵】读音搭"丘"相同,意思是品行恶劣、脾气弗好。譬如讲:"侬箇人脾气那能介怵个啦!"还可以讲"吃仔生米饭",吃饱生米饭表示脾气恶劣。怵个人又拨称为"邱六桥",出自评弹《珍珠塔》里向一个品行恶劣个强盗。有一只谜谜子:小辰光蛮好,到仔大/长大仔变坏哉——猜一影戏脚色名②。

【茄】能干,手巧。譬如讲:"看勿出来,迭个小人倒蛮茄个。""小伙子茄作茄,踏板浪由不得三双小儿鞋(经弗起儿女多个拖累)。""刘备卖草鞋——人茄运弗茄(佳)。"

【瀴】读音搭"印"相同,指水或者天气冷。譬如讲:"天气开始瀴哉,多着件衣裳。"还可以讲药性、食物属性是瀴个或者热个。

---

① 一个"输"字反映了赌个心态。对待股票应该持正确个投资心态,而弗是赌博或者投机心态,迭能介越加有可能获利。

②《追捕》里向个杜丘。

【皵】上声，读音搭"了"相同，面孔或者皮肤交关白个样子，是弗正常个白，譬如白皵皵（个面孔）——没血色、受惊吓形成个。

【微】少，小，一微微。

【洀】读音搭"笃"相同，量词，比一滴大，譬如一洀眼泪水。

【埭】条，道，次。譬如讲："水从墙浪流下来，留下来一埭印子。"

【圤】读音搭"扑"相同，量词，意思是堆。譬如讲："伊拿一圤烂泥朝我掼过来。"又可以转读成功"泡"个读音，譬如一泡屙（屙就是堆老）。

【颗】读音搭"扑""朴"相同，指肉松软。相关词汇：懒颗，就是懒惰个意思。

【畀】读音搭"拨"相同，意思是赠，正字为贬。譬如讲："伊送畀我一只表。"

老底子，上海市区南区人拿"在"讲为"辣"，北区人讲"勒"。老法（头）里讲"拉（舒声）/垃"，譬如造拉个。

4 交关有道理个老古闲话

自扳/搬（礳）砖自搁 [khah] 脚。（自作自受个意思。）

姊妹兄弟合爹娘，小小事体有啥争。同胞和睦看娘面，千朵桃花一树生。

圣人也有三分错。（主张宽容个意思。）

篱笆扎得紧，野狗钻勿进。（严格要求自介。）

做人勿贪心，家富靠手勤。

行得正，立得正，哪怕和尚尼姑合板凳。

学做人家先做人。

多吃饭，少开口。

满饭吃得，满话讲勿得。（讲闲话要留余地，第一个"满"个意思是饱。）

顺风船，篷也弗要扯得忒足。

六月债，还得快。

弗要气，只要记。

会做新妇两头瞒。（不过《庭院深深》个故事是一只反例。章含烟垃垃丈夫柏需文面前一再隐瞒阿婆对伊个欺侮，末脚旧原被阿婆害得自介抛夫弃女，背井离乡。还有垃垃单位里受上司勿公平对待，我伲可能会采取息事宁人个态度，勿想得罪上司，不过可能就有迭能介个上司，将来垃垃关键辰光旧原倒打一耙，拿我伲害惨。古今中外，迭种反面例子也蛮多个。）

三分本事，七分家生。

小钿勿去，大钿勿来。

若要小囡安，常带三分饥搭寒。（大人也是迭能。）

好记性勿如滥笔头。

一夜勿睏，十夜勿醒。

若要穷，睏到日头辣辣红。

金窠①银窠，勿如屋里草窠。（在家千日好，出门一时难。）

宁食开眉粥，不食皱眉饭。

百步呒轻担。（弗要讲轻担哉，两只空手捷起仔几分钟也衰瘄个。引申出来个意思是前程道路有艰险。）

见人挑担弗吃力。

冷垃风里，穷垃债里。（借债过日脚，日脚勿会好过。）

牛吃稻柴（干草料，马也吃干草料）鸭吃谷，各人自有各人福。

人勤病就懒，人懒病就勤。

有事刚逢熟皂隶，呒病赛过活神仙。

瓦爿也有翻身日，英雄何论出身低。（瓦爿上屋——永世不得翻身。）

三天勿吃青，眼睛冒火星。（我小辰光以为"青"就是指青菜，噶咾拿青菜看得特别重要，实际浪"青"应该指绿叶菜。）

贱买鱼不如贵买菜。（弗要贪便宜买弗灵个鱼。）

宁吃四两，勿吃半斤。

天浪鲤鱼斑，明朝晒谷弗要翻。西北赤，好晒麦。

---

①"窠"个相关讲法：出窠朋友（发小）、出窠书（从小跟先生熟个书，靠伊出道个书）。

5　俗语、歇后语

俗语[①]

外甥勿出舅家门。（意思是外甥搭舅舅长得有一眼像。）

老米饭捏煞弗成团。（一盘散沙。老米指陈米。）

叫花子勿留隔夜食。（吃光用光，吃尽当光。）

一只嘴，两爿皮，话好话坏侪是伊。（批评善于狡辩个人、两头讲闲话个人。）

嘴薄[boh]两层皮，翻来翻去侪是理。（道理侪让伊占脱哉。）[②]

新箍马桶三日香。（勿能持之以恒。）

隔重肚皮隔重生，隔重夏布勿风凉。讲声闲话两样个，到底弗是自介养。

朋友轧得深，香烟吃半根。

阿黄炒年糕，吃力勿讨好。

黑心吃白粥。（忒贪心会鸡飞蛋打一场空。"白粥"是"白作"个谐音。）

慢人有慢福，晏来吃厚粥。[③]

竹篮打水一场空。

打肿面孔充胖子（豁胖）。

三等孛相人，独吃自介人（窝里斗）。

一勿打和尚，两勿打横胖。（和尚可能有功夫，打勿过；横胖一般有病，容易出人性命，横胖就是胖个意思。）

---

① 俗语常庄有幽默、风趣个效果，比较随意。相对于本节内容，"交关有道理个老古闲话"个内容加二有道理，有个闲话甚可以当圣贤闲话对待。

② 相关个讲法：翻樱桃；刀切豆腐两面光；磨光石头卵子（描金石卵子，赛过绣花枕头；描金马桶、金漆马桶）；嘴五舌六（弗晓得轻重，闲话忒多，纠缠弗清）、唊嘴唊舌、学嘴学舌。

③ 相关讲法：慢人有慢副；慢进勿慢；带累乡邻吃薄粥，譬如古人认为，本地个运道、天地精华侪拨状元郎占光哉，本地当年要歉收，噶咾状元朗、状元夫人要早早向乡邻施舍咾散盲（荒）。

一个拈香，一个拜。（一桩事体两个人做。）

买仔炮仗 [zan2] 拨人家放。（替别人作嫁衣。《七十二家房客》里向，恶霸警长花仔铜钿、精力讨小老婆，结果拨穷人房客们弄搋，新官人 / 新郎官调成功小皮匠。面对报馆主笔们个照相机搭仔当时个抗战背景，警长只好兜进，迭个就是买仔炮仗拨人家放。）

吃素碰着月大。（事体勿巧，运道弗好。月大就是大月，三十天；小月二十九天。上海闲话里向类似个正偏式词还有人客、菜干、虾干、饼干、棒冰、肉松、菱角、肉圆、银圆 / 元、单被、豆腐干、汤三鲜、鱼片干、两夫妻等等。）

到苏州去——睏觉。（睏觉是动词，讲睏觉个状态嗄可以讲"伊已经到苏州去哉""到苏州去买席子""苏州还没转来""一歇歇苏州就到哉——碰着枕头就睏着""啥个苏州，常州也到哉——睏得熟"。话咾迭眼闲话是跟仔江苏人讲个，扬州、泰兴、扬中甚至南京人侪迭能讲，甚至讲上虎丘了。历史缘由是洪武赶散，朱元璋因为攻打苏州损失惨重，建立大明后，拿阊门一带个士族大家侪赶到长江对过去。迭些人思乡心切，做梦 [maon3，白读] 也要回到苏州去。）

杭州人讲到苏州去是伊拉想出来个，老底子常庄走水路，夜里艮 [ken3] 山门上船，船舱当栈房，睏一觉，夕发朝至，天亮就到苏州了。嘉兴、衢州人也讲"到苏 / 酥州去"。苏州人又哪能讲睏觉呢？伊拉讲"到昆 / 睏山去"。噶嘎又为啥讲"到苏州去买席子"？席子搭睏觉搭界，又因得苏州有个浒墅关，几百年来伊面编个草席交关有名气，所以老苏州讲，比"到昆山去"更加老个讲法是"到浒关去"，老苏州讲起来叫作"关浪去哉"。（畸笔叟，2018）

闷声弗响大发财。

三六九捞现钞——抓住既得利益。（三六九既指《七十二家房客》里向赶房客走、趁腔势里敲诈捞横档个警察，伊个警徽编号是三六九，三六九也指"大世界"，迭三个字个笔画数分别是三六九，实际浪是三四九或者三五九划，讲三六九划个人数错哉。旧社会辰光，大世界生意好得不得了，日进斗金，所以有人讲伊"三六九捞现钞"。大世界建于 1917 年，由黄楚九创办经营，1930 年转由黄金荣经营——为仔得到大世界，黄金荣亭相仔交关阴谋诡计。）

门槛精得 / 到九十六。（苏州闲话，门槛交关精个意思。）

铜钿眼里扦跟跺（拜金主义）。

吃是受用，着是威风，嫖是落空，赌是对冲（有输有赢，白做）。

碰着七十二个大头鬼（倒霉透顶）。

猪头肉，三勿精。（意思是三脚猫功夫。）

万宝全书缺只角。（有两种意思：总归有弗晓得个事体，引申为吪没十全十美个人搭事体，聪明人偶尔失误；没知识装有知识个人，问伊个问题总归垃垃缺页浪。）

聪明面孔笨肚肠。

死要面子活受罪。

马屁拍垃马脚浪。（话题句，"马屁"是话题。）

一等法螺（吹捧一级棒），两爿厚脸，三句马屁，四两骨头（骨头轻，骨头吪没四两重），五色面孔，六国语言（洋泾浜），七孔心思，八字胡须，九句谎话，十足"锋头"。（"时髦"人物，吃得开、混得好、左右逢源、八面玲珑个人。）

六月个日头，晚娘个拳头——晚娘打小囡忒杀辣。（"晚"字保留古音，是 [m] 声母；物事个"物"也是 [m] 声母；"千条线，万条线，落到河里看弗见"里向个"万"，老法读音也是 [m] 声母，还有麻将牌个"一万"；上海开埠辰光，"勿"字也是 [m] 声母。广东闲话里向 m 声母也蛮多个。）

勿识相，要吃辣火酱——拎弗清，要拨伊一眼颜色看看。（老底子，上海人勿吃辣，也吃弗消辣。受苦受难也叫吃辣火酱，譬如面临重罚，就讲："迭记要吃辣火酱哉。"）

虱多勿痒，债多勿愁。

湿手搭 [tah] 干面，甩也甩勿脱。

眼睛一眭，老哺鸡变鸭。（赖伏鸡，"伏"古字是"鸺"。）

强盗碰着贼爷爷。

眼睛像霍险/豁显，筷子像雨点，牙子像夹钳，肚皮像海底。（贪吃，吃得快，吃相勿好，筷子头浪勿饶/让人；穷吃八吃真难看，漏斗嘴加雨点筷。）

活狲勿赅宝，卖洋煞脱。（炫耀。平常勿赅宝，赅仔嚜就要卖洋。）

儿子像娘，金子打墙。（养儿子像娘有好处。）

三代勿脱舅家门。（三代个长相像娘家人。）

急惊/中风碰着慢郎中。（急性子碰到温暾水。）

冬瓜缠到茄亩里。（弄错场许，弄错事体，张冠李戴；笨人搭聪明人混垃一道。）

饭／南瓜生垃鬅／棚里。（事体挽回有困难。相关讲法：死蟹一只，意思是事体弄僵，弗可挽回，一切侪没指望。）

脚踏西瓜皮，滑到何里是何里。（听天由命个意思。）

横竖横，拆牛棚。（不顾一切。牛棚也拆脱了，勿种田啦？勿过日脚啦？拆家棚加二作孽，拿一份人家也拆散哉。）

踏穿镬子底。（拆穿秘密，奸情败露，类似个讲法是拆穿西洋镜——骗局被戳穿。本来西洋镜看上去蛮神奇，不过拆开伊只盒头，里向就是几只透明个西洋片，呒啥花头劲。）

睏梦 [maon3，白读] 头里笑转来。

吃人家个嘴软，拿人家个手短。

好吃得来，打耳光也勿肯放。（一只小故事：非洲动物世界里，一只猎豹正垃垃专心致志吃猎物，一只鬣狗跑过来就开吃，一点也勿见外。猎豹勒陌生头受到惊吓豪悷跳到旁边，回过神之后，前爪一记耳光上去。鬣狗被打之后，眼神愤怒，不过马上像煞呒介事，继续吃好吃个。真个是好吃得来，打耳光也勿肯放。猎豹看呆脱，转念头想：瘪三，迭个要饿到啥个腔调呢？算了，让拨伊哦，走开了。）

鲜得来眉 [mi] 毛也要落脱。

碰着大头鬼。（碰到烦难事体，头也会大起来。还有小朋友搭家长吹牛屄，只不过水平搭浆，吹牛屄吹得豁边哉，一听就是假个。迭辰光，家长常庄会得讲："侬要嚯碰着大头鬼哉。"）

开年礼拜九。（遥遥无期，没指望，宛 [ioe1] 转／婉 [ioe2] 转回头人家。譬如讲："好个，等到三十二号，礼拜九哦。"）

口气比力气大。（交关会得讲，口气交关硬，不过实际浪并没能力。迭个讲法于二十世纪六七十年代开始流行。）

关公面前要大刀／孙悟空面前要铜棍／饭店门口摆粥摊。

看侬一副哆勿煞个腔调。（看你一副美死了的样子。意思是想得美。相关讲法：哆勿煞侬。）

吃洋籼 [sie1] 米，发糯米哆。（矫情。米有三种：籼米、粳米、糯米。上海人拿籼米称为洋籼米，洋籼米是蹩脚个米，糯米是贵个米。）

热天绿豆汤，冷天赤豆汤，三日两头笃蹄髈，身体弗好送到床。

桥归桥，路归路。（两桩事体，互不牵连。）

黄牛角，水牛角，大家各管／归各——各人头浪一爿天。

板板六十四。[①]（忒死板，表情严肃，不苟言笑。原来指用钱范做钱，一版有几只洞，做出来就是几个钱。从宋朝开始，钱范有仔标准，每一版必须有六十四只凹孔。）

好惨勿识（勿识好歹）。

讲了好，弗要笑；讲了惨，弗要跳。

暴躁个人跳勒叫，智慧个人坐勒笑。

踏着侬尾巴了哦？（关侬啥事体！迭种讲法垃垃二十世纪三十年代之前就流行哉。）

一眼搭勿上手。（一点帮勿上忙。）

死到角角里去。（死勒远一眼，滚开；拆空老寿星，情况糟糕，无可挽回。）

脑子拨枪打过。

掼侬三四条马路！（比侬好得多！）

勿是生意经。（勿像闲话，勿入眼，勿灵光，弗相宜／妥当。譬如讲："500块洋钿，少一钿弗是生意经。"）

东风对煞，白板对煞：僵脱哉。

两介头白板对煞，勿晓得哪能办好。

侬看我，我看侬，两介头白板对煞，讲勿出闲话来哉。

白脚花狸／脸猫，活狲屁股坐弗牢。（脚头野；见异思迁，宗旨勿定。相关讲法：锣鼓响，脚底痒。脚头散：自由散漫。反义词：脚头紧。）

今朝触霉头，钓仔半天鱼，只钓到几条窜条鱼！（见图 13。窜条鱼也比喻坐勿定、立勿定个人。譬如讲："小张是条窜条鱼，才一歇歇个辰光还垃此里窜进窜出过。"）

图 13　窜条鱼

迭里引申一下，讲眼老里八早个事体：

老里八早，窜条鱼只是猫食钵里个脚色。乃朝，大饭店里也有窜条鱼个地盘哉。香蕉杂鱼、红烧小鱼，就是窜条鱼来当主角哉。绿色、健康是窜条鱼个骄傲。还没听到讲歇过，何里只养鱼场专门人工养迭种勿起眼个窜条鱼个。

窜条鱼只好算小鱼。垃垃农村个辰光，常庄去捋浜。先拿一条小河个一头垒起一条土坝来，再从另外一头用竹竿拍打水面，拿鱼虾侪吓到堵勒浪个一头去。再垒起一条土坝。用水桶、面盆拿迭一小段河水舀干，乃嗢就可以捉到几脚桶鱼虾上来。多数是窜条鱼，大个河鲫鱼咾白水鱼咾胖头鱼（参见附录里向个名字）咾啥老少个，平常伊拉贪吃，老早被钓鱼个朋友钓光哉。

伲一代懂水性个蛮多个。从苏州河游到黄浦江，从陆家嘴窜到南码头，算勿上是浪里白条（指白条鱼，身体细长，游动速度邪气快），只可以算一条活络个小小窜条鱼。伊个辰光，黄浦江里也勿许游泳。水上警察用大喇叭喊："勿许游泳！上来！小赤佬！"

豆腐店做仔一朝（一只早市），弗如肉庄浪一刀。（肉庄赚铜钿更加容易。）

隔灶头饭镬（饭糍）格外香。

买眼药买到石灰店。（自寻死路，眼乌珠碰着生石灰会瞎脱个。）

城砖乩上来，当伊拜年帖子。（面皮厚，弗摆垃心浪。）

大英法兰西，大家弗来去。（老底子，称法国人为法兰西人。法租界当局弗搭公共租界合作，搭公共租界当局还会发生武装对峙情况。垃垃旧上海，外国人当中，英法美德日个势力最强。）

歇后语[①]

三只铜板买个落头鲞 [sian2]——越看越弗像。（便宜呒好货。鲞是暴盐腌制晾干仔鱼个统称，一般称海鱼个鱼干为鲞，譬如鳗鲞、黄鱼鲞。还有一种讲法，鲞垃垃上海闲话里一般是讲鳓鱼，离水邪气容易变质腐烂，没及时腌制个鳓鱼，头也容易杳下来。腌制个清水鱼叫咸鱼或者鱼干。）

眠床底下放鹞子——大高（而）勿 / 不妙，大高弗高。（勿看好个前景。放鹞子就是放风筝，垃垃眠床底下放风筝。）

---

① 歇后语个前半句是比喻，后半句是实义。

老哺鸡生疮——毛里有病。

四金刚腾云或者飞机浪吊大煤蟹——悬空八只脚或者远开八只脚。（勿着边际个事体，毫无关系。）

四金刚摇船——大推大扳。

叫花子吃死蟹——只只好。（囫囵吞枣，勿辨是非。囫囵吞枣个近义词是牛吃蟹，胡乱瞎吃。）

叫花子唱山歌——穷开心。

烧香赶脱和尚——反客为主。

潮州门槛——贼精（老有门槛个）。

棺材里伸手——死要铜钿。

吊煞鬼拍粉——死要面子。

阎罗王出告示——鬼话连篇。

麻子搨粉——蚀煞老本（亏掉老本）。

嘴浪搨石灰——白话。

卫生口罩——嘴浪一套。

撅起屁股看天——有眼无珠。

丝瓜烧豆腐——清清（青青）白白。

六月里着棉鞋——日（热）脚难过。

六月里睏觉——弗要面皮（棉被）。

三只节头捏田螺——稳到手。（相关词汇：田螺眼。）

活狲戴帽子——像煞有介事。（像那么回事似的。煞有介事，来自苏州闲话。意思相反个讲法：像煞吭介事。譬如讲："一个男个讲闲话个声音老响个，弄得半只车厢乘客只好旁听。交关人朝伊白眼睛，伊一点点也吭介事，照打不误。"）

乡下人弗识走马灯——亦来哉。

狗吃青草——装样。

聋聋个耳朵——空招牌。

驼子仰天一跤——两头勿着实。

三岁吃羹饭——小老鬼。

杨二郎（二郎神）个兵器——两面三刀。（相关歇后语：快刀切豆腐——两面光。）

蒸笼里个馒头——自高自大。

灯笼壳子——外头好看里向空。（手铳壳子——呒用场。）

弄堂里捐毛竹——直来直去。

城头浪出棺材——远兜远转。

向阳坡个竹头——横生枝节。

青皮橄榄——先苦后甜。

大舞台对过——天晓得。

迭里引申一下，讲眼老里八早个事体：

"天晓得"是文魁斋茶食店个代称，抗战之前，大舞台大门朝三马路也就是汉口路开，对过就是文魁斋。因得有两爿文魁斋，伊拉开店个辰光又长远哉，到底啥人家是先开个、正宗个呢？正宗个李逵挂出招牌，招牌底下头画一只乌龟，意思是，啥人假冒啥人是乌龟。啥人晓得李鬼也挑出一色一样个招牌。乃嚜啥人是乌龟只有天晓得。后首来黄金荣接手大舞台，经过改造，大门朝北，朝二马路九江路，乃嚜文魁斋个风水拨破脱哉。

"天晓得"有侪弗晓得、不可理喻、难以捉摸、受仔委屈 [ue chiuih] 却没办法讲清等意思。譬如公用灶披间里个一只场景：

"咦，阿拉屋里一只铜铫呢？明明摆垃炉子浪炖水个，哪能看弗见啦？真是天晓得！"

"李师母，侬刚刚垃垃封炉子，侬阿看见？"

"啥个意思啊，侬疑心我拿个？喔唷！天地良心，伲迭种人家会得拿佣屋里个物事啊？！真正天晓得！"

汤罐里煤鸭——独出一只嘴（闲话忒多）。

宜兴夜壶——臭只嘴巴。（比喻口德推扳个人。）

生病人搭鬼商量——空费口舌。

棉花店死老板——勿谈哉 / 谈也弗要谈。

活狲弗赅宝——（赅仔宝嚜）稀奇弗煞，卖样弗煞。

白蜡烛拜堂——弗是长久夫妻。

6 江南闲话搭北方闲话，现代吴语搭古汉语

东晋王朝垃垃建康（乃朝个南京）建都，北方人勔到江南，江南人搭中原人越加有仔交流机会。东晋助推仔江东[①]文化个发展，包括语言个南北交融搭发展。江东方言包括金陵方言、淮阴方言、苏州方言，呒没上海方言，因为上海所在地垃垃当时旧原一片海滩，还没上海人。唐朝再建立华亭县，只能讲松江方言可能垃垃当时已经存在。到仔南宋，宋王朝定都临安，箇一阶段越加是中原人士大量进入江南个辰光[②]，伊拉垃垃临安建都达140多年。

刚刚讲个华亭县指松江。松江旧称华亭，松江个华亭之名来源于三国，东吴名将陆逊以战功封华亭侯；嘉定华亭镇个名头来源于流经嘉定个一条河浜——华亭泾。

南宋以后上海浦有仔上海酒务（官府设立征收酒课个机构），后首来上海取代仔青龙港成了港口，就有上海人聚 [ziu2] 居；随后再有（才有）有别于松江闲话个分支上海闲话——当时大多数上海人俦是从松江府来个。古代个青龙港所在地乃朝垃垃上海境内（老底子青浦县城所在地），不过垃垃古代，青龙港搭上海呒没隶属 [di3 zoh] 关系，毕竟古代个上海只是一只小地方。

《左传·曹刿论战》里向有迭能一句闲话，（鲁庄）公曰："衣食所安[③]，弗敢专也，必以分人。"此里个"弗"字垃垃各地口语里向已经很少用哉，而垃垃上海闲话里向，差弗多天天讲，譬如弗/勿来三（苏州闲话）、勿可以、勿作兴、勿应该。整个吴语区（从温州到常州）俦用"弗"。

古汉语里向类似个例子"天似穹庐，笼盖四野"，末脚一个"野"字保

留古代读音 [ya] 个说话，就能搭"敕勒川，阴山下"里向个"下"[普通话读音或 ya2，文读，二十世纪二三十年代个老上海就迭能读] 押韵。上海闲话里向"野胡弹""望野眼""野垃外头"个"野"字保留仔迭个读音。

还有一只例子："死去元知万事空，但悲不见九州同。王师北定中原日，家祭无忘告乃翁。""翁"个古音 [on] 韵就能搭前头个"同"押韵哉。

关汉卿个元曲《一半儿》里一句"多情多绪小冤家，迤逗得人来憔悴煞"，马致远个《耍孩儿》里一句"休道人忒寒碎"，此里一个"迤"字，一个"煞"字，一个"忒"字，值得伲注意。迭三个字上海人到乃朝旧原天天用，譬如：痛煞、吓煞、咸煞、开心煞；忒腻心、忒推板、忒蹩脚。迤就是伊，读音、意思到乃朝侪一样。

乃朝上海闲话里向有些读音搭西北地区个读音旧原交关接近个，箇既可能是古代南北方言交融导致个，也可能是南方、北方人共同保留仔古代读音。江浙闲话、闽粤闲话等南方闲话还保留仔勿少古代读音；相对而言，乃朝北方闲话保留个古代读音少一眼。一只原因是北方汉人一脚垃垃搭少数民族有比较多个交流，另外一只原因是受元朝、清朝统治者影响，迭些原因导致北方闲话变化比较大，譬如向少数民族讲个闲话靠拢。一位日本学者总结：乃朝中国从南方到北方，汉语个变化，类似从古代到乃朝个变化。

还有，保留园、赞、渧等古汉语字词搭仔坚守伊拉个古代读音，让上海闲话搭别个吴方言有一种古色古香个风雅韵味。实际浪，闽粤赣等地南方方言也有迭种特点。

7　上海闲话常用语法特点分析

本节从复句、隐性关联词、语序（包括各种句子成分个前置、后置）、一般疑问句个勿同表示方式、重复句、话题句、时态、书面语等方面分析仔（老派）上海闲话个语法特点。

复句搭隐性关联词

垃垃下头个句子里，助词派关联词用；现代汉语个关联词，老派上海闲话倒用得弗多。

第一，因果关系。

我生病咾弗去上班。

弗认得咾弗曾打招呼。

头两日落雨咾，小菜侪涨价唻。

今年雨水多咾，野草长得特别多。

大生意呒没本钿咾做弗起，只好做做小生意。

上去个人多咾，踏坏脱拉个。（"拉个"表示过去完成时态。）

我看迭个小囡有志气咾就依仔伊个价钿买仔伊个菜。（"咾"也可以派语气词用头，譬如讲："介怪个，我又弗曾做错咾。""侬讲伊跑脱勒，伊又弗曾跑咾。""迭桩事体我又弗曾应承伊咾。""侬再弗睏觉，我来咾！""游戏弗要再孛相咾。"）

第二，连贯关系。

读仔历史嚛，（好）晓得历代个成功咾失败、人咾事体个好恘。

铜钿付清仔咾／嚛，货色车仔去。（迭句闲话包含条件状语，表达个是连贯关系。）

家生领好咾／嚛，倷好（回）转去哉。（包含条件状语。）

侬要买嚛，便宜点好哉。（包含条件状语。）

预备好嚛，好开始做哉。（既然……就……）

侬先去嚛哉，我吃仔饭咾去。

换好衣裳咾出去哉。

小菜一定要弄干净咾烧。

伊拉领我东走走咾西看看。

伊受（着）仔伤咾逃走哉。（此里用"咾"比"嚛"更加自然顺畅。）

花要一颗一颗排好仔咾种。（咾连接两个动词。）

弗晓得伊现在垃拉啥地方咾好垃许哦？

短句（里向）个连贯关系：

大家是老朋友唻，借（仔）点铜钿有啥利息咾勿利息。

伊常庄甜言蜜语咾口是心非。

第三，转折关系。

侬勿情愿做噢，也要讲一声。（表示"即使哪能也要哪能"个意思，不过老派上海闲话弗像新派搭普通闲话伊能用明确个关联词。）

本钿多做多，吭没经验总归尷 [kae] 尬个。（类似讲法"苦做苦""穷做穷"表示即使再苦咾再穷也要哪能。譬如讲："省做省，一千块洋钿总要个。""雨大做大，我也要去个。""穷做穷，屋里还有四两铜。""伊拉屋里底子几许厚啦，穷做穷还有二十四根金条呢。"）

来路家生好是好，价钿忒贵。

贵噢贵，用起来一级（很棒，二十世纪七十年代初开始用迭个词）！

乃朝做噢做哉，好怵还弗晓得。（表示"虽然哪能不过哪能"个意思。）

侬画得一手好画，名家咾做弗到。

第四，假设关系。

等伊再用心点咾／噢，望侬……

我是侬咾／噢，老早去唻！

墨淡噢要化，浓噢搨勿开。（两个分句表达假设推论，表达"如果哪能就哪能"个意思，老派上海闲话弗曾用关联词，交关简洁，外加意思、意蕴旧原表达得交关清爽。）

语　序

第一，状语后置。

飞机（噢）来快哉。（"噢"是话题句里向个提顿助词。）

三个钟头快哉。（将近三个钟头了。）

三刻到快哉，小菜俉好拉否？——好快哉。

生活做光快哉。

要来快，要到快，功课要写好快。（快要来个辰光，快要到个辰光，功课快要写好个辰光。）

十九世纪五十年代前后个讲法里向，譬如"黄浦水险来野""风大来邪气", 副词移到形容词后头作补语, 表示非常, 还可以迭能讲, 譬如 "风大来热昏" "脾气大得热昏" "铜钿多得热昏"。

表示 "极" "非常" 等词个副词, 伊拉个本意往往弗是好词。"好得一塌糊涂" "好得死脱" 也是明证, "香得臭要死" 既是一句笑 [siau3] 话, 也表明表达极端个程度副词原来并弗是啥个好词。普通闲话里向个 "很 /狠" "非常" "极" 也是迭能, 原意并弗是美好个。噶咾有身价个人咾文雅个人会尽量避开伊拉, 会得调一种讲法, 譬如讲 "铜钿多得来行情行事", 要噻平平较讲, 勿伊能夸张。

第二, 补语摆垃宾语后。

寻侬弗着。(类似个讲法: 碰侬勿着; 看伊勿起; 盎伊勿动; 睾伊勿过。)

垃垃此里通一根管子出来。(类似个讲法: 摆只大脚桶进去。)

第三, 受事宾语前置。

(1) 一般倒装情况。垃垃一些疑问句咾感叹句里向, 拿谓语摆垃主语前头, 譬如讲: "饭吃勒哦侬?" 迭句闲话宾语前置, 主 ("侬") 谓倒装, 突出谓语, 不过礼貌程度有欠缺, 像煞随便 [zoe1 bie3] 了一眼。上海闲话里向, 尤其老派上海闲话, (语气) 助词、副词比较多, 尽管有常时像煞呒啥实际用头, 不过伊拉能让闲话弗是平平较讲出来, 而是能够增加韵味, 增加节奏美, 体现吴侬软语个细腻。

字写好勒哦侬! ("宾谓主" 语序)

饭吃过否 / 哦?

饭吃点去。

功课写好了哦? 侬就垃垃亭相。

侬相帮我迭眼物事 (受事宾语) 搬搬好哦? (疑问词摆垃末脚。)

我裙子过两日做。

我眼镜只配一副。

侬黑板 (受事宾语前置) 没揩清爽, 白塔塔个, 字也写勿清爽。

我手汏好哉。

我一只眠床搬脱哉。

侬网上了哦?

侬新闻纸快点理好!

侬铜钿带来哦？

"拿迭眼事体做光。""（拿）迭根烂香蕉瓨脱。""衣裳汏脱伊。""我六扇窗侪关上哉。""侬衣裳眼出来。"迭几句也可以看作处置句，新派讲法有"我衣裳收起来了""侬小菜买了哦"等等。

老早仔我家当贱/居个辰光，伊拉侪眼烊我个。

老早仔，㑚娘五六个小囡一养，穷得落落凄。

我针线生活会得做个。

人客侪到哉，我两只菜上哉。（现在时）

伊（主语）生活（宾语）垃垃做哉。（现在进行时）

伊（主语）小囡（宾语）老欢喜个。

（2）老派、新派上海闲话讲法对比（包括受事宾语勿前置个情况）。下头是例句。

我新衣裳买拉哉。迭个是"主宾谓"语序，也是现在完成时，是老派上海闲话、松江闲话讲法。譬如："我饭吃拉哉"，新派讲法是"我饭吃过了"。

我买仔新衣裳哉。（主谓宾语序，受苏州闲话搭北方闲话影响个形式。）

我买了新衣裳了/我新衣裳买了。（新派上海闲话）

我新衣裳弗曾买。（老派上海闲话/松江闲话）

我朆没买新衣裳/我新衣裳朆没买。（新派上海闲话）

侬新衣裳买拉否/哦？（老派上海闲话）

侬阿曾买新衣裳？（"主谓宾"语序，受苏州闲话搭北方闲话影响个形式。类似问句："侬阿去？""侬阿跑得动啊？"）

侬买了新衣裳哦/侬新衣裳买了哦？（新派上海闲话）

侬新衣裳买拉罢？（推测问句）（老派上海闲话）

（3）双宾语（包括受事宾语勿前置个情况）。下头是例句：

我拨伊本书。（朆没前置）

迭眼物事，我出800块，碰着侬天花板哉。（"碰"个用法：碰顶。）

我拨本书伊。（譬如"伊送一本书我"，受事/直接宾语前置，变成功近宾语。）

拨十只苹果拉伊。（"拉"个意思是给，再譬如"拨本书拉侬""侪拨点拉伊"，侪是比较老个讲法。注意"给"个读音。）

我借十块洋钿拨伊。（受事宾语前置）

伊拨侬药吃。（伊让侬上当。"药"作为"拨"个受事宾语没前置，作为"吃"个受事宾语前置哉。譬如讲："侬当心点噢，伊药头蛮大个。"药头：骗人个幌子，虚假广告，骗子。）

伊拨当我上／伊拨一粒糖我吃。

我借一本书伊看。（搭"我借伊一本书看"个意思区分开，不过后头迭句闲话容易引起歧义。）

阿要拨两记耳光侬吃吃？（苏州人讲闲话真客气。吃耳光另外一种讲法是吃五支雪茄烟，二十世纪八九十年代讲"送侬一张五分头"。）

拨伊眼颜色看看。

我烧饭侬吃。（弗要简单个拿迭句闲话理解为"我烧饭，侬吃"。搭"我（烧）拨侬饭吃"迭句闲话对照，可以看到受事宾语前置哉。）

埃样物事拿拨我。

迭部脚踏车送拨侬。

我生梨揢一只（拨）侬。（作为"揢""拨"个受事宾语，"生梨"侪前置哉，可以拿"一只"看作补语。）

类似个灵活讲法还有：

买拨伊吃好小菜。（一眼也没前置。）

买拨伊好小菜吃。（作为"吃"个受事宾语，"小菜"前置哉。）

买好小菜（拨）伊吃。（作为两只动词个受事宾语，"小菜"前置哉。）

好小菜买（拨）伊吃。（作为"买""拨""吃"个受事宾语，"小菜"侪前置哉。）

第四，地点、方位名词前置。

我楼浪来哉。（楼浪是地点宾语。地点宾语既弗是受事宾语，也弗是施事宾语。）

侬明朝杭州去！（地点宾语）

侬楼浪去！

侬上头去。

我上海弗去。

第五，余多倒装情况。

菊花茶吃仔清热个。

胡萝卜 [lau boh] 吃夜盲症个。

第六，吭没倒装情况。

侬啥地方来个？（迭句里向吭没前置，地点名词作为状语。）

大家电风扇吹吹。（迭句闲话里向吭没倒装。讲"吹吹电风扇"，迭个辰光"吹"是享受个意思；"伏伏空调"里个"伏"也是享受个意思。）

小毛头去摇摇伊呀，摇几摇几嚛就睏着唻。（"小毛头"可以看作话题句起头话题，噶咾迭句闲话里向也没前置情况。）

用弗同方式表示一般疑问句

垃垃上海闲话里向，一般疑问句有多种表达方式。下头是例句。

侬啥地方去？

侬是学生子（新派勿加"子"）哦？

侬是勿是学生？

侬阿是学生子？（垃垃迭些句子里，可以读入声也可以读舒声，连读嚛读入声，勿连读嚛读舒声。接动词个别个例句：侬阿晓得迭桩事体？）

迭杯牛奶侬阿吃？（受苏州闲话影响形成个句式，再譬如：迭个阿是侬个？）

侬是学生子勿啦？

迭杯牛奶侬吃勿啦？（相关讲法：好勿啦，肯勿啦，来勿啦，跑勿啦，出去孛相勿啦，等等。迭种问法有眼小家巴气。）

侬是学生子，阿是哦？

侬是学生，是勿是？（甚至英语里向反意疑问句个形式，譬如讲："侬勿是学生，是哦？"上海人也用。）

借拨我一千块，侬肯否／哦？

骗我阿是？

侬饭吃了哦？（迭句闲话是老上海闲话个讲法搭仔乃朝恢复个讲法，再譬如讲：昨日个比赛看勒哦？）

侬饭吃拉蛮？（迭句闲话是现在完成时态，开埠辰光个讲法。"蛮"是"勿""曾"个合音鼻化词，伊个辰光"勿"搭"物"读音相同，保留 [m] 声母。）

（肯定个回答）我饭吃拉哉。（否定个回答）我饭弗曾吃。（"40后"上海人已经改用迭能个讲法，也就是新派讲法："侬饭吃了哦？""我饭吃过了。"要嚛讲："我饭哐没吃。"）

侬饭阿曾吃？（迭个是老早个讲法，"阿曾"是苏州、嘉定个词汇，表示完成，"阿曾"可以读合音 [an]。）

侬阿曾买新衣裳？（迭个是受北方闲话搭苏州闲话影响形成个讲法，再譬如：小王阿曾来过？小王弗曾来过。）

夜班车阿有睏车（卧铺车厢）个？（迭个是 1916 年《上海方言实用语》记录个。）

拉（在，读舒声）火车里阿有得吃否？（迭个也是 1916 年《上海方言实用语》记录个。）

阿是受累弗轻否？

阿是两三个月？

俫一蠚 [ngah] 一蠚（指吃得邪气慢），迭顿饭阿吃得好哉？（几时 / 啥辰光能吃好？应该是讲小囡个。蠚个余多讲法：碗盏浪有一只蠚口；破扫帚配蠚畚箕。扫帚除脱有扫帚星个意思，还有吃光用光、一扫而光、脱底棺材个意思；争夺生意贱盘抛出叫拆扫帚。）

二十世纪三四十年代多数人讲个"阿 + 动词"形式已经淡出，不过有几只固定短语乃朝还有人用：阿是、阿要、阿有、阿会得、阿有啥、阿晓得。不过讲迭些短语个人已经弗多哉，而迭些人当中又有交关人拿伊拉当仔词能连读哉。再举一眼例子："侬今朝夜里向阿有空？""阿有我个信？""侬阿会得跳舞？""阿会有啥事体？""吃杯咖啡，阿好？""侬身体阿好？""迭个物事侬阿欢喜？""我讲得阿对？""明朝阿会得落雨？""迭桩事体侬阿晓得？"

常用句式（包括重复句式、话题句）

第一，老派常庄省略系动词，可以拿助词看作判断标记。

迭块地皮，哪个呀？

迭个嚓，最好。

伊嚓，有铜钿人家（呀）。

先生，几位啊？

第二，被动句。

花瓶敲碎 [se] 脱哉。

当心乱穿马路要轧杀脱个。

照相机拨人家借去哉。

绿队输脱哉。

第三，重复句式。

街路浪荡发荡发 / 敲发敲发敲进去哉 / 大道开发开发开到…… / 茄山胡茄发茄发茄到……（开大道 / 茄山胡：海阔天空乱讲一气。）

（写）字写得好哦？写字写弗好咾（表示连贯关系）拨人家看弗起。

（吃）饭吃过了哦？

从前头个例子也能看到动词后置个特点。

侬读书读过几年？（迭句闲话也显示仔话题句个特点，"读书"是话题。）

伊打篮球打得勿推扳。（既是话题句又是重复句。）

到迭个辰光，侬急是急弗出哉。

到仔夜里，伊拉领我去东走走咾西看看。

我退休下来，院子打扫打扫，搭儿子新妇烧烧饭，公园里嘻去坐坐。

侬弗要脚翘咾翘 / 脚翘横天宝，派头一落（派头很大）！（"脚翘黄天霸"比"脚翘横天宝"腔势加二浓，还有遇惊不变、悠然自得个意思，也有飞扬跋扈 [beh wu] 个意思。"横天宝"是拿骰子个天宝咾牌九个天宝 / 天牌横过来，比喻呒没坐相。）

晒好个被头拍拍伊再收进去。

迭眼物事先摆一摆此地，我去一去就来。

恨也恨煞伊哉。（此里个重复有强调个意思。）

吵是吵得唻勿收场。（吵相骂，有强调个意思。）

乃（这样一来）侬烟咾酒，碰也碰弗得。（有强调个意思。）

各到各处俉去过哉，寻也寻弗着。（有强调个意思。）

迭幅画，画得难看也难看煞哉。（形容词重复，有强调个意思。）

忙是忙得唻。

冷是冷得唻。

我衣裳嘻收也收好哉，地嘻扫也扫好哉，等侬来是来也来弗及哉。（迭句闲话有比较弱个强调，也显示仔上海人个啰唆，也好讲是交关江浙人个啰唆。老派上海闲话里向虚词交关多，实质浪也是一种啰唆。不过弗好讲箇就是缺点，应该拿伊看作方言个特点，譬如表达语气咾感情加二细腻。助词也可以起标点个停顿作用——书面语可以用标点，口语又呒办法用标点。实际浪北方方言也有迭种情况，譬如北京闲话。搭书面语咾普通闲话比较，方言有常时交关简洁，有常时又交关啰唆。）

挨下来几句闲话也有弱强调个意思。

差是差弗多，玻璃黑板望上去光生（光洁）。

讲是讲得好来希，做弗来个。

（两个小囡）寻相骂归寻相骂，要好还是要好个。

想嚜一径垃想个，做嚜勿去做。

生梨树多嚜多，生梨结仔一点点。

坏嚜坏得蛮结棍，修是修得好个。

山高嚜勿高，还是蛮好孛相个。（注意连读声调，"孛"变成清音。）

小做小，到底是自介个房间。

苦做苦，我也要咬咬牙子做下去个。

好做好／好是好个，到底还是……（语气有遗憾。）

迭件衣裳难看做难看，着垃身浪总归暖热个。

冷做冷个天，我着迭件大衣就弗怕哉。

洋盘做洋盘，也弗会得上伊个当。

收是收个（弗是老爽气、积极个），请问迭个学生子几岁了？

收个呀（态度比较积极），请问……（搭上一句形成对比个讲法／回答。）

第四，话题句。

厚底鞋子（侬）欢喜着哦？（厚底鞋子是话题。调一种讲法：侬厚底鞋子欢喜着哦？）

伊面皮老老，肚皮饱饱。（"老"作动词。相关讲法：捱捱老面皮去寻伊。）

我屋里（状语）电脑（话题）也有个。

上海闲话侬学勒几许辰光？

一本书拿去还脱仔／伊。

侬迭只大饼吃脱伊（重复指大饼）。

海鲜咾生鱼片，我顶欢喜吃。

松江鲈鱼，28 块一斤。

伲迭埭（状语）空地（话题）呒没个。

衣裳嚟弗要忘记带。（新派省略助词。）

铜钿呢侬是要用脱一眼个。

胆大个人嚟，惯常粗心，粗心仔嚟，事体做弗好哉；细心个人嚟……两种人侪呒啥好，所以古人话：胆嚟要大，心嚟要细。（迭个是 1939 年个闲话，有修订。）

第一、第二节课记得还是正常上个。（第一、第二节课是话题，省略主语"我"。）

皮夹子当心啊，钞票弗要随便露底。（皮夹子是话题，省略主语"侬""伲"。也可以理解成功"侬皮夹子当心啊"，宾语前置。）

酒肉朋友朝朝有 / 怪事年年有。

第五，习惯讲法。

伊横复习 [foh zih，"习"个读音变轻、变模糊] 竖复习（拼命复习），结果考试旧原只有 60 分。搭"横复习竖复习"相同讲法：横问竖问（拼命个问，问仔交关）；横讲竖讲（讲仔交关）；横勿好竖勿好；横勿满意，竖勿满意。余多还有讲发讲发（讲着讲着）、兜发兜发、趖发趖发（慢㑏㑏跑路）、磨发磨发、看发看发、瞄发瞄发、（头）探发探发（伸呀伸的，可能有贼头狗脑偷看个意思）、揩发揩发（垃垃寻物事）、蹿发蹿发（脚步勿稳，头望前头蹿。相关词汇：脚高脚低）。老派讲法是兜咾兜、瞄咾瞄……

地铁里向人轧煞脱哉（地铁里人挤得要命）。还有滑稽煞脱、热煞脱哉、痛煞脱哉、开心煞脱哉、难过煞哉等讲法。

老老老稀奇个 / 老老老好字相个。

三句两句就拿伊打发哉 / 三记两记就做好哉。还有三揿两揿 / 揿、三讲两讲等讲法。

余多语法（包括"垃/勒"、时态、"个"个用法）

第一，垃 / 勒 / 辣、垃垃 / 勒勒 / 辣辣 / 勒浪、垃许。

十九世纪，上海人还读垃拉，拉是舒声。

勒 / 垃接动词咾名词作状语。

抱勒／仔小囡，此里"勒"是副词，相当于"了"，《何典》里也有大量个"了"。

垃垃、垃许可以单独使用，作为动词唻介词。譬如："侬垃垃哦？"

垃许可以用垃动词（短语）后，譬如"听垃许""拿垃许"，迭两只词里向个"垃许"垃垃此里侪是副词。

伊正垃看书。尽管"正"搭"垃"看上去侪表示事体正垃垃发生，不过实际浪"正"表示偶然性，而"垃"再是表示进行时。可以调一个道地个讲法："伊齐巧垃看书。"

小妹垃垃跑过来哉。（现在进行时，是讲个辰光发生个事体。）

我看见侬垃垃（根据语境判断是过去进行时）写个，侬弗要赖脱。

我家生买垃许哉。（现在完成时）

奶婶婶已经有一个拉哉。

木匠已经请／叫拉哉。（现在完成时）

我决心噎定拉哩。

小囡睏起拉哉／伊睏拉哉（现在完成时。松江闲话讲"踱起来"，譬如：早晨踱起开大门。）

伊垃垃（过去时）卖啥个，我到乃朝（也可以拿前头三个字连读，"乃朝"读轻音）也弗晓得伊个底细。

医生讲拉个，一分洋钿也勿收。（迭句闲话表示过去完成时，意思是医生老早仔就讲好个，勿收一分洋钿。）

下头是别个例子。

伊个人脚哪能跷（拐）拉个？生病呢还是生成功（天生个）拉个？（写全仔个说话：生病跷拉个还是……）

偷拉个物事全部查着，外加也查出啥人偷拉个。

条子我写垃许个，侬寻仔出来看看好唻。

玻璃窗噎弗晓得几时揩拉个。（话题句，过去完成时。）

伊拉日日垃伊面坐拉个，坐惯拉个，今朝侬去寻，板数垃垃个。（"拉个"表示延续，赛过现在时态，"拉"读舒声。）

现在自介个药材店还开拉否？

响也弗响，动也弗动，呆瞪瞪立垃垃。（"垃垃"表示延续。）

伊一只包囊拿垃许。("垃许"表示延续。)

热水瓶里水满垃许 / 饭菜我侪烧垃许 / 我家生买垃许哉(顶好勿讲"垃垃")/ 我决心嘎定拉个。(表示预备仔咾做好仔。)

心里急煞垃许。(表示状态。弗好讲"垃垃"。)

睏垃许,弗好起来!(祈使句。弗好讲"垃垃"。)

茶壶里向摆点茶叶垃许。(祈使句。此里个"垃许"有勒里向个意思,讲"垃垃"弗是老好个。譬如讲:"我摆仔交关茶叶垃许。""家生咾啥,侪垃垃嗨 / 垃拉许否?")[1]

第二,"个"个用法。

一勿当心,打碎仔个(不定冠词)花瓶。

打算替侬抱个(虚词)弗平。

慢慢较伊发达起来哉,吃个(虚词)油咾着个(虚词)绸。(相关描写:上弗欠官粮,下弗欠私债,风弗摇,水弗动,也够伊吃着受用哉。)

迭本书要写个(虚词)五六年唻。

吃个(虚词)两碗。

迭个生活我一眼一眼学会个(语气词)。

侬弗会做,我好教侬个(语气词)。

要伊教,伊肯个(语气词)。

侬是晓得个(语气词)。

侬倒是好意思个(语气词)。

我今朝乡下去。(将来时)

我今朝乡下去个。(表示过去时咾完成时)

语气助词"个"还表示肯定("是个""对个""我勿会忘记侬个")、申明咾表白("是我个")、让步结果("好个好个")、敷衍咾应承("我去个""我明朝会来看侬个呀""我明朝会到个")、提醒咾警告咾禁止("弗来事个""好个呀""乱穿马路要轧杀个")等等意思。

第三,话题标志。

老张是勿会赞成个,老李倒作兴会同意。"是"搭"倒"是话题标志,

① 钱乃荣.上海话的五花八门[M].上海:上海书店出版社,2017:101.

除脱标明话题，"是"表示肯定，"倒"表示可能。

花秧咾（话题标志），有三四寸长嚛（表示连贯关系），就要分开来种。

戏咾歌咾，我侪弗会唱。

第四，祈使句。

慢慢较！我还有闲话。（单独讲"慢慢较"，外加语气柔和，是好意提醒。慢慢较有稍等、乃朝后、逐渐、慢慢个意思。譬如讲："慢慢较，我肚皮勿饿。""东家叫侬慢慢较走。"侪有等一歇个意思，弗是慢慢个意思。）

好好能！（语气柔和个说话，弗是带命令口气个祈使句，而是提醒。）

关于上海闲话语法搭书面语个思考

我伲乃朝后看到一些句法、语序，弗要因得伊拉搭普通闲话勿一致，就认为伊拉是病句。实际浪弗必定，伊拉有可能是某种方言个句法、语序，而垃垃普通闲话里向少量使用方言是被交关人认可个。各地方言个交关语法搭现代汉语书面语个并弗同，外加比较随便，伊拉个语法侪呒没现代汉语书面语个介严谨。[1]

方言语法体现垃垃构词法咾词类咾虚词咾句式咾语序咾语气表达咾啥所有个层面，带有一定程度个体系性。我伲一般弗要对照普通闲话学习研究上海闲话语法，因得迭种方法有可能掩盖仔上海闲话个（深层）规律，妨碍我伲掌握上海闲话语法个本质、精华搭特点。外加对照方法可能会得降低学习效率，并且导致我伲容易养成老是先想到普通闲话，再从普通闲话翻译到上海闲话个心理习惯。迭个是弗好习惯，会降低语速咾思考速度，讲出来个上海闲话也可能勿地道。

初中辰光我学过一篇英文课文，马克思讲伊学外文弗大用"翻译"迭种学习方法，而是直接学外文本身，外加用外文思考（学外国文化个思维方法搭思维风格。方言文化也有自介个思维方法搭风格），迭能介学得快咾学得好。方言咾古汉语个语法规律原本就垃垃伊面（比普通闲话个历史长仔长长远

---

[1] 使用现代汉语辰光，尽管我伲应当遵循伊个语法，不过也勿要严格到完美主义、强迫症个程度。只要勿影响读者理解，只要勿产生歧义，语法方面稍许活络一点并弗是不可接受、不可原谅个错误。

远），我伲应当顺其自然学习咾研究方言个语法，以便越加深入个掌握伊。

为仔提高学习效率、学得道地，对"语音"章节里向个大多数内容，我伲一般也弗要对照普通闲话学习上海闲话读音，应该当仔呒没普通闲话能，单纯学习上海闲话。只有碰到箇两种闲话对照形成个规律邪气强、邪气有效、适用范围邪气普遍，外加学习个人更加精通普通闲话，乃嚜可以使用迭些规律对照普通闲话学习上海闲话，从而提高效率。

普通闲话个语法也是源自古汉语，噶咾使用咾研究上海闲话语法，弗必定以普通闲话语法为标准。整体而言，上海闲话（弗管口语还是书面语）交关精简，外加有邪气多个省略现象，包括省略主语——不过根据语境，并弗难理解，也并弗容易误解。交交关关方言侪有迭个特点。迭一点弗难理解，文言文是邪气简洁个，古汉语口语（包括交关方言）相应个也弗会忒复杂，《世说新语》等书就反映仔古白话个迭个特点。[①]

前头（当中横里）讲过，（老派）上海闲话里向有交关虚词，比普通闲话多得多，不过又因得上海闲话是口语（别个口语也是迭能），垃垃蛮多情况又会省略助词（譬如"个"），而垃垃相同个情况，规范个普通闲话弗会省略个。伲弗要因得上海闲话垃垃迭些情况省略助词就认为伊勿规范，毕竟伊主要是口语。

挨下来，我稍许讲一讲上海闲话个书面语。实际浪，上海闲话书面语搭口语几乎是全部相通个。而迭本书几乎通篇用（老派）上海闲话写成功，部分解释除外。上海闲话有交关字，我伲可能以为呒没迭些字，实际浪是有个，以为呒没，是因得我伲学习上海闲话还勿够，研究还弗深。还有一种情况，有上海闲话个生僻字，不过输入法字库里呒没，打字打弗出。迭个辰光可以用同音字代替，要嚜写上海闲话拼音。

我建议，尽量照口语风格写书面文字，讲得煞根一眼，就是拿口语搬到纸头浪。要弗然容易写成功普通闲话风格，古文功底好个，容易写成功文言书面语风格，看上去侪蛮顺眼，不过侪大大较失脱仔上海闲话个韵味。

现代个生活、工作、学习比古代个复杂交关，整个社会体系也复杂交

[①]《世说新语》是南朝宋临川王刘义庆组织门客写个笔记体小说，记载东汉后期到魏晋之间名士个言行风貌搭轶文趣事。

关，再加上西方语言对现代汉语个深刻影响，现代汉语（主要指普通闲话）语法当然也比古代个复杂交关，特别是书面语比古代个复杂交关，也精确丰富交关，迭个是整体而言。局部领域、局部现象除外，譬如古代"马"个各种名称，因为古人搭"马"个关系比乃朝紧密得多。

调一只角度看，我伲写出来个上海闲话忒复杂个说话，包括语法搭句式侪交关严整，我伲就要想一想，阿是受普通闲话语法搭仔思维习惯影响哉？乃嚜调整写作风格。需要注意个是，方言以短句居多，迭个是口语个特点。写上海闲话书面语也应当尽量避免长句，欢喜写长句往往是受普通闲话个影响。另外，上海人还讲究好闲话只讲半句（要善于留白）、好闲话勿讲两遍，讲究弗要啰里啰唆。①

---

① 黄炜.老派上海闲话特点分析［J］.百科知识，2022（1C）：9-11；黄炜.老派上海话常用语法特点分析［J］.文化创新比较研究，2023，7（12）：26-30.

第四章　风土人情、民俗文化

1　趄/荡马路

"外地人欢喜荡南京路，上海人欢喜荡淮海路。"南京路老早叫花园弄，1843 年开埠辰光伊个历史也开始哉。后来又叫大马路，紧连外滩，垃垃大家心里向，一脚占有拿摩温（number one）个地位。一路浪高楼林立，有俯视中国搭东亚 49 年（1934 年建成）之久个 24 层国际饭店（二十世纪三四十年代，

图 14　南京路西藏中路路口

大客栈侪叫饭店，譬如百乐门饭店、沧州饭店、中国饭店、南京饭店、远东饭店），有四大百货商店[①]……拨老多外地人琳琅满目、一饱眼福个感受。当年卖个轻工业产品质量高，外地人侪要带两样转去；乃朝改成步行街（见图 14），名牌店聚集，自有伊个上海派头。

淮海路就有点勿同，伊原来是法租界里向顶顶繁华个马路，遗风犹在，尤其是艺术文化氛围还勒延续。淮海路小资又洋派，细微处见大方。中西

---

① 老底子分别叫先施公司（1917 年落成，乃朝个上海时装商店）、永安公司（1918 年落成，曾经改名为华联商厦，乃朝恢复为永安百货）、新新百货（1933 年落成，乃朝个上海第一食品商店）、大新公司（1936 年落成，乃朝个上海第一百货商店）。迭个四大百货被 [be2，文读] 认为是开启中国现代百货业个钥匙 [yah zy1]。大新公司后来也被叫作中百公司，再后来叫中百一店（淮海路浪个叫中百两店），再后来改叫市百一店。因为有人勿开心哉，叫"中百一店"，啥意思？！全国老大？就像南京路曾经一直叫"中华第一街"，后首来弗好迭能叫哉，只好叫"中华商业第一街"。不过也要理解人家个勿写意，侬称第一，首都人民、余多大城市人民总归弗适意个。人家个历史可能比仔侬还要长呢。

融合个新时尚 [zaon3] 常庄会垃垃淮海路浪老快个行起来。一歇歇，年轻人马上跟上，垃垃别个马路浪走好像勿配，垃淮海路浪就穿得出。欢喜时尚、学习时尚个潮人，侪要到淮海路浪去，市面（相关讲法：打听市面）领领，大菜吃吃，品牌淘淘，不亦乐乎。

图 15　老上海福州路

读书人旧原欢喜福州路，老上海叫四马路（见图 15）。箇条马路（河南中路到湖北路）搭伊周边曾经是书局、报馆个发源之地，酒楼、茶馆、梨园（戏园）、舞台、妓院密布，二十世纪三十年代文人群集于此。福州路乃朝旧原是文化大道，顶有书香气。

老年人、年轻人侪欢喜荡岳阳路、东平路、桃江路，垃垃徐汇区个箇几条宁静温馨个马路，适合散步。老年人一头散步，一头怀旧，有辰光抬头望一望一幢幢风格弗同个洋式建筑，回访老早经历个各种街景，如烟飘零个往事，伊拉会娓娓道来。

情侣们欢喜荡虹口区鲁迅公园旁边个甜爱路，垃垃法国梧桐密密个绿叶覆盖下面，一双双情侣卿卿我我（见图 16）。整修过个粉墙浪写仔爱情格言，见证仔伊拉个爱情。走过甜爱路，再弯到同心路走下去，伊拉个爱情也就上仔一个台阶哉。

图 16　甜爱路

大上海个马路多元而悠长，最具大都市个腔调。（引用自钱乃荣教授个文章）连下来再讲一眼上海马路命名个情况。从南京路（大马路）向南，搭伊平行个东西向马路依次是：二马路（九江路）、三马路（汉口路）、四马路（福州路）、五马路（广东路：垃垃公共租界时代，东西向马路采用地名，弗是省名，广东路个命名是一个特例，外国人弄弗清广东搭广州），一直到爱多亚路（爱德华七世个法文译名），也就是乃朝个延安东路。箇一片是公共租界。也就是讲，大马路到六马路是老老（连读）上海人个叫法，用地名命名箇些马路是英国、美国人做个事体。英国人用南京路个命名纪念道光二十二年签订个《江宁条约》，迭个是上海开埠个依据，开仔迭个头嚛，乃嚛侪用中国地名命名英租界搭仔后来个公共租界个马路哉。

当时工部局对租界里向马路命名个方法是南北向马路用中国个省名命名，譬如山东路、河南路、江西路、四川路；东西方向个马路用中国个地名或者城市名命名，譬如北京路、宁波路、天津路、南京路、九江路。

1943 年上海日伪政府拿租界里尤其法租界里交关外国背景地名改成功中国地名。乃朝上海马路地名大约摸有百分之四十几是国内地名，外加大致符合中国国内地理位置，一些行政区个路名往往集中于某一只省个省内地名，譬如浦东新区头起头就采用仔山东省个交关地名，普陀区集中用陕西地名。

2　洋蜡烛搭火油灯

老底子屋里没电灯 [1]，二十世纪六七十年代上海停电也是家常便饭。夜到就要点一根洋蜡烛，摆垃台子浪。天黑转来，远远望过去，窗口亮堂堂个，心里就暖洋洋；窗口黑黝黝个，心里就冷冰冰。

夜头做功课，字小看勿清，就要拿洋蜡烛移过来。移得忒近个说话，头发就会"吱"一声，被蜡烛火烧焦。蜡烛火顶怕风，风一来，就要用手相帮伊潦牢，迭辰光，手心肖就有点烫希希个。

后来买仔洋油灯（美孚灯 / 煤油灯 / 火油灯），就勿怕风哉。当时个人欢

---

[1] 1949 年，全国发电装机容量 185 万千瓦，年发电量 43 亿千瓦时，人均装机量仅 3 瓦。

喜火油灯，因为伊有灯罩，弗仅弗怕风，点火后一上灯罩，火头还会亮三分（见图17）。应该还有别个讲究，譬如火油灯好调节亮度，也有可能从长期费用角度考虑（到底买蜡烛辫/合算呢还是拷火油合算，再到弄堂口烟纸店拷[1]），等等。

图 17 洋油灯

灯罩容易熏黑，隔几天就要揩一揩。大人手大伸勿进去，姆妈就叫我揩。姆妈讲，揩灯罩顶好用草[tshau2]纸，一头揩一头哈气，迭能再揩得清爽。姆妈还讲："揩灯罩，手节头要活络，灯罩玻璃薄，要用软劲揩；侬阿哥手节头硬翘翘个，像慈姑头，几只灯罩侪揩碎哉，我勿要伊揩。"

乃朝看到不夜城，就会想起当年个蜡烛火。蜡烛火虽然勿亮，不过，慢生活个滋味是蛮好个；乃朝夜里介光鲜，各到各处搞景观照明，亮得一天世界，是弗是试过分哉？

相关词汇：搽[thie3]灯芯、搽毛笔、洋风炉（小煤油炉）/鸡鸣炉/煤油炉。

3 亨相大世界

二十世纪五六十年代，外地有亲眷来，伊拉除脱跑亲眷，主要个任务是买物事。因为埃个辰光物资短缺，而作为全国经济中心个上海，弗管是轻工产品，还是日用食品，花色、数量侪是一只鼎[2]。

到仔上海，先南京路兜兜，买眼时鲜货：五颜六色"大白兔"（奶糖）、

---

[1] 雪花膏也好零拷个。
[2] 也可以指最结棍个人、最狠个脚/角色。

玻璃糖纸（塑料糖纸）太妃糖；牙刷牙膏香肥皂 [bi zau2]，手巾面盆新搪缸（搪瓷缸）；磨纱个连衣裙，新出个的确良。物事买仔交交关，大包小包装勿光。

挨下来城隍庙趤趤，淘点便宜货：墨水浆糊橡皮筋，铅笔簿子卷 [cioe2] 笔刀，扫帚畚箕揩台布，还有一对无锡货——男个是下巴底下有苏苏（胡须），女个是额角头浪皱纹多，头颈里向铜丝做，袅一袅、摇一摇，的的刮刮惠山脚下烂泥做个老老头搭老太婆……（参见后一章"歌谣"个"无锡景"一节。）

有一坎，我陪阿拉亲眷南京路转来，才坐下来，只听见伊勒陌生头叫起来："皮夹子呒没了！！"伊哭出乌拉，一副胸闷个腔调。我豪恘问伊："偷脱几钿（几许铜钿）？"因得刚刚物事买好，皮夹子里还挺三四张分（三四十块）。阿爹拉娘唻，侬勿要小看箇三四十块，当时是一个工人一个号头个工钿。伊发响讲："三四张分买城隍庙五香豆，好买七八十包唻（当时城隍庙五香豆五角一包），分拨人家，人家勿要太开心噢！"

为仔让伊开心，我讲："我带侬到大世界去孛相。"起先，伊还勿肯，我讲："侬放心，今朝我挺（迭个字是多音字，表示剩下来个说话，读去声）账（付钱）。"

孛相大世界（见图 18）也是阿拉上海人招待外地来客个王牌，孛相要到大世界，三日三夜看弗罢。赛过乃朝来人客，会带伊拉到东方明珠登高望

图 18　大世界

远，或者带伊拉去迪斯（搭普通闲话弗一样，上海闲话必须写迭个"斯"字，阴平音；实际浪普通闲话也弗应该写"士"，因为英语并呒没翘舌音，弗晓得啥人弄出来个花头劲，要求统一写"士"）尼。顺带便讲一讲，好带外地人客孛相个上海景点实头讹多哉，外滩、城隍庙、陆家嘴金融中心、南京东路、南京西路、淮海中路、野生动物园、世纪公园、动物园、好几只植物园或者森林公园，海洋公园也弗罢一只，景点交交关关，讲也讲弗完。

到仔大世界，两角五分一张门票。还没进门，就听到里向笑声勿断。原来门厅里向个 12 面哈哈镜，已经拿游客花得七颠八倒。讲起来也真是妖，一个个人，勿关侬是小朋友、老老头，就算侬是身胚结棍个大块头，垃垃哈哈镜面前侪变成仔面团团。哈哈镜实头像一个技艺高超个大师傅，像捏面团一样，捏捏圆，搓搓扁（引申意思是随意摆弄人家），拿照镜子个人弄得来：一歇歇是凸肚挺胸，像只癞蛤蟆 [keh mo1]；一歇歇拔长身体，像根长豇豆；一歇歇五官分开，只看见眼睛寻勿着耳朵；一歇歇眼睛鼻头轧拉一作堆，只有两只耳朵又大又宽，像猪八戒蒲扇耳朵垃招风……

照哈哈镜个人侪摒勿牢，笑得来弯下仔腰。有个人奉（捧）牢肚皮，伸出一只手点牢一道去个朋友，要想讲啥，偏生只是笑，闲话讲勿出……一个个侪是痴头怪脑①个腔调！（迭个就叫噱倒。）

我再看阿拉亲眷，伊也是弯下仔腰，眼膛里向眼泪水潺潺滴，一面垃垃摇手，"吃勿消了，勿看了！"我豪憷拿伊拉开，到里向孛相。大世界里向还要闹猛，歌舞、杂技、滑稽、戏剧……要啥有啥，就是一只民俗文艺个大超市。

箇日天，阿拉垃垃大世界里向，又是吃小吃，又是看戏文，再加一场故事片，还有交关小游戏，一直到夜里十点半大世界打烊②，阿拉两介头再神兜兜、心满意足个朝屋里跑。

我一径垃想，发明哈哈镜个人真是了勿起。一直到乃朝，大部分去过大世界个人，当时垃里向看过啥个戏、吃过啥个点心，老早（"老"表示强调，赛过"老酒"个"老"字）忘记脱了，只有哈哈镜，侪记了心里，勿会忘记。哈哈镜，承载仔几代人个欢乐，也承载仔几代人个记忆！

---

① 疯疯癫癫个意思。类似个词组或者讲法："贼头狗脑""股市拿伊连头搭脑（整个）全部套牢了""油头滑脑个人弗好要个""交关事体伊一头一脑／一手一脚（有条理）侪做好哝""伊夹头夹脑／劈头拿我骂一顿，碰着赤佬哉""一起来就拨伊吆头吆脑骂一顿""大人讲闲话要听个，侬箇小人哪能老是犟头倔脑个""戆头戆脑""伊寿头寿脑个，人家讲伊两句好听闲话，伊全部事体侪讲拨人家听哝""昏头昏脑"。
② 可以理解为临时打住烊头。同义词：盘店、收盘、上排门。相关词汇：打样，指做一桩事体前头，先去了解、试探、摸情况，来自切口。

4 敲锣打鼓送退休

五十年前，马路浪敲锣打鼓个事体是分分秒秒常庄发生个。因为埃个辰光是"国内时势一片大好"，所以常庄是"捷报频传"，比方讲人造卫星上天啦（迭个是 1970 年 4 月个事体）、万吨巨轮下水唠啥（箇点是真个国家个骄傲）。还有，碰着中央开大会等消息唠啥，定规要连夜锣鼓家生敲一通；顶简单个，大扫除、喷药水灭苍蝇蚊子……里弄里向老伯伯、老妈妈像走马灯介，也要排仔队，一头喊口号一头敲锣打鼓，为爱国卫生扎台型。

箇辰光看闹猛甚至于勥上马路，弄堂里勿是张家就是李家，常庄会得有参军唠退休 [shieu1] 唠等光荣喜事。有常时，喧天热闹个锣鼓声听发听发就觉着越敲越近，一记头就冲着侬屋里附近而来——迭个辰光侬会得一记头想着：哦，原来贴隔壁邻舍个张家姆妈 ① 今朝光荣退休哉！

埃个辰光，但凡锣鼓敲到屋里门口个，基本浪以两桩事体为多：一是家属参军，两是光荣退休。相对讲，参军由于政审比较严格，光身体好成分勿好也等于零，噶唠一条弄堂难般碰到。有辰光已经通过政审哉，结果碰着弄堂唠单位里个死对头写匿名信。天地良心！就算是呒介事，但不过审查部门垃垃查弗清个情况，也只好宁可信其有不可信其无，乃嚜侬个光荣名额就被撬脱唻，一家门有得好瘟塞唻。回到正题浪来，倒是光荣退休常庄碰着，差弗多隔日就有。五六十（"50""60"部队）岁退休年龄一到，"馨咚哐、馨咚哐"个就搭侬敲上门来。当然，讲起来过程也呒没介简单，伊也自有一套约定俗成个程序。

通常来讲，退休前，一般要先垃垃单位里开一个隆重个欢送茶话会，由工会主席主持。部门小个，几乎每个职工侪要挨着发言，讲讲箇日天个

---

① 老早仔上海人老客气个，拿同辈朋友、同事甚至于关系弗算老好个同辈熟人个姆妈侪亲热个尊称为"姆妈"。不过一般弗会随便喊别人个爹爹"爹爹"个，箇个称呼弗好乱叫个，否则闲话要拨人家笑话个。一般喊"爷叔"，再客气点嚜喊"伯伯"，意思是认为对方比自介爷年纪大，也就是讲要更加尊重，所以喊"伯伯"。箇点像乃朝个人或者西方人，以小、年纪轻为荣，顶好自介永远只有十几岁，乃嚜交关人侪比自介老。箇点应该是受西方人影响导致个。

主角——即将退休个老职工个种种好话，回忆一下老同志垃厂里几十年来个"丰功伟绩"，有说有笑，气氛活跃。台子浪向有茶点糖果，垃垃物资紧缺个年代旧原相当吃香个，吃勿光个说话，有个人还可以勿失时机个抓 [tsa1] 上一两把园进袋袋，带转去拨小人吃。

茶话会结束就要热情欢送哉，箇辰光工会老早有仔安排。手面 / 手笔大个，一部大卡车已经整装待发，五六个锣鼓手正跃跃欲试。碰到单位小个，譬如街道、工厂唔啥，派勿出车子，也勿要紧，一部黄鱼车总归要安排个。车子勿论大小，欢送个人群俦交关闹猛，锣鼓家生敲起来一样震天介响！

记得小辰光顶欢喜看个就是大卡车浪个专业锣鼓手，同样个欢庆锣鼓，垃垃伊拉手里花头势特别多，翻飞转身，动作漂亮又气势壮观。而且看闹猛个人越多，锣鼓手就越卖力，用新法闲话讲，迭辰光也是难得个一场表演秀呀。

要进弄堂快，大卡车是开勿进哉，欢送个队伍只好安步当车，鱼贯而行。退休个师傅双手奉牢退休证（一般镶垃镜框里），胸挂大红花（多为塑料制品，可以摆仔长远，留作纪念），拨大家簇拥仔一路走来。或 [weh] 许还会有人带头喊两句口号或者唱一两首歌之类，譬如埃首"戴花要戴大红花，骑马要骑千里马，唱歌要唱跃进的歌，听话要听党的话"，尤其传唱一时。词意明白如话，节奏铿锵 [khan1 tshian1]，交关适合广大劳动人民垃垃迭个场化合唱。

图 19 里向，簇拥着老师傅个男女青年邪气可能是老师傅个徒弟，帮衬师傅拎拎包；后头个车子就是黄鱼车；人群头顶浪是石库门两楼人家眼个衣裳，常庄是一条弄堂眼到头，赛过万国国旗飘扬。

革命工作功成身退，噶咾大张旗鼓广而告之也是情理之中。迭个辰光退休个人喜气洋洋，眉花眼笑，就像后首来歌星李春波唱个一样："干了一辈子的革命工作，也好歇歇啦。"当时大家个工资推扳勿大，又呒啥奖金，退休后比之在职个人铜钿少勿脱几化，所以心态老好个。

图 19 米荣退休欢送会

乃朝好多年过去哉，想起老早辰光个退休，倒真叫是光荣！尤其是埃种发自真心、拼之老命敲出来个锣鼓声，乃朝是勿可能再听得着哉。乃朝要是啥人啥个单位再迭能敲锣鼓，要拨人家投诉噪音扰民哉。

5 淮海中路弄堂旧事

埃个辰光，垃垃老北站[①]，侬只要讲，到乐安坊去，踏三轮车个头子反应老快个，马上晓得垃垃淮海中路。"文化大革命"前头，乐安坊弄堂口总归有一块路／一排生三轮车垃垃拉客头。车夫真作孽，饭来勿及吃，就到旁边头"茅万茂"老酒店里买包猪头肉用手拿了吃，一头啃一只冷脱个老虎脚爪[②]（见图20）。

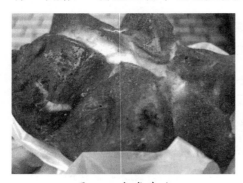

图 20　老虎脚爪

乐安坊里向有一只弄堂菜场，大黄鱼、车 [tsho] 扁鱼、目鱼咾啥，侪有得卖，几角洋钿一斤。秋天刮西北风哉，一部黄鱼车装仔大煠蟹 [ha2]，五角一斤，还少人问津。

淮海路浪个"培丽土产店"，里向个酱菜有几十种。外婆带我去买过泡饭／茶淘饭吃个虾油卤小酱瓜、玫瑰 [me kue] 大头菜、臭乳腐，再买点香椿头，带一瓶苏州虾籽酱油，迭眼物事侪是上海人老欢喜吃个。回到屋里向，

---

① 垃垃现在个静安区天目东路搭宝山路路口（老早仔属于闸北区）。1950 年到 1987 年当中横里，曾经叫上海站，一直到上海火车站（即新客站，叫到乃朝还叫"新客站"）建成后停用。

② 老虎脚爪是一种起源于江苏盐城，流行于江苏、上海一带个传统小吃，江苏淮扬地区叫金刚麒、金刚脐 [zi1]，镇江等地也叫京江麒。老虎脚爪正面突起六只尖状物事，颜色焦黄，因得是手工制作，勿用模具，六只角常庄分得很（上声）开，形状类似老虎个脚爪，传入苏州、上海等地后，嘎咾有老虎脚爪之名。

舅妈弄菜，香椿芽、开洋/炀（去皮虾干，大个叫金钩，金钩玉丝就是虾仁炒豆芽）拌豆腐，大头菜炒毛豆子，虾籽酱油浇垃冷拌黄瓜浪，外婆再烧一盆目鱼大鲞 [khau3]（见图 21）。味道侪老鲜个，交关好吃。

图 21　目鱼大鲞

鲞指晒干个小鱼，江浙人拿墨鱼干烧叫大鲞。盐爬 [bau1]（脱水，去涩味）、烧熟、晒干个大银鱼叫龙头鲞，是浙江搭上海个主要海产之一，过早饭个。甬帮菜剥皮大鲞则是垃拉精肉搭墨鱼里加酱油咾白糖，用文火烧制。拿大头菜切成功须须头，叫龙头须。

6　上海石库门

关于石库门有一句俗语：螺蛳壳里做道场。箇句闲话垃垃《何典》里就有哉。做道场就是做法事、做排场，屋里死仔人或者祭奠祖宗辰光做个法事，是需要大空间个。螺蛳壳里做道场起头个意思是兜弗转，是一句歇后语，后来引申为相反个意思——垃垃小天地里做大事体。螺蛳壳里做道场是老底子上海人持家理业个硬道理。上海尺地寸金，老早仔一径住房紧张，搭北方城市弗好搭脉个；二十世纪九十年代开始大规模往中心城区周边（所谓个下只角、勿发达个区）搭郊区动迁居民，外加造仔交关居民楼，包括交关高层、小高层，情况开始好转。

石库门房子是近代上海顶常见个里弄住宅。伊个正门是条石做门框，搭中国传统民宅样式交关弗一样。江南人拿包牢咾套牢咾收紧咾啥叫作箍，譬如箍桶，所以拿迭种条石箍门个民宅叫石箍门，后首来音变为石库门。1860 年忠王李秀成带领太平军攻克镇江、常州、无锡、苏州、宁波等苏中苏南浙北城市，交关难民逃到上海租界避难。租界管理者动员商人投资建设住宅，为之节约土地，就有仔石库门迭种联排住宅。

二十世纪三十年代后，因得住房紧张，一宅／幢石库门房子里常庄要轧六七户以上个人家。旧社会，一些二房东①为仔赚更加多个房钿，挖空心思拿原来面积勿大个房子搭建、分隔成豆腐干／鸽笼一样狭小个房间，还有晒台浪搭"楼外楼"，出租拨众多房客。家喻户晓个上海滑稽戏《七十二家房客》就是嬉 [shi1] 笑怒骂，讲（二）房东欺房客、房客斗房东个故事。

1936 年洪深编写个《新旧上海》影戏剧本，描写过一幅两开间石库门房子里向交关房客个众生相：楼浪统厢房里住个是丝厂职员袁某（已失业）夫妇，客堂（间）楼浪住个是两个舞女，亭子间里住个是小司机，阁楼（比亭子间大得多，不过层高没两楼高，亭子间也弗高）浪住个是小学教员，楼下统厢房里住个是木器店跑街（推销员），而二房东乃噢坐镇垃后客堂，把守关口，监督房客们个一举一动。

天井个井表明伊是交关狭窄个，一般来讲是迭能。有个石库门客堂间后头还有后天井，伊个后头再是灶（头）间搭后门。参见图 22 搭图 23。

图 22　石库门实景

注：图里向是现在改造过个商业化个石库门房子，是经营场所，弗再是民宅。

① 大房东是房地产公司、真正有铜钿人家、大老板，还有经租——赛过乃朝个物业公司。上海有句歇后语：程麻皮个房子——恘料作。程麻皮就是开发商、大房东，因得伊造房子用蹩脚料作，好多赚铜钿，人家就用箇句歇后语讽刺伊，也讽刺所有偷工减料个人搭仔行为。

图 23　排水改造后个石库门

　　赵丹、李天济等主演个《乌鸦与麻雀》，也邪气生动个描写仔小官僚、小知识分子、小摊贩啥啥，垃垃一只寮檐／屋檐下个情景。还有些人因为租勿起宽敞个房间咾，只好住垃面积狭小个亭子间里。上海滩有名个"亭子间文学"（"文学"老派读文读音，新派读白读音，"学院""男生""女生"读音情况类似），正是由一批长期住垃亭子间里个上海文人创作个。话咾，鲁迅先生个《且介亭杂文集》迭个书名个含义就是垃垃租界（拿箇两个字各去一半）亭子间里写个文集。聂耳也是垃垃迭种居住环境里写出《义勇军进行曲》个。①

　　老底子，交关人家一家门四五个人轧垃一只房间里，会客、吃饭、睏觉、打牌侪垃垃箇一只房间，赛过一只多功能厅，狭小咾又／却闹猛。住房条件简陋，不过难勿倒精明个上海人，上海人善于垃垃穷山陋水里向乐惠起来。

　　于伶垃垃伊二十世纪三十年代创作个《长夜行》里向就写到当教员个俞辛白用货箱拿厢房分隔成写字间（写字楼是复古个称呼）、卧室、货栈个

---

① 孔夫子最欢喜个学生颜回住拉简陋个弄堂里却弗觉着有啥弗适意，仍旧孜孜不倦做学问。勿拿人家认为弗好个环境摆垃心里，一门心思做自介应该做好个事体，箇能介个人是了弗起个、值得尊重个人。身陷绝境或者切身体会到佛家讲个一切皆幻象 [uae3 zian2] 之后，旧原能够坚持做好自介应该做好个事体，初心弗改，为社会贡献自介个力量，实现人生价值，箇能介个人加二值得尊重！

"多室"。交关上海人再拿楼道、天井、晒台改造成室内面积；而五斗橱、书架、窗帘布等乃嚰是划分空间个绝好道具。嘠咾有人讲：上海人家家户户侪有室内设计人才，勿管十平米还是一百平米个住房，一千块还是十万块个装修费，侪能装潢得体面写意。

老早仔，垃垃住房方面，上海搭香港蛮像个，交关人侪没房产，而是租人家个房子，包括白领，甚至有一眼看上去有身价个人也是借房子登。譬如评弹大师蒋月泉拉爷、上海滩老有名气个大案目蒋仲英，伊拉生意做得大个辰光算得有铜钿唻，也祗必过借好一眼、大一眼个石库门登。再譬如评弹界个一些响档，也是借石库门住。像严雪亭迭能交关巴结个评弹艺人，伊赚仔铜钿嚰就到苏州乡下去造房子，严雪亭还一脚乐善好施，垃垃评弹界有小孟尝个美名。①

垃垃上海，比之石库门条件还要推扳个是棚户区（见图 24）。棚户区里，

图 24　棚户区

水门汀砖墙个平房也老少个，多数是板壁加油毛毡个简屋。"若要苦，杨树浦"，讲个就是迭个地方居住、生活、劳作个辛苦，闸北区也蛮苦个。当然咾，迭个讲个侪是老早子个情况，迭些地方尽管是城区，不过生活条件交关推扳，甚至比周边个乡下还要推扳。比之棚户区条件还要推扳个是滚地龙（见图 25），就是芦席棚，几乎弗能称为房子，还弗如茅草房，就是临时搭个窝，是真正个穷人登个地方。

我方才讲石库门房子条件推扳，实际浪石库门本身并勿推扳，有个甚至还相当精致，只是因得老早仔交关石库门里厢轧垃许个人家忒多（要租房子个人忒多，二房东也乐意拿一宅石库门借拨加二多个房客，好多收租金），乃嚰

---

① 垃垃埃个辰光，有些人赅仔一眼家当就开始吃阿芙蓉，就像前几年大陆个一些明星，有仔眼名气搭铜钿，却失去仔理想搭奋斗精神，甚至弗晓得活了许个意义，乃嚰就用毒品痲痹自介，寻求一时个快感搭解脱。还有一些艺人是为仔提精神，好多跑几只场子咾多唱几家堂会，乃嚰吃大烟；还有做生意个老板，吃鸦片显然是为仔赶时髦咾摆浪头，为仔享乐，结果成为败家精。

住房条件就显得推扳，还要共用一些设施。电影《美国往事》显示，老早仔美国城市也是迭种情况。

图 25 滚地龙

一般拿 1926 年前造个石库门叫老式石库门。垃垃旧上海，比石库门上档次个是新式里弄房子，因得通仔煤气管道，造仔化粪池，噶咾房子里有煤气灶头、抽水马桶，不过旧原沿用灶披间、马桶间甚至亭子间（朝北个小房间）个叫法。二十世纪八九十年代区分上只角下只角个一只重要标准就是住房条件，譬如一眼房型好、质量好个新式里弄就拨大家认可为上只角。

老早子，上只角是一块一块个地方，弗是整只整只区迭能划分个，譬如老底子个黄浦区咾静安区也有弗灵光个地方，迭些地方就弗是上只角。不过下只角往往是一片一片个，侬基本浪可以讲整只整只区侪是下只角。乃朝基本浪已经吭没人再讲上只角下只角哉，侬再讲就显得侬思想忒旧忒老古董哉。调只角度看，上海乃朝灵光个地方实头忒多哉，几乎各到各处侪寻得着上只角，噶噁还有必要再分、再讲上只角咾下只角哦？

加二上档次个是花园洋房。垃垃二十世纪九十年代末，我实际浪有机会买一套个，伊个辰光报纸浪会得登迭种广告，我上班几年个积蓄付首付是没问题个。不过我搭埃个辰光大多数人个眼光差弗多，看弗到千年难般个机会，看弗出一些物事个价值。譬如认为花园洋房忒老式哉，卫生设施没新公房个好，又觉着伊拉忒旧哉，担心房子质量。却看弗到伊拉个地段价值搭仔伊拉自身个价值，老卢湾区迭种市中心个地段，当时买下来噁，乃朝个价值不得了。

历史弗好假设，人生弗好假设，当时买仔伊个说话，我个人生可能全本是另外一条轨道，我也可能根本弗会成为老师，乃朝也弗会得垃垃写迭本书个第二版。再讲了，房子是登个，伊再升值，我也弗会卖脱伊。我也吭没兴趣买第二套，我有搭大多数人弗同个想法搭规划，心想弗勒迭个浪。听说有一眼超级富翁也只有一套房子，譬如曹德旺。毕竟"房子是住弗是炒个"。

7　端五裹粽子

农历个五月初五，因得是月初第一只五咾，就称为端五。还有余多讲法叫端午咾端阳个。当作过节，祖浪向还有交关传说，不过五月初五也是春秋时期楚国诗人屈原投江个忌日，乃嚛就拿端五节当成纪念屈原个日脚，逐渐也就成功中华民族重要个传统节日哉。吃粽子、看龙船、趄庙会，垃箇天是闹猛得不得了。裹粽子加二是家家人家个老生活经，当家女人侪会个。

小辰光过端午邪气闹猛，基本浪家家侪要裹粽子。阿奶裹粽子垃邻舍[so]道里是高手。伊顶拿[no1]手是裹棱角分明个三角粽，只只裹得是弹眼落睛，品种有肉粽、枣子粽、赤豆粽咾啥，来请伊裹粽子个邻舍邪气多。

粽箬[nyah]到江边采，行情行事，随便割。老早仔扎粽子也弗用线，线是要花铜钿买个，就拿竹笋壳扯成一条一条个，用迭个细条条扎紧粽箬。样式样侪是绝对自然个，关键是符合自给自足个小农经济，尽量用自介预备个物事，而弗要花铜钿买。迭两样辅料可以摆仔长远个，晒晒干挂垃许，尽管摆到开年用好唻。用个辰光只要摆垃水里浸一天就可以用哉。

阿奶常庄拿包剩下来个粽箬园好，碰着乡下有亲眷送眼糯米来，伊就裹几只拨我吃。姆妈退休仔，每到端午节就向阿奶学裹粽子。就算当时经济条件有眼好转，粽子没老早介稀奇，超市里也有得买，阿拉旧原坚持自介裹。

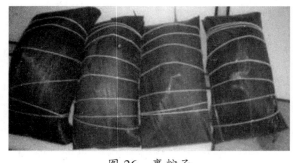

图 26　裹粽子

自介裹粽子，勿罢味道好咾吃仔放心，越加有意义个是，当仔传统文化传承。我姆妈裹个粽子垃垃阿奶个基础浪还有仔发展，长方枕头粽子里塞仔两块肉，胃口小眼还吃勿落（见图 26）。[1]

---

[1] 侯宝良．粽香垂情［EB/OL］．［2020−05−14］．澎湃网，https://m.thepaper.cn/baijiahao_7390778.

小毛头端午戴个香袋里向是朱砂咾雄黄咾中药咾香料，气味有眼刺鼻，驱虫排毒个，也有小囡戴端午老虎。再垃垃小菜场买一束菖蒲、艾蓬，挂垃门边，捌牢害虫飞进门，或者点艾蓬熏屋辟邪除毒。

8 出痱子搭生热疖头

小辰光读书晓得上海个气候是四季分明，春夏秋冬个长短推扳勿多。乃朝有变化哉，春、秋缩水，热天、冷天涨长哉。勿罢箇眼，乃朝个热天还特别热，热煞人，上海像被关进仔桑拿 [saon na1，文读] 浴室，老老小小俦热得吃勿消哉。2021 年 5 月 7 号上海入夏，是从 1873 年有历史记录以来第二早个入夏日，到 10 月 16 号入秋，迭个夏天长达 160 天、近 5 个半月，是"史浪最长夏天"。

老底子，上海人从小是靠一把蒲扇捱过大热天个，没空调、冰箱，没电风扇。屋里向能摆出一台摇头电风扇个板是有点力把个大户人家。乃嚜一到热天，弄堂里个小囡勿是身浪生出痱 [be3] 子，就是头浪生出热疖 [tsih] 头。

大人讲，热得出汗个辰光勿好去冲冷水，还讲衣裳要着得薄一眼、透气点，要弗然就会捂出痱子。反正一到大热天，痱子、大头疖子是小朋友个"消费品"。下半天、夜快头，小人潋 [hueh/hoh] 好浴后，头、头颈、身浪俦拍了一层雪雪白个痱子粉，拍得煞多个小鬼实头像一只一只白糖梅子（见图 27），交关滑稽。

图 27 白糖梅子

热疖头要比生痱子个情况严重了多。生出一只甚至几只热疖头是触霉头个事体。起头 / 开头是头顶心或者额角头浪会有点痒，后来会有点痛，再后来就慢慢较鼓出一只肿块来。小个像赤豆大小，大个有桂圆大小。热疖头就迭能介由甲个生出来哉。

大人马（上声）上到中药店去配点黑药膏来，揾垃方寸大小（一平方寸）个黄表纸浪，随后敷垃疖子浪。要换几趟药膏，疖子才慢慢较瘪下去。热疖头痛了勿得了，一眼也碰勿得。生仔热疖头个只好退出小囡们孛相个大小游戏，要弗然勿当心拨碰到，板要大呼小叫。热疖头滚脓 [kuen2 non] 个辰光还要去看医生。医生会垃垃疖子浪划开一道小口子，引出脓水。手脚辣手一眼个爷娘会自介动手椹破脓头。弄堂里有杀猪猡一样号哭个小囡，多数是伊拉阿爸、老娘动家庭手术个受害者。

为啥乃朝介热个天气，出痱子个人反而少哉，痱子粉也看勿到哉？而戳气个热疖头基本浪也勿见踪影哉，噶咾垃垃大热天里难板碰到头浪贴仔一块狗皮膏药个大小朋友了。为啥？ [①]

9　乘风凉

垃垃上海旧城区搭老城厢没改造之前，大多数上海人轧垃一道住——一条十几只门牌号（"号"来自英文 house）头个弄堂里好住进几十甚至上百家人家。住个面积小，人头多，碰到三伏天，大家热煞。乃嚜上上下下（石库门房子个楼上楼下）、前前后后（石库门前弄堂、后弄堂，石库门房子个前楼后楼、前厢房后厢房）个人家，一到吃夜饭前后，侪欢喜到大弄堂里，到小马路浪去乘乘风凉。到南京东路乘风凉个都有个（见图 28）。

考究一眼个，乘风凉事先要做预备个。拎出几铅桶（铁皮桶）井水 / 自

---

① 现在个人越加注意个人卫生，住房条件、卫生条件也好哉，消暑措施也越加好哉，电风扇、空调等设施也越加齐备哉，所以勿容易生痱子搭热疖头。

来水，先拿柏油路或者弄堂里个水门汀路、石板路冲一冲。冷水吸收热气（热量），小范围有降温效果。上海世（去声）博会搭后来个一些大型集会，垃垃大热天用喷冷水水雾个做法，既能降温，又比较节约水，可以连牢仔用，还繪弄

图 28　南京东路乘风凉

湿路面。不过要比老早个土办法烦难交关，需要特定个设施。乃朝一些公交车站，譬如徐汇区个新西南汽车站，也用仔迭种设施。

前人浇水，后人乘凉。乘风凉个先头部队常庄是一家人、几家人，伊拉搬出桌椅，搬出饭菜，垃垃此里吃夜饭。垃垃马路边、弄堂里吃夜饭，供邻舍、过路人观摩 [kuoe mu]，常庄会出现小小个闹猛。"萧山萝卜干炒毛豆下饭！""用酱瓜来炒味道越加好！""冬瓜汤里还可以笃点笋干……""咸蛋要去买苏北高邮个……"看个比吃个积极性更加高，大家七嘴八舌，有点像乃朝电视里个厨艺大赛。迭个就是乃朝个一些人提倡 [tshaon3] 个慢生活。

天色暗下来哉，路灯亮起来哉。乘风凉个大部队陆陆续续尽数到场。男女老少侪搬出凳椅来占领上风头（上风头风大，下风头拨撝牢了），有个人欢喜旁边顶好有路灯——乘风凉个选择越加多哉，譬如看报纸（新闻纸）、着棋等等。小矮凳、长板凳、藤椅、竹椅、竹榻、篾竹躺椅、帆布躺椅，甚至红木太师椅也盎出来哉。

考究一点个老先生还泡仔大麦茶、龙井茶，请邻舍吃一杯。乘风凉个人常庄有几只分中心。阿姨、妈妈聚垃一道讲东家长、西家短；爷叔、阿爸凑勒一道着几盘车马炮象棋；打扑克牌个一桌朋友常庄会扫兴收摊个，因为夜风大个辰光，伊拉是捉勿牢小台子浪个一堆纸牌个。

乘风凉人群里顶顶开心个是一群皮（调皮）小囡。侬迍到东，伊迍到西，垃人堆里孛相叛/畔[①]夜摸摸（畔野猫）。少勿脱有拨爷娘捉牢仔吃一顿

① 躲。"叛"原来就有"躲"个意思，譬如《晋书》里有"以车马负妻子以叛"迭句闲话，意思是躲得远远的，逃避得远远的。

排头（受斥责，主语旧原是小囡）个："才氼过浴清清爽爽个，箇歇背心（背脊，普通闲话个"背心"用上海闲话讲是"汗马甲"）浪又湿溚溚个了。要吃生活啊？"大人骂过山门之后，皮小囡们会识相一段辰光。大人真有眼勿讲道理，哪能好要求小囡像伊拉一样稳足（稳稳当当）呢？小囡天性就是好动呀。

女小囡更加欢喜听鬼个故事。拨伊拉孄牢个老娘舅只好答应再讲一只："……经过外围坟山，半夜里，勒陌生头窜出一只吊煞鬼，红眉毛绿眼睛，要扑上来哉……"小姑娘有尖叫起来个，有捂牢耳朵个，甚至有拔脚开溜个。老娘舅趁势收篷："吓煞了？噶嚜明朝再讲了，明朝再讲。"

夜半时分，大家散伙。"早点眠觉，明朝还要上班、读书（上学）！"生活垃继续。上海人个生活方式已经大推大板哉。搬进新居、住进小区个上海人勿再到室外乘风凉哉。热天里，上海人乘风凉个习俗，像一张风俗年画正垃垃逐渐褪色，逐渐隐去。二十世纪九十年代末，迭个现象垃垃城区就基本消失哉。伊是我俚老上海人个一段记忆，又火热又风凉。

10　热煞脱了

箇几天上海老闷热个！
买了筐鸡蛋，到屋里向变成小鸡哉！
带仔小狗出去溜了圈 [chioe]，变热狗了！
台子忒烫，麻将牌才摸好，叫啥直接糊了！
箇几天上海真个忒热！
眠垃床浪是红烧，
下床是清蒸，
出门是烧烤，
到游泳馆是水煠，

走到路浪向是干煎 [tsie]，

真是吃勿消！

11　老早子个早点心、老早子个物价搭仔中国近代个铜钿

先看旧上海个一只场景：吃大饼油燣烩。大饼搭仔油燣烩（油条）是老上海小百姓顶实惠个早点心。大饼师傅（一般是山东人）拿湿面粉垃垃台板浪摊成圆饼后，将/撸袖露臂，用手拿湿面饼伸进用煤烧个炉桶里，一只只毃垃炉壁浪，贴满三圈，大约二十只饼。大约摸十分钟，再伸手一一拿出，摆垃盘子浪。大饼烘好（山芋也用"烘"，就是烤个意思，譬如烤红薯），蜡蜡黄、喷喷香，高头还有芝麻。伊个手臂烫得又红又痛。大饼有得朝板大饼、盘香饼、瓦爿饼、蟹壳黄。

伊个家主婆拿面团拉成细条，摆垃滚油镬里汆，一头用长筷翻动，五分钟辰光，面条变成又黄又粗个油燣烩。吃客付六只铜板，大饼嵌油燣烩，一头走一头吃，省辰光又省铜钿，味道交关好。伊个辰光，粢饭糕差弗多也是六只铜板。滑稽戏名家姚慕双回忆，垃垃 1922 年（伊五岁辰光）横里，一只大饼卖两只铜板，油条也是两只铜板，一只生煎馒头也是卖两只铜板。等到姚慕双搭伊阿弟周柏春表演独脚戏"骗大饼"个辰光，姚慕双垃垃戏里讲埃种好一眼个大饼是三只铜板。报纸也卖三文两文。阳春面卖十文，十文就是阳春迭个名字个来源，因得有十月小阳春个讲法，也就是秋后十月短暂回春，噶咾拿阳春作为十个代词。再早一眼，清朝末年个价钿搭前头个差弗多。

二十世纪五十年代，一只大饼只要三分洋钿，一根油条四分，两只大饼夹一根油条是一角洋钿，称一副；阳春面八分。噶咾"分"是市民平常过日脚斤斤计较个铜钿单位。当时个物价交关低，市民收入也低，学徒月工钿 18 块横里，年轻熟练工 36 块横里（薛理勇，2005）。搭刚刚讲个物价对比，

二十世纪五十年代个"分"搭清末民初个"文"个币值交关接近，物价也交关稳定，而民国后期物价交关混乱，商品供应弗足，通货膨胀到野野豁豁无天野地，发行个两种纸币末脚侪赛过草纸能，不过箇也搭连年战争有关。

老底子上海流通个是西班牙银币。十六世纪西班牙国王查理一世征服中美洲，用墨西哥白银铸造银币。大约摸明朝万历年间，西班牙占领菲律宾群岛。西班牙银币因得中国搭南洋国家做生意咾传入中国，叫番银、双柱（银币一面雕仔两根柱头[①]）番银。

明朝晚年，因得中国个贸易顺差（茶叶、丝绸、瓷器等大量出口），墨西哥（当时旧原是西班牙殖民地）出产个白银铸造个银币也通过一些西方国家大量进入中国，叫洋钿、银洋钿、银圆，简称银元，搭白银一样，也成功中国个通货。别个国家也有银元进入中国，不过呒没墨西哥个多，墨西哥是银矿大国。银元单枚重七钱三厘，后来改成七钱两厘，兑换银子（库平银）也差弗多箇眼重，高价位辰光好兑七钱六厘。一块银洋钿／银元等于十角，等于一百分，清朝末年大约好兑换制钱／铜钱两千文。伲乃朝旧原拿一元讲作一块（洋钿）就来自一块银元个讲法。

图 29　鹰洋

1821 年墨西哥推翻西班牙统治，自介铸造新银币，正面是国徽，背面是自由帽搭散射 [sae3 zo3] 个光芒，所以叫鹰洋（见图 29）。大约摸 1860 年开始大量进入上海，代替仔本洋成功上海商界最欢迎个货币。

不过铜钿是平常日脚最常用个货币，伊就是钱个代名词，一两银子赛过乃朝个一百块，用起来勿便当。古代，一两银子兑一千枚铜钿，也就是一贯（15 贯铜钿毛 200 斤重，一介头背弗动个）。二十世纪二十年代，一块银元就好兑 2 500 只铜板，甚至 2 750 文。银子涨价是自然个，因为清朝吃仔好几坎败仗，赔款银子哗哗个流到列强手里哉。

1934 年，中国废除银本位制，用法币（法定纸币）作为流通货币，鹰洋再退出中国货币流通领域。

———————————

[①] 表示欧洲搭非洲当中直布罗陀海峡两岸个山岩，美元符号也来自迭个设计。

12 上海个曲艺

沪剧起源于清朝江浙一带个田头山歌，也就是四句头山歌。十八世纪八十年代（乾隆年间，1736—1795），田头山歌发展为花鼓戏，用浦东音演唱个叫东乡调，用松江音演唱个叫西乡调（流行于浦西搭松江）。清朝道光年间（1821—1850），垃垃花鼓戏个基础浪形成上海滩簧，又叫本滩咾申滩时调，垃垃十九世纪八十年代进入上海城区搭租界。二十世纪二十年代初，本滩采用文明戏①演出形式，发展成功小型舞台剧申曲。1941年，上海沪剧社成立，申曲正式改称沪剧。沪剧优秀剧目有《罗汉钱》《芦荡火种》《雷雨》等。现代沪剧采用上海市区方言，保留老派上海闲话个一些特点，譬如分尖团音。

《罗汉钱》改编自赵树理个小说《登记》，伊个梗 [kan2] 概是迭能个。新中国成立初期，农村青年李小晚（男青年）搭张艾艾（女青年）相恋，互赠罗汉钱搭小方戒作为定情信物。伊拉碰着有封建思想个村长等人个反对。艾艾娘小飞蛾发现囡儿园垃许个罗汉钱，回忆起二十年前自介搭恋人保安相爱，后来被爷娘拆散、强迫嫁拨张木匠个经历，生怕囡儿乃朝后／往后走伊老路，乃②回头媒婆个说亲。村里另外一对男女青年小进搭燕燕也垃垃相恋，垃旧习惯势力包围里向，伊拉为仔争 [tsen1，文读] 取婚姻自由，相互支持。燕燕主动上门劝说小飞娥，为艾艾"说媒"，小飞蛾经劝说同意拿艾艾许配③拨小晚，不过因村长阻挠而吭没办成婚姻登记。两个月后，《婚姻法》颁布，两对恋人终于圆满结合。

迭只剧目个一些唱段交关好听，伊个调头叫"紫竹调"，参见"歌谣"章，也可以用百度搜索著名沪剧演员茅善玉个"燕燕做媒"听迭只唱段。而《芦荡火种》是著名样板戏（现代京剧）《沙家浜》个前身。

二十世纪三四十年代，垃垃独脚戏（最早是一介头唱个）个基础浪，再

---

① 早期话剧个俗称，可以即兴表演咾加入情节，因得新颖洋化，乃称文明戏。
② 也可以用"嘎咾"对应前半句里向个生怕／常怕。
③ 松江、奉贤、苏州闲话里，"许"读 [he2]，还有"许愿"等词。

加上中外喜剧搭闹剧个元素，搭仔受江南各地方戏曲影响，形成功滑稽戏，流行于上海搭江浙地区。关于独脚戏搭滑稽戏个关系，有些专家勿认可刚刚迭个讲法，认为伊拉是平行发展个，侪发端于清末民初。还有一种讲法是，独脚戏、滑稽戏个前身是清朝中后期街路浪个"说朝报"，"说朝报"再发展成功小热昏，再发展为独脚戏咾滑稽戏。二十世纪二十年代，滑稽三大家是王无能[①]、江笑笑[②]搭刘春山[③]。

滑稽戏大家杨华生老先生认为，独脚戏以说唱为主，而滑稽戏除脱说唱，还有交关演个成分，是舞台艺术，比独脚戏复杂得多（需要导演、编辑、舞台设计等），譬如伊垃垃 1950 年组建个"合作滑稽剧团"（后首来改名为"大公滑稽剧团"）演个《活菩萨》。接受杨华生个观点个说话，滑稽三大家就应该称为独脚戏三大家哉。

录音里向，江笑笑个声音蛮老，实际浪伊 48 岁就过世哉——迫于生计，病将将好，静养期间演出，后来病情加重过世。当然，搭伊老烟枪个关系也邪气大。刘春山也四十出头就过世哉。交关艺人因为接仔忒多个堂会咾电台生意，精力搭弗够，就吃鸦片提神，结果是严重个恶性循环，毁脱健康，毁脱艺术，甚至毁脱性命搭一份人家。从迭个情况，我伲可以看到当时英国、日本等国鸦片贩子对中国人民个祸害，1981 年版电视剧《大侠霍元甲》也有相关情节。

评弹宗师蒋月泉个业师张云庭就比较潇洒，尽管伊水平高、名声响，但不过伊一日只接一两档生意，伊讲："人嚜，就像钟个发条，上得忒紧，也要弗来事个。"[④]

滑稽大师周柏春、"评弹皇帝"严雪亭用亲身经历告诉伲，垃垃旧社会，艺人个日脚是蛮难过个，地位也勿高（滑稽演员个地位比唱戏个还要

---

① 有老牌滑稽美称，被认为是滑稽戏个创始人之一，表演也交关敬业，倍受尊重。
② 以说唱社会滑稽闻名，伊搭才子鲍乐乐长期拼档，垃垃滑稽表演里向演绎社会题材，当时垃垃滑稽界实力最强。
③ 有潮流滑稽美称，伊能邪气快个拿新发生个事体（包括当天个事体）融合进表演里向。伊唱功也交关好，垃垃滑稽界有唱弗过麻皮个讲法，麻皮就是指伊，因为伊面孔浪稍许有一眼麻子。
④ 古希腊哲学家苏格拉底同样想得开，伊每天勿愿意做忒多个石匠生活，铜钿够开销就好，拿多出来个辰光搭人家讨论哲学。

低，不过搭伊拉讲个低俗内容也搭界个），还要受流氓、恶霸甚至包打听、巡捕（公职人员）敲诈、勒索、剥削、欺侮甚至殴打。尽管伊拉望/看上去蛮风光，收入也蛮高，生活条件也蛮好，但迭个只好讲是比之穷人、普通人是迭能样子。再讲，一般艺人个包银是弗好搭姚周、严雪亭、蒋月泉伊拉比个。

姚慕双搭周柏春垃垃1948年就预备放弃让伊拉如痴如醉个滑稽戏艺术，退出让伊拉红遍上海个演艺圈，租房子做做小生意，因为演滑稽戏弗仅搭伊拉带来交关屈辱唑，甚至带来生命危险——受仔忒多恶霸个威胁 [ue1 shih]。后来，一方面借弗到房子，另外一方面新中国成立哉，伊拉就用弗着退出哉。乃朝有人讲民国时期几许自由、文化人地位几许高，是弗符合实际个。有一部分文化人地位是蛮高个，不过也弗是普遍勒邪气。

评弹又叫苏州评弹、说书、南词，是苏州评话搭弹词个总称。评话一般一干子登台开讲，只说勿唱，内容多为帝王将相、金戈铁马个历史演义搭屹咤 [tsheh tso3] 风云个侠义豪杰，譬如《水浒》《三国》。弹词一般两个人说唱，上手持三弦，下手抱琵琶 [bi1 bo1]，内容多为儿女情长个传奇小说搭民间故事，譬如《杨乃武》《玉蜻蜓》《珍珠塔》《三笑》《白蛇传》《描金凤》《长生殿》。垃垃旧上海，弗要讲中国人，就是租界里个洋人举办宴会，也以能请到严雪亭等大家来唱堂会为荣。虽然外国人听弗懂评弹，但是伊拉晓得，能够请到严雪亭等响档有面子啊，来参加宴会个华人会得更加佩服举办宴会个主人。

之所以垃垃此里提到评弹，是因为伊从苏州来到上海之后获得仔发扬光大。垃垃二十世纪，甚至交关苏州评弹艺人也以能垃垃上海立牢脚头为目标，著名弹词艺人张鉴国到上海发展，七进六出，方始立稳脚跟。苏州人严雪亭也是从苏州到上海发展个。打两只比方：上海是大码头，苏州是小码头。评弹从苏州来到上海发展个情况，有一腔类似佛教从印度来到中国发展个情况——比之垃垃印度越加繁荣兴盛，蔚为壮观。

我比较熟悉个蒋月泉个评弹表演，实头让人钦佩。譬如伊个代表作《莺莺操琴》[1]，"琶王"张鉴国个琵琶伴奏搭仔蒋月泉自介弹奏三弦个优美

---

[1] 伊个弹词开篇《离恨天》个旋律反倒没《莺莺操琴》个好听。

旋律搭伊个唱腔丝丝入扣，完美烘托仔伊个唱腔，延展仔伊个唱腔。我选个外行也觉着箇段唱篇好听得唻赛过流行歌曲。张鉴国个伴奏也美轮美奂[huoe3]，琵琶搭三弦变成功蒋月泉个手节头、伊个嘴，要伊拉出啥个旋律就出啥个旋律，真是妙极了！一曲终了，录音里向观众个欢呼声、掌声雷鸣般轰响。

戏剧有移风易俗个作用，噶咾之前称为伶人者，垃垃二十世纪一十年代已经被尊为艺员哉。

第五章　歌谣

1　经典童谣

下头是作者精选个童谣（包括谜谜子）。

小皮球，小小篮

小皮球，小小篮，落地开花二十 [zeh，声母读音模糊化] 一；
两五六，两五七，两八两九三十一；
三五六，三五七，三八三九四十一；
四五六，四五七，四八四九五十一；
五五六，五五七，五八五九六十一；
六五六，六五七，六八六九七十一；
七五六，七五七，七八七九八十一；
八五六，八五七，八八八九九十一；
九五六，九五七，九八九九一百一。

六兄弟

兄弟六人本同娘，
相貌身材勿一样。
老大眼泪汪汪，
老二素衣白裳，
老三无影无踪，
老四铁骨石硬，

老五打鼓出场，
老六浑身闪光[①]。

有趣个菜名

阿拉侪是上海人，
上海闲话真好听。
菜场里向兜一圈，
各种菜名讲得清。
白菜叫作黄芽菜，
玉米叫作珍珠米。
莴苣叫作香乌笋，
土豆叫作洋山芋，
西红柿叫番茄，
茄子茄子叫落苏[②]。
还有交关好小菜，
大家侪来寻一寻。

上海小吃

上海小吃花样多：
大[③]饼油条小笼包，
咸浆锅贴肉馒头，
老虎脚爪粢饭糕，
粢饭炝[tshian3]饼（见图 30）小馄饨。
吃好今朝想明朝[④]。

图 30　炝饼

---

① 霍 [hoh] 险 / 豁 [huah] 显（闪电）。
② 民间传说，五代时期吴王钱镠有一个儿子脚有病，因为"瘸子"搭"茄子"读音相同或者讲相近，老百姓为仔避讳，就拿茄子叫落苏。
③ 采用山东词汇个读法。大饼、油条、粢饭豆浆是四大金刚。咸豆浆里摆酱油咾榨菜葱花，还可以摆虾皮咾紫菜。
④ 相关讲法：贪嘴婆娘望周年。穷人家平常弗吃荤腥，做周年再有鱼肉。祖宗忌日祭拜叫做周年。

啥个弯弯

啥个弯弯垃天边？

啥个弯弯垃眼前？

啥个弯弯头浪过？

啥个弯弯垃水边？

月亮弯弯垃天边，

眉毛弯弯垃眼前，

木梳弯弯头浪过，

小船弯弯垃水边。

偷酱缸

月亮白茫茫，

有人偷酱缸，

聋聱 [ban1] 亲听得，

盲子看清爽，

哑嘴高声喊，

跷脚（下肢残疾）追得忙，

坏手去抓 [tsa1，文读] 发，

瘌痢 [lah li3] 反心伤 ①，

眯细（眯细眼／眯牵眼指近视眼）先看出，

原来是和尚。

冬瓜皮 西瓜皮

冬瓜皮，

西瓜皮，

小姑娘赤膊 [tshah poh] 老面皮。

橡皮筋，

牛皮筋，

---

① 注：瘌痢头又没啥头发，人家一般抓弗到，伊伤心啥呢？

阿拉赤膊勿要紧。①

今朝礼拜一

今朝礼拜一，我去买百叶。百叶个价钿一块一角一。

今朝礼拜两，我去买酒酿（米酒）。酒酿个价钿两块两角两。

今朝礼拜三，我去买阳伞。阳伞个价钿三块三角三。

今朝礼拜四，我去买螺蛳。螺蛳个价钿四块四角四。

今朝礼拜五，我去买黄鱼。黄鱼个价钿五块五角五。

今朝礼拜六，我去买落苏。落苏个价钿六块六角六。

数字谣

1 像铅笔细长条，

2 像小鸭水浪飘，

3 像耳朵听声音，

4 像小旗随风摇，

5 像秤钩来卖菜，

6 像豆芽开口笑，

7 像镰刀割青草，

8 像麻花拧一道，

9 像调羹能吃饭（能用于吃饭），

0 像鸡蛋做蛋糕。

七字歌

地浪七块冰，

台浪七盏灯，

墙浪七只钉，

树浪七只鹰，

天浪七粒星。

---

① 有一句讽刺人个俗语：天下无难事，独怕老面皮。

乒——乓，踏碎地浪七块冰；

扑——扑，吹灭台浪七盏灯；

哼——嗨，拔去墙浪七只钉；

哦——嘘，赶走树浪七只鹰；

一朵乌云遮没 [tso1 meh] 天浪七粒星。

连读七遍就聪明。

小弟弟小妹妹跑开点

小弟弟小妹妹跑开点，

敲碎仔玻璃噎老价钿，

问俉姆妈去讨两钿，

讨着铜钿赔玻璃。

小螺蛳

小螺蛳，真好笑，

造房子，弗用脑。

前门造得圆又大，后门造得尖又小。

自介想想难为情，见人就拿门关牢。

谜谜子 [①]

（下头多数是 1933 年上海惜阴书局出版个《谜语之王》里向个谜谜子，有修订。）

望伊亮晶晶，好像青石板浪钉铜钉。（猜一个自然现象）

嘴尖呒没舌头，眼睛生拉咭咙口。（猜一种日常用品）

瘦长身体，尖头把戏，外场着件木头衣，一根肚肠通到底。（猜一种文具）

一个小宝宝，面皮真正老。打伊一拳头，朝上跳一跳。打得越是重，跳得越是高。（猜一种字相倌）

一只骷郎头，四面光悠悠，一刀两半爿，有皮呒骨头。（猜一种水果）

一只葫芦 [wu1 lu1] 七只洞，兜来兜去侪会通。（猜人体个一部分）

---

① 谜底：星星、剪刀、铅笔、皮球、西瓜、头、笛子、秤（"京"是"斤"个谐音）。

一条长弄堂，当中交关小天窗。一阵风声起，满弄歌声唱。（猜一种乐器）

初一动身，十六到京，若要太平，耳朵浪拎拎。（猜一种日用品，老秤十六两是一斤，斤是乃朝个斤，传统个十六进制。噶咾老底子半斤就等于八两，譬如讲："喔唷，伊拉两介头啊，半斤八两。"）

三礼拜六点钟。[①]（猜一只字）

和尚头，尼姑脚，后生姑娘猜弗着。[②]（猜一只字）

半夜回家弗点灯。[③]（猜一种动物）

稀客；八只双人床。[④]（猜上海地名）

2 造房子

阿拉外婆六岁辰光亭相造房子，
弄堂里向水门汀浪粉笔画格子，
挨好次序通通写好阿拉伯数字，
掼块石头跳来跳去就算造房子。

阿拉姆妈六岁辰光亭相造房子，
幼儿园里拿仔积木搭间新房子，
拆拆搭搭搭搭拆拆交关用心思，
伊讲将来长大要当建筑工程师。

---

① 醋。三礼拜是二十一天，二十即廿，廿个古字下头吜没一横，夜里六点钟是酉时。
② 河上头、泥裹脚个谐音，谜底是桥。
③ 谜底是乌龟，"龟"是"归"个谐音。
④ 谜底：鲜得来（排骨年糕店）；十六铺。

勿到六岁我就会得孛相造房子，
电脑一开屏幕高头马上画图纸，
鼠标点点键盘敲敲再加动脑子，
3D 打印马上出来一宅 / 幢高房子。

图 31　挑绷绷

讲到造房子个游戏，我再讲一讲江苏咾上海小朋友孛相个挑绷绷游戏（见图 31），别个地方也有迭种游戏，只不过叫法勿一样，譬如叫翻花绳、线翻花。拿一根比较长个细绳打结，先最简单个套垃一个小朋友双手个大节头、食指浪，绷开。另外一个小朋友双手拨弄绳，挑、穿、绕，翻出花样来，转移到自介手浪，可以用所有手节头。迭辰光孛相个小朋友搭看闹猛个小朋友还要开心个一道讲出新翻个花头名字，"麻花""筷""船"咾啥——垃垃一只地方传下来，孛相个人统共也只会得翻迭能几只花头，所以侪讲得出个名字个。不过有辰光（连读，轻声）勒陌生头也会来一只创新，大家侪叫弗出名字哉。噶嚜只好让创新个人想一只恰当表示迭只新花样个名字。用迭个方法，第一个小朋友再拿绳子转移回去。啥人想弗出哪能转移到自介手浪就输脱哉；啥人转移个辰光绳脱开手节头，松松垮垮 [khua2，文读] 宕垃许，伊也输脱。

3　上海闲话顶脱了①

上海闲话顶脱了（顶好），
形神兼备蛮灵个；

---

① 根据翁治方于 2011 年 9 月 13 日刊载于《新民晚报》的文章修订。

随便形容啥事体,

语气腔调侪来事。

咸溚溚(咸滋滋,有眼咸)、甜咪咪,

苦茵茵、酸叽叽(讲闲话酸溜溜);

淡刮刮、辣蓬蓬(有眼辣),

香喷喷、臭哄哄。

木忾忾(木兴兴,勿活络,木兄,木太太)、戆顝顝(戆忾忾/戆搭搭/戆嗨嗨/戆吼吼),

急吼吼、笃悠悠;

生碰碰[phan3]、懈嗒嗒,

嘲叽叽(欢喜嘲笑人家)、忾[shie1]格格①。

糊达达、烂糟糟,

老渣渣、干麸麸;

实敦敦、轻飘飘,

胖墩墩(胖笃笃)、福嗒嗒(也可以写成功衾)。

瘦刮刮、瘪塌塌(袋袋瘪塌塌指没钞票),

小结结、胀鼓鼓;

薄嗒嗒(绝绝薄,绝绝嫩)、厚笃笃,

紧绷绷②、松扑扑。

硬邦邦(石石硬)、软咚咚(绝绝嫩),

慢悠悠、急匆匆;

---

① (苏州人常庄讲个)主动做人家没请伊做或者勿想让伊做个事体;显摆;勿应该活络个辰光忒活络;骨头轻,有眼贱。

② 紧绷绷个近义词:急绷绷。譬如讲:"弗要弄得急绷绷个,弗好早点起来啊?""箇能介一镬子饭,要四五个人吃,有点急绷绷个(将将好,有可能弗够)。""弗晓得园点铜钿下来,一到月底嘎总归弄得急绷绷。""考试分数急绷绷。"

瞎来来、野豁豁^①，

骚呼呼、花插插（花心）。

短局局、长幺幺，

迷糊糊、混道道；

新簇簇、旧哈哈，

寿忔忔，痴答答（形容智商没问题不过常庄做出匪夷所思个事体）。

吓丝丝、抖索索，

病快快、呆膊膊；

清光光、水汤汤；

乱哄哄、顺当当。

疲塌塌、死板板，

滑腻腻（滑溜黏糊）、懒甩甩；

毛乎乎、光溜溜，

随弄弄、神兜兜。

上海闲话交交关，

就从迭埲学起来；

有讲呒讲口一开，

阿拉伊拉俚（"俉拉"个合音）也会！

---

① 讲闲话夸 [khua1，文读，夸口是白读] 张；做事体勿走正路、勿讲规矩、勿着边际、随心所欲、出格。上海、苏州一带有句歇后语：太湖里刷马桶——野豁豁。垃垃小河浜边浪就可以迓迓较拿马桶刷干净，偏生要兴师动众，摆到烟波浩渺、美丽个太湖里刷，忒随心所欲哉。野野豁豁除脱野豁豁个意思以外，还有广阔无垠、漫无边际个意思。"野"搭"正""文"相对立，譬如讲野男人、野路子、野小囡。讲两只例句："迭个人做事体向来野豁豁个。""牛屎吹唻野豁豁。"

4 叫侬一声阿六头^①

叫侬一声阿六头，何必对我掼浪头（说大话，吹牛）。

晓得侬从小跑码头，会轧苗头识人头。

摆摊头，搬砖头（倒买倒卖），绕山头（忽悠），抓粒头（赚铜钿），

三斧头（咾）有蹿头，生意做得起蓬头。

本来有点额角头，侬当自介亨榔头（绍兴词汇）。

有仔苗头（本事，气派）出锋／风头（皮衣个毛），

翻行头，掼派头，乘差头，游码头（旅游），

日里睏扁头，夜里砌 [tshi] 墙头。

嗒仔甜头侬转念头，拆骨头（折腾，调皮）侬要呒清头。

老酒吃到开听头（开听头啤酒——形容吃醉脱，呕吐，还有一种讲法是"开府厨"），再开车子香鼻头。

卡拉 OK 过瘾 [ni] 头，半夜唱到出日头。

顶弗像样轧姘头^②（升调），人人背后嚼舌头（嚼舌头可以读降调也可以读升调，参见"语音"章）。

侬掉枪头，转风头，硬装榫头^③隑牌头（倚仗人家个权势），

借仔因头挂名头，

开始起花头，开始摆噱头，

谈斤头咾讨虚头（加价），吊鲜头咾加浇头（添油加醋），

常庄卖卖野人头。

学会发调头，学会耍滑头，

勿肯放马头，勿肯找零头，

---

① 原作者畸笔叟，本书作者有修订。阿六头是小名，譬如杭州人就欢喜搭小囡起迭个小名。

② 相关词汇：拆姘头，姘头分手并弗是轻轻松松随随便便个，有一眼类似离婚，可能要到茶馆里讲斤头分财产，大费口舌，乃朝也是迭能。

③ 硬装斧头柄，强行张冠李戴，无中生有，强加罪名，栽赃陷害 [tse1 tsaon1 yie3 ghe3]；借口。有辰光也可以指一种恶劣个诈骗手段，硬劲冒充赅铜钿女人个男人，光天化日之下抢夺女人个财物，然后扬长而去。

小滑头还要卖拳头（打把式卖艺，孛相花拳绣腿）。

只想叫抽头（回扣），只想拆份头（分红），

人人侪做洋葱头（垃垃阿六头眼睛骨里，人人侪要做伊个洋葱头），自家人也要劗冲头。

为别苗头脱枪头，弄到最后垫刀头（杀脱头，杀胚）。

再想避风头，已经跌跟头。

再弗收骨头，侬有得触霉头。

再弗贼进魂灵头（着生头里明白过来^①），当心敲脱饭碗头（相关讲法：奉着／捧着送只饭碗头）。

5 绕口令

主要围绕入声字写个绕口令。

上海有座龙华塔，

麻雀飞过擦一擦。

阿甲问阿达：是雀擦塔，还是塔擦雀？

阿达答阿甲：迭个是雀擦塔，弗是塔擦雀。

一个老伯伯，脚浪着双白袜，到田里向去拔麦 [bah mah]。

为仔拔麦，弄龌龊脚浪双白袜^②。

庙里一只猫，庙外一只猫。

---

① 譬如讲："箇两日，小鬼头勿晓得哪能魂灵头贼进，自介想着做暑假作业了。"

② 注意：偏正式词"白袜"搭动宾式词"拔麦"个连（读）调读法弗同。

庙里猫咬庙外猫，庙外猫咬庙里猫。

到底是庙里猫咬庙外猫，还是庙外猫咬庙里猫？

6　热得来

（1922年，吴双热发表垃垃《红杂志》第二期。本书作者有修改。）

电气风扇蔌 [zih] 藜藜，热得俚（上海闲话里向个苏州词汇，指"他"）来真邪呀气。

盆汤里，好生意，大家侪要跑进去，

活剥皮，壮个赛过赤膊猪，瘦个像只落汤鸡，

赤身露体真写意，客串一出水漫金山拿手呀戏。

夜花园，轧来些，少奶奶，小弟弟，大少爷，小娘姨（女佣人），还有姨太太唔大小姐，

乘风凉，蛮写意，男女拆白（"今朝捞横档，明朝敲竹杠，底子是个小流氓，别号就叫拆白党"）半夜三更忙来些，

登拉影戏场浪寻主顾唔兜生呀意。

游戏场，人头汜拥挤，有点汗酸气，看长看短挤拉人淘 [dau] 里，

热得俚唻弗有趣，臭汗漉漉渧，交关弗写意，

连忙／豪悷向后转，跑出去，

乘风凉，透空气，爬到屋顶浪去看影戏，

然而俅也去，我也去，挨勒／唔挨，挤勒／唔挤，那 [na3，低快升声调，13] 末仍旧轧得俅来热来呀些。

有仔铜钿顶写呀意，尽让热，弗怕俚，

电风扇，装得起，冰忌廉，吃得起，

到仔夜里向，坐仔汽车兜兜圈子去，

黄浦滩浪凉来些，真写意，

看看黄包车夫真苦气，两只飞毛腿，插拉屁股里，

嘴里嗤哈嗤哈大透气，头浪臭汗一直（一坱路里）滚到腰眼（腰）呀里。

热得俚来真邪呀气，蚊虫打造新世界，臭虫开辟殖民地，

叮得倸来痒齐齐，痛希希，

团团宝宝皮肤嫩来些，实头有点叮弗起，

二三更，半夜里，亦痛亦痒交关难触祭，于帝 [ti3，高快升声调，35] 于帝啼 [di1，低平声调，22] 啼哭哭出眼呀泪。

7　无锡景

我有一段情呀，唱拨拉诸公听。

诸公各位静呀静静心呀，让我噔唱一只无锡景呀，

细细那道道噔 / 来，唱拨拉诸公听呀。

春天去游玩呀顶好是梅园，

顶顶写意坐只汽油船呀，梅园噔靠拉笃太湖边呀，

满园那个梅树噔真呀噔真奇观呀！

第一（个）好景致呀要算鼋头渚，

顶顶写意夏天去避暑呀，山路噔曲折多幽雅呀，

水连那山来噔山呀噔山连水呀。

天下第二泉呀惠山脚半边，泉水碧清茶叶泡香片呀，

锡山噔相对那惠泉山呀，山脚下两半边开了个泥佛店呀。

（迭只民歌歌唱家朱逢博唱勒交关地道，不过伊并弗是上海人咾苏州人，而是山东人，不过一直垃垃上海工作。）

8 太湖美

太湖美呀太湖美　美就美在太湖水

水上有白帆哪　啊水下有红菱哪

啊水边芦苇青　水底鱼虾肥

湖水织出灌溉网　稻香果香绕湖飞

哎咳唷　太湖美呀太湖美

太湖美呀太湖美　美就美在太湖水

红旗映 [ian3/in3] 绿波哪　啊春风湖面吹哪

啊水是丰收酒　湖是碧玉杯

装满深情盛满爱　捧给 [von2 cih] 祖国报春晖

哎咳唷　太湖美呀太湖美

（迭只歌要用苏州闲话唱，实际浪搭老派上海闲话基本浪是一样个。）

9 紫竹调唱词

（沪剧《罗汉钱·燕燕做媒》唱词，紫竹调是江南民间小调。）

燕燕也许太鲁莽　有话对侬婶婶讲

我来做个媒　保侬称心肠

人才相配门户相当

问婶婶呀　我做媒人可像样

问婶婶呀　我做媒人可稳当

燕燕侬是（个）小姑娘　侬做媒人勿像样

只要做得对　　管啥像勿像

我来试试也无妨

燕姑娘（啊）我就听侬讲一讲　　我家艾艾许配哪家年轻郎

婶婶（啊）侬听好　　就是同村（个）李小晚

迭门／份亲事勿妥／稳当

攀了迭门亲　　村里向有人讲

年轻姑娘太荒唐

好／叫婶婶呀

婚姻只要配相当

配相当呀／啊　　管啥／哪怕人家背后讲

我也来学一学五婶娘

迭门亲事世无双

小晚人才生得好　　村里哪个比得上

放了镰就是镐 [kau2]　　劳动生产好榜样

况且小晚艾艾早相爱　　正好一对配成双配成双

（程桂兰唱个版本蛮好听个。参见"风土人情、民俗文化"章个"上海个曲艺"
一节。）

第六章 余多内容

1 "货郎担"变成大富豪

城市郊外、县镇小村没商店，有人挑一副担子，担子里有日常用品：香油、牙粉^①、鞋垫、筷、碗盏、针线等数十品种，应有尽有，人称"货郎担"。货郎手举摇铜鼓，摇得叮咚响，招呼顾客。货郎担每到一只地方，女人们从屋里跑出来，竞 [jin3，低快升声调 13] 相购买。

清朝末年，有一个叫薛宝顺个青年男子，伊个担子货全、脚头勤，越加受欢迎，往往满担 [tae3，高快升声调 35，横垛里开口大一眼] 出门，满袋 [de3，低快升单字声调 13，横垛里开口小一眼] 铜钿转去。伊一个朋友，有两桶蓝漆，托伊代卖。啥人要迭种货？伊只好自介吃进。想勿到，慈禧太后搭光绪皇帝一道死脱，朝廷下令全国举丧，红颜色个房子俦要涂成功蓝颜色。薛宝顺就要伊个朋友向德高洋行拿蓝颜料包下来，向各处销售。货郎担变成功颜料商，而且受聘为德高洋行买办。

1914 年，第一次世界大战爆发，德国人回国服兵役，薛宝顺由买办变成洋行代理，越加发财。伊造仔洋房，还有私家花园，就是后来个衡山公园（见图32）。^②

图 32 衡山公园

---

① 垃垃牙膏出现前，牙粉是老百姓顶常用个牙子清洁剂。

② 薛家留洋个二公子薛桓本事蛮大，居然敢横刀夺爱，拿黄金荣第二任妻子露兰春（搭薛少爷配合默契）夺过去了，黄金荣迭只大流氓也只好吃进。

从德国洋行起头发迹，旧上海另外一家大户人家邱家也有一段类似个故事。

2　哈同花园里个"钉子户"

旧上海犹太房地产大王哈同，小辰光靠拾垃圾为生，后来到仔上海，通过贩卖鸦片搭做房地产稞（积累个意思，譬如稞钞票、稞水）起巨额财富，成为"远东第一大富翁"。哈同先后做过上海法租界公董局搭公共租界工部局个董事，差勿多控制了上海南京路[①]一半地皮。

图 33　哈同花园

1904 年春，哈同决定花费 70 万银元建造上海顶大个私家花园爱俪园（俗称哈同花园，见图 33），并且隍仔租界当局个牌头，垃静安寺东面（乃朝上海展览中心一带）用竹篱笆圈地。凡是划入个地皮，住个人家全部强行拆迁；勿服贴个，就用断 [doe2，低慢升单字声调 113，多音字] 水、封门咾啥相逼，交关居民勿得勿搬场。沪上名医"张聋瞽"个祖坟也垃垃被圈范围个东南角。张聋瞽蛮有骨气，拿定主意勿让哈同为所欲为。

老早仔，上海有过一句流行语："生仔伤寒病，快寻张聋瞽。"张聋瞽原名张骧云，屋里世代行医。伊年轻辰光，有一坎去搭人家看病，勿当心感染病毒，造成听力下降，乃嚒，要靠自制个喇叭筒 [lah pa1 don3] 助听应诊，所以得仔"张聋瞽"绰号。张聋瞽长期从事伤寒病研究，专门为医迭种病研 ['nyie1] 制出"张家膏"，以"张聋瞽，一帖药"名扬江南。张聋瞽个诊

[①] 乃朝个南京东路，1865 年由公共租界工部局正式定名；南京西路新中国成立前叫静安寺路。

所设垃自介屋里，迭个是一座造垃爱文义路（乃朝个北京西路）文安坊个五进宅院，各地个人侪赶过来排队求医。箇辰光，上海私人诊所个挂号费侪超过半块银元，张聋聱只收两角两分，是收得顶低个。

哈同晓得张聋聱个名气，就对迭只"钉子户"先来软个，不过勿派用场；伊马上板面孔来硬个，知照施工队勿管三七二十一动工。1910 年秋，占地一百七十多亩个爱俪园造好哉，迭宅私家花园个布局以中式为主、西式为辅，小桥流水，亭台楼阁，景色幽雅宜人。

张聋聱对哈同一点勿买账，伊利用上海公共租界个法律条文，拿迭个外国冒险家告到会审公廨[ka3]搭英国驻沪领事馆（因为哈同是英国籍），打仔一场马拉松式个官司。上海各界也提出抗议，积极声援张聋聱。经过长达十多年个诉讼，会审公廨最后因为受到社会舆论压力咾，加上张聋聱据理力争 [tsen1，文读]，只好作出判决：哈同勿能侵犯张家坟址（注：跑马场也有类似情况），爱俪园必须另外开条小路拨张家垃祭祖个辰光进出。迭只判决结果搭我国乃朝个民法思想也是吻合个，譬如乡下造房子弗好影响邻舍正常个劳作。

哈同拿爱俪园比作大观园，看成颐和园，吭没壳张（料到）末脚还要垃里向长期保留一块坟地。伊尽管觉着大煞风景，邪气勿开心，不过最后还是勿得勿承认输脱。[②]

旧上海"江北大亨"顾竹轩搭公共租界工部局打官司一坎路里（一直个意思，近义词一脉路里）打到英国大理院（最高法院），也是为仔永安公司搭伊个后台工部局想强行收回顾竹轩创办个天蟾舞台底下个地皮（埃个辰光垃垃南京路、湖北路、浙江路三角地，就是乃朝"九重天"个位置），末脚顾竹轩

---

① 公廨 [ka3，普通闲话拼音是 xiè] 是官员办公个场所。同治七年（1868 年），根据上海道台搭英美领事商订个《洋泾浜设官会审章程》，垃垃英美租界设立仔会审公廨，也称会审公堂，英文名是 Mixed Court。垃垃租界，钱债人事案向会审公廨控告，命盗斗殴案向巡捕房控告，迭个法律习惯妇人小童也晓得，实际浪就是民法搭刑法个界限。垃垃法租界，设弗同性质个公廨，附设于法领事署，华官基本浪吭没没权干预，因得垃垃咸丰年间，上海道就已经拿原法租界搭小东门一带赠与法国。噶咾法国人拿所谓个法租界看作是伊拉个市乡，搭香港个情况差不多。

② 感兴趣的读者可自行网上搜索"哈同花园"个变迁。本书作者修订仔交关内容，也增加仔蛮多内容。

也打赢哉。

　　不过迭两只例子应该是特例，诸位千万弗要以为帝国主义统治者良心介好，介拨中国人面子。正因为是特例，再垃垃此里讲讲，也算是比较有趣个故事。至于外国鬼子欺瞒我俚先辈个交交关关悲惨故事，就勿垃垃此里讲哉。诸位只要想一想，（为）啥咾清朝末年个海关总税务司是英国人赫德执掌（前后任侪是英国人）？因为列强要拿清朝每年个收入先扣脱仔要还个战争赔款。啥咾 1949 年上半年英国个军舰还垃垃长江浪游弋？因为伊拉要"维护"伊拉垃垃中国个霸权。

　　再回来讲爱俪园，伊是旧上海一只让人瞩 [tsoh] 目个地方，伊弗仅集中国园林之大胜，更汇名流鸿儒于满堂。时过境迁，爱俪园老里八早就没唻，但不过垃原园址浪矗立着个一幢建筑，同样吸引大家驻足流连，伊就是老底子个中苏友好大厦（1955 年建成），现在个上海展览馆（有一腔也叫上海工业展览馆）。

　　哈同、罗迦陵夫妇没生育，不过收养仔交关中外孤儿。伊拉相继故世后，随着迭些子女 / 大细争夺遗产，爱俪园开始走向衰 [soe1，文读] 败。上海沦陷 [yie3，文读] 时期，一场大火越加烧尽仔伊老早个全部辉煌。

3　做卯时

　　卯时就是十二时辰里向第四只时段，老清（老）早五点钟到七点钟个辰光 ①，垃夏场里 / 夏天光个箇段辰光，天色已经白亮，勤谨（勤劳）个农民老早就垃田里做生活了。夏天光 / 热天光 / 热天介垃卯时里下田做生活，俗称"做卯时"。

---

① 子时为 0:00。子时段：唐朝之前是 0:00-2:00，唐朝之后是垃垃半夜里贴贴当中，赛过乃朝个 23:00-1:00。根据迭个可以推算出卯时辰光。

垃新中国成立前头，稻作地区个农民，有个人家田来得个少，不过伊拉相信“只要勤俭做，黄金满地撸”个老古闲话。勿怕衰痞勿怕忙，做生活一本正经从来艙得偷私乖（偷懒），风里来雨里去，练出仔一手又灵又巧个好本事。垃农忙辰光，既要能照应好自家田里个事体，还要勿脱时节个相帮地主做做散工，赚眼铜钿，乃噻，伊拉想出仔一只好办法——吃早饭前头先垃自家田里做卯时，到日头旺去旺来个辰光，再到东家拉去吃早饭咾做生活。做卯时个起因就是迭能来个。

后头来，到仔二十世纪六七十年代，人民公社大生产，要千方百计夺高产，郊区农村开始种双季 [ci3，高快升单字声调 35] 稻，一年两熟水稻一熟麦，生活多是多得唻来勿及做啊。噶噻就只好抢辰光去做，抢收早稻，抢种、抢管后季稻（还要管棉花田），统称“三抢”大忙季节。乃噻，做卯时又行起来哉。

实际浪，做卯时是老老早个，一般早起里四点钟快，忙起来三点钟就做也有。卯时，垃乡下头是一只松橡皮筋个讲法，下半夜四点钟前后侪好叫卯时。做卯时是由小队长（生产队队长）吹叫子（哨子）叫个。箇辰光真个是一日忙到夜，夜里向水泥场浪开仔“小太阳”轧稻（脱粒），轧到冒半夜；早浪向 / 早晨头还垃呼啦呼啦好睏得唻邪气，叫子一叫，只好眼睛一弥（揉），趤起来就开门朝外跑。做卯时个规矩是空肚 [du3，低慢升单字声调，多音字] 皮下田，勿吃早饭个。噶噻只好头浑陶陶跟仔队长到田横头。

图 34　拔秧凳

卯时里个生活我插队辰光好像做过七八趟。箇辰光有仔插秧机哉，做卯时主要是拔秧。好几趟侪是天勿亮就拿仔拔秧凳（见图 34）赤脚到秧坂田。（小）队长用一根长竹头搭每个人偃好长短，各人拔好仔两竹头长个秧再好吃早饭。尽管有得“工”字形个拔秧凳好坐，不过旧原要弯腰曲背去用力气。天噻还呒没亮，暗绰绰看勿着几化光亮，手电筒也勿好去用，也弗可能有戴垃头浪个矿灯，只好坐垃秧坂田里沉倒 / 低仔头，借仔要亮还勿亮个天色搭秧坂田水色个模模糊糊光头，凭两只手个感觉，一蓬又一蓬个连水带泥拔起秧来。

拔秧也有窍槛：腰要弯来转，手要抠得快，根要汏来爽（清爽），把要扎来齐，人要蹲得住，凳要岔（移动）来忙。就是讲要重心下移，力道朝下，因为秧个根已经发到泥里向哉，必须抓垃根根头搭烂泥当中（横里）去拔；位置忒高要断脱，抠得忒深带出泥多外加又重又慢；拔个辰光每根手节头骨侪有用场，收手要快，顺带甩水甩脱眼烂泥，噶咾真个要熟能生巧，只有熟练哉再做得到；汏秧要汏到根苏煞清，秧底个泥要尽量少，乃嚜挑秧个辰光担子就勿会忒重；秧把子要扎得齐崭（整齐美观，一斩齐）扎得紧，乃嚜就抛得远咾抛勿散。

箇辰光，几个女知青顶怕做卯时，主要是怕秧坂田里个蚂蟥（弗是勿叮男个，男个大大咧咧，弗在乎）。墨黜乌黑个早起里，伊拉两只脚（腿）伸垃水田里，慌里慌张只想勿要比人家拔来慢（"来"接补语），一歇歇就听得女声尖叫"奥吆妈呀"，一条黄墩墩、软酥酥、扁塌塌个水蚂蟥已经殼牢伊脚盔子（小腿），正削尖仔尖尖头游发游发朝脚里钻。队长穿过去用力拍出蚂蟥，脚浪已经有血眼子哉。再摸摸另外只脚浪，又叮仔两只。队长鐾[①]仔自来火，点炀飞马牌香烟（新中国成立前就有哉），拨蚂蟥吃烧烤，消灭了伊。叫小姑娘豪悛榩出血来，汏好手用涎唾水搨垃咬口浪。队长话，虩[doe3]命个蚂蟥是讨惹厌，一歇一只一歇一只。觉着痒嚜，准定爬上来哉，觉着痛嚜已经吸脱血哉，真是恶极不理！勿停叮牢脚盔子个蚂蟥，让做卯时做出了乃朝勿会有个事故。[②]

乡下劳作词汇：浸稻种、抄田/耕田、坌田/坌地、耙田、种花（上海人称棉花为花，譬如"花好稻好样样好"）、莳秧（莳是种个意思，种秧是移秧插到大田里，譬如莳秧稻）、挑粪、浇粪、斫稻/捉稻/收稻、斫麦、（斫刀）斫柴（见图35，迭个是斫刀刀身）、斫草、捉花（收棉花）、束稻、挑稻、掼稻、掼麦（掼麦辰光最最让人难行个就是麦芒钻进衣裳，头颈、臂膊浪侪是伊攋个红豁口）、拔花箕、轧花子、铲花田、飏/簸一簸、飏稻、筛谷（拿空壳谷粒筛脱——

① 指划，稍许磨一磨，薄刀垃缸沿鐾一鐾，剃头刀垃皮条浪鐾一鐾。

② 根据任向阳刊载于2013年7月28日《新民晚报》文章修订，主要是拿普通闲话字词改写为上海闲话，拿新派上海闲话改写为老派。不过原作者本身已经写得交关好——垃垃上海闲话书面表达方面道地而有味道，描写老里八早乡下头个事体韵味十足，里向头有松江闲话词汇。

伊拉比较小；扬谷派类似个用头）、牵磨 / 磨、牵砻 / 打米、舂米 / 舂臼 [tshon jieu]、挑塘泥、拾鸡屎、叠柴堆、洒药水、拷浜、捉鱼、摸蟹、摸螺蛳、淘井 / 垦井。

图 35　斫刀

先斫浜柴慢垦田：浜岸柴草是公有个，晏斫就呒没哉；垦田是翻地、锄地。比喻人老精明个，先斫浜柴慢垦田，样样弗脱班。

4　两只樟木箱[①]

我小辰光顶欢喜到沈娘娘屋里去做人客哉，伊是阿拉姆妈个好朋友，勿光菜烧得好吃，还有伊屋里向两只漂亮个樟木箱，弹眼落睛。箱子是黑颜色个，四面刻仔一朵朵梅花图案，当中（横里）雕仔一组红楼人物，簠些长裙拖[②]地个金陵十二钗，个个飘飘欲仙，老好看个。箱子总归揩得乌光锃亮，连得缝缝道道[③]里也勿落灰。

迭个辰光，旧原中年个沈娘娘，穿得山青水绿。伊呒没结过婚，搭兄

---

① 迭个故事由本书作者网上搜集修订并改为（老派）上海闲话。
② 拖个用法，譬如：袖子管拖垃菜汤里，裤带拖出来。
③ 类似个组词法（重叠组词）：洞洞、眼眼、边边、沿沿、泡泡、水潭（潭），赛过普通闲话个儿化韵。还有角（角落）落、粒（粒屑）屑、凉（凉爽）爽、啰（啰唆）唆、零（零散）散、零（零星）星、零（零碎）碎、老（老少）少、半（半日）日等词。

图36　惠罗公司

弟一家门住垃一道。伊睏垃亭子间里，亭子间忒小，搁勿落①箇两只老大个箱子，就摆垃前头个大房子里。箇两只箱子是1949年前，沈娘娘垃垃惠罗公司②（见图36）买个，伊个辰光伊自介也垃垃迭家公司个玩具部做主任，每个号头有一百四五十块进账（属于高收入）。伊交一半铜钿拨伊个姆妈，另外一半就自介添眼衣裳，兑眼首饰啥啥。

伊个辰光，惠罗公司实行五天半工作制，一到礼拜天，沈娘娘就搭几个年轻朋友到兆[zau2，低慢升单字声调113]丰公园③或者仙乐斯④去孛相。伊拉欢喜捱船、拍小照、看影戏、吃司盖阿盖（日语读音，就是日式牛肉暖锅/火锅）啥啥，迭眼物事垃垃当年侪是老洋派个。沈娘娘还老欢喜旅游个，伊讲，伊拉公司每年有两礼拜个Summer Holidays⑤，伊常庄跟友声旅行团去旅游，到过金华、兰溪、杭州、莫干山、黄山等地方。

伊个日脚，也就是乃朝外企白领个日脚，有一种特有个紧张搭潇洒。伊拉惠罗公司个玩具部，每年圣诞节前是顶顶忙个，设垃三楼个玩具部通通要布置成圣诞盛景。大批大批个玩具从英国运来（惠罗公司是英商开办），

---

① 类似用法：咽勿落、装勿落、拿勿落、园勿落、摆勿落、着勿落；打弗落手（下弗落手）；轧勿落唻；装得落、吃得落。

② 1907年建成开业，是南京路前四大公司之一。乃朝，惠罗公司旧原垃垃该，就垃垃南京东路、四川中路路口，靠近外滩。

③ 英文Jessfield Park，也叫极司非尔花园，就是乃朝个中山公园。原来是英国兆丰洋行大班、地产商霍格（H. Fogg）垃垃上海西郊个私家花园。中山公园个北首是华东政法大学（老校区），也就是老底子个圣约翰大学；旁边还有一只广场叫兆丰广场。附近一条街路为啥叫万航渡路呢，因为老底子（1910年横里）该埭一块叫梵王渡。汪伪特务总机关极司非尔路76号就垃垃乃朝个万航渡路浪。

④ 今朝垃垃南京西路、成都路路口，有一幢巍峨[nguel ngul]个"仙乐斯"广场。时光回溯到二十世纪三十年代，该埭是名满海上个仙乐斯舞厅，搭百乐门、大都会、丽都并称上海滩四大舞厅。英国人"跷脚沙逊"因得垃垃百乐门拨boy冷嘲热讽，伊再建造仔迭只舞厅。1954年改为仙乐书场，"文化大革命"后被拆除。

⑤ 指歇夏，每年三四月份开始，每个职工轮流歇，歇夏是英国人个传统，老舍个小说《二马》也讲歇过。

光是娃娃就有几百只，沈娘娘讲，伊顶看相（"相"读勒长一眼）一只仿造美国童星秀兰·邓波儿个洋囡囡……

后来沈娘娘老哉，旧原住垃伊间小了一微微个亭子间里，靠一份少来西个退休金过日脚。伊已经勿能像老早埃能介，烧交关菜拨阿拉吃。一则来铜钿勿多，二则来体力勿够，顶主要个是，房子拨勒几个侄子结婚登脱了，连迭两只箱子也拨伊拉塞到阁楼浪去搁床铺了。

箱子已经老旧了，而且积满仔墥[bon1]尘，不过旧原挂垃垃两把铜锁。沈娘娘从来勿当勒别人个面打开箱子个，伊要开箱子，就先拿房门别上，所以，箱子里向到[tau3，高快升单字声调35]底有眼啥，啥人也勿晓得。日脚最难过个辰光，只要伊打开箱子，就会变出一眼钞票来个。垃垃我肚皮里向，迭两只箱子赛过百宝箱。我弗罢一趟问过沈娘娘："箱子里向到底还有眼啥物事？"①伊总归笑笑勿睬我，实梗（能样子），越加加深仔我个好奇心。

着生头里有一天，沈娘娘宣布伊要卖脱迭两只箱子②，我叫姆妈去拿伊买下来。姆妈起头还有眼拿弗定主意，嫌鄙伊忒旧，又占地方，后来经勿起我穷缲边，就去搭沈娘娘讲哉。沈娘娘听到老开心个，伊讲实梗（能）顶好，我慢慢较/乃朝后也好看到伊拉。伊马上从袋袋里拿出钥匙讲："我打开来拨侬看，里向还有好物事。"我屏牢一颗别别/博博跳个心，眼睛一瞬勿瞬盯牢仔沈娘娘拿钥匙个手。箱子开开来哉，里向眍勒一只蜡蜡黄（形容旧）个秀兰·邓波儿样色个洋囡囡③，另外一只是空箱子……④

---

① 小朋友问得来亦直接了当亦滑稽。
② 实际浪伊就是希望卖拨伊个好朋友。
③ 沈娘娘还有一颗少女心。孤身一干子个晚景是凄凉个。
④ 值铜钿个"宝贝"侪卖脱了，只挺下来一只洋囡囡——既卖勿出几钿，也弗舍得卖。

5 《阿富根》节目个沿革①

垃垃上海闲话到（动词）仔需要抢救个今朝，当乃朝个上海小囡，已经勿会用上海闲话思考、沟通个辰光，伲弗由得想到电台一档尽管时断时续不过旧原顽强坚守个本地闲话节目《阿富根》。迭档节目诞生于半个世纪前，而到仔今朝，人们越加认识到伊个存在价值。

拔脱穷根栽富根

一只场景：二十个世纪六十年代，上海郊区金山县有个老农民叫阿牛，日逐到中浪辰光，总归矮凳一摆，喇叭头下面坐好仔，像煞打瞌睏伊能眯仔眼睛，听喇叭里阿富根讲上海闲话节目入迷哉。喇叭里每一句闲话，伊侪听进去哉。阿牛对当生产队长个儿子讲："喇叭头里讲了，明朝要落雨了，侬当心啊！落雨天派啥生活？"

1961年，垃垃政治气候相对比较宽松个辰光，上海人民广播电台副总编辑邹凡扬，想开一档人情味道比较浓个节目，对农民进行社会主义思想教育。邹凡扬搭编辑汪韵之商量，设计迭个节目叫《阿富根谈生产（家常）》。眼门前个节气是啥？病虫害来仔，侬要打啥个农药？谈生产为主，家常是带带过个。实际浪，家常，阿富根旧原常庄谈个。比方讲邻里关系、婆媳关系、生活小常识，听众也是邪气要听个。

为啥（咾）叫"阿富根"呢？上海乡下头交关男女社员个名字、称呼前面侪加个"阿"字，譬如叫"阿林根""阿小妹"。阿富根个意思就是农民希望[shi1 vaon3]过上好日脚，要拔脱穷根栽富根。

阿富根（迭个角色/脚色）请啥人来做（"做戏"个"做"）呢？电台里老早就主持评弹节目个万仰祖，人矮笃笃②，胖墩墩，面相交关和善，讲上海闲话，有点苏州口音，糯嗒嗒，好像蛮灵个。编辑汪韵之考虑让万仰祖起"阿富根"。另外，汪韵之请女播音员钱英菲来当小妹，伊相当于大队妇女

---

① 内容源于东方网，本书作者做仔一些删节搭交关修订，还有一眼增补。
② 近义词：矮北落托、矮东东、矮冬瓜。

主任个角色。当时提倡男女平等，伊亦要/也要为女社员讲讲闲话。

播音员万仰祖搭钱英菲就成功广播里讲上海闲话个第一代阿富根搭小妹。迭辰光，阿富根个一句闲话要比大队书记个闲话还要派用场。当时辰光，上海郊区十只县①，每家人家屋里向侪装仔喇叭头，一根线一拉一开，一拉一关。田横头也装仔大喇叭，劳动个辰光大喇叭一响，大家侪听得到，田横头搭屋里向全覆盖哉。

《阿富根》节目善于运用歇后语："十月里个鸡冠花——老来红""八月半个月亮——正大光明""卖布勿带尺——存心勿良"，听众听起来也蛮有味道。"额角头浪挑扁担——头佻"，"头佻"啥个意思？就是头牌。

"小小横沙岛②，四周浪滔滔；甩只原子弹，逃也朆处逃。"阿达垃垃横沙岛广播站当播音员，一脚模仿阿富根个腔调广播："横沙人民公社广播站，贫下中农同志们，革命个社员同志们，现在播送天气预报。今朝夜里到明朝，阴天；明朝局部地区阴有阵雨。"有个小囡听仔广播勿理解，伊讲："啊哟，姆妈，阿拉明朝还好勿垃垃局部地区，弗然介天天落雨。"

阿富根蹲"羊棚"

宽松环境好景勿长，阿富根勿晓得后来个政治气候要变化个。1964年个广播常庄讲："阶级斗争年年讲，月月讲，天天讲。"垃垃迭个大背景下，阿富根变调哉，只好大讲特讲阶级斗争哉，斗得来七荤八素。广播里交关歇后语侪勿好讲，只好讲"篱笆扎得紧，野狗钻勿进"，一脚绷紧阶级斗争迭根弦。只好讲"屋檐下个洋葱头——根焦叶烂心勿死"，形容地主富农好比寮檐下个洋葱头，勿要看外场根焦脱了，叶子也烂脱了，不过伊个心勿死个，要复辟，旧原要反攻倒算个，吓人哦！

1966年，"文化大革命"爆发哉，要扫除一切害人虫，拿阶级观念模糊个老好人阿富根也列入仔清除对象。没几许辰光，阿富根节目被关脱哉。当时，牛鬼蛇神要关进"牛棚"。不过写稿子个编辑汪韵之、播音个万仰

---

① 宝山、嘉定、青浦、松江、金山、上海（今朝个闵行）、奉贤、南汇、川沙、崇明，原来侪是江苏省个。新中国成立初，上海分成功30只区县。
② 由于长江泥沙淤积，横沙岛垃垃清朝道光年间浮出海面。最早是一只江心沙洲，面积约万亩，后首来，横沙岛作为南菁书院个院产得到了有效开发。

祖，伊拉两个人历史清白，从来没参加过任何反动党团组织；新中国成立后，伊拉工作勤勤恳恳，嘎嚟凭啥讲伊拉两介头是地主富农呢？凭啥拿伊拉关到"牛棚"里去呢？乃嚟，伊拉就被关进仔"羊棚"里。"羊棚"里个待遇比之"牛棚"稍许好一点。

拿地主富农个代言人阿富根带到农村田头，接受贫下中农批斗。老早仔一脚是明星，农民原来只听到声音，一脚看勿到真人，迭趟来哉。"哦，迭个是阿富根。"豪慘去看一看，侪来看闹猛。农民一眼也没觉着是坏人来哉。"阿富根"万仰祖被分配到农村养猪猡，勿要看伊农业生产讲得头头是道[①]，其实是勿大会做农活个。养猪猡也确实蛮难个，当地农民晓得伊是阿富根，蛮同情伊，就来相帮（帮衬）伊养猪猡。

1969 年，城市里个人被动员到农村去。垃拉迭个背景下，电台就有"四个面向"。第一个面向是带领知识青年到黑龙江去插队落户（去军垦地区还要通过政审呢）。第二个面向是吉林知识青年慰问 [ue ven，文读] 团。第三个面向是去南京梅山个 9424 工程[②]，万仰祖就到仔梅山铁矿，被分配到食堂去劳动（见图 37）。第四个面向是到中学复课，钱英菲被抽去中学当教师，当时迭个分配应该是相当好个。

图 37　南京梅山 9424 工程

第一代阿富根万仰祖、小妹钱英菲，就迭能离开仔电台。我垃拉"喜马拉雅"网站里听歇过万仰祖个录音，伊个上海闲话蛮有现代气息。听起来，伊搭顾超、叶进三介头（三代阿富根）个上海闲话风格交关一致。

---

① 可能有交关广播稿是汪韵之请教仔农业技术研究所、农村个技术员搭农村干部后写个。

② 迭只工程个指挥部成立当天是 1969 年 4 月 24 号，迭只工程是比较早个异地开发项目（飞地项目）。二十世纪六十年代末，数万上海人告别家乡、告别亲人来到梅山铁矿，参加三线建设，拿青春年华侪留垃垃埃面墇，甚至一留就是两代人。现在，梅山铁矿是我国最大个地下开采铁矿。山东也有上海个飞地，飞地勿归所在地（当地）政府管。

阿富根个"二代"

1965 年，垃拉外滩个上海人民广播电台[①]（见图 38）要招一批播音员，越剧院青年演员李素芬去参加仔应聘。当时越剧个才子佳人戏勿好唱[②]，演员无用武之地哉。李素芬口齿 [tshy2] 蛮清爽，考试读稿子，也分得清尖团音（二十世纪四十年代后出生个人基本浪弗分尖团哉），因得越剧白口也分尖团音。伊个辰光邪气讲究家庭成分，工人、贫下中农、革命军人家庭顶吃香。李素芬家庭出身好，本人又是工人出身，迭个条件进电台是相当好个。

图 38　上海人民广播电台旧址

到仔电台，李素芬赛过到仔保密单位一样，真个勿敢多动，也勿大敢多响。随后播音业务训练，一人拿一份稿件 [jie]，整天读天气预报："今朝晴到多云，明朝多云转阴。"有一个老编辑听仔李素芬个播音后，让伊试试小妹看，就拿带教李素芬个任务交拨万仰祖哉。万仰祖交关开心——旧社会私营电台出来个老播音员万仰祖，已经勿受重用哉，拨伊一个学生子带带，老拨伊面子个。

电台播音勿好用本名[③]，要改只名字。李素芬改名沿用仔原来个姓，原来想用贞洁个"贞"，叫李贞。播音组负责人陈醇讲："有一个女将军叫李贞，重名哉。侬就用长征个'征'罢，比较有革命气势，就叫李征罢。"（旧辰光，拜师也要取 / 改艺名。）

当时电台个要求邪气严格。譬如听众来信 [sin]，信壳浪写播音员个名字，写李征，就必须组织来拆，或者李素芬拆仔信，也必须交拨组织看一

[①] 1951 年 3 月，上海人民广播电台迁入北京东路外滩个一幢楼，乃朝此地是上海清算所。
[②] 勿是唱勿好、难唱，而是勿许唱。别个曲艺个情况也一样，譬如评弹个情况，传统书目受到严格控制，不过评弹作家搭演员们写出交关新书目——符合时代气息个书目。
[③] 迭个是老早仔个规定，原则是要主持人保持低调，避免忒张扬（包括名字忒张扬）。

看。信壳浪写李素芬，组织就勿拆，是私人信件。

顾超搭李征是阿富根节目个第二代传人，（伊拉）两介头是1965年一道考进电台个。顾超是从中学[①]里向选出来进电台个，蛮皮个不过交关活络。顾超个头比较大，绰号叫“大头”。伊会剃头，有一套剃头家生——推子、木梳、剪刀。大家侪叫伊剃头，连电台老台长也叫伊：“大头啊，有空哦？上来搭我剃个头。”有常时，大家欢喜搭伊打棚。比方落雨天，有人讲：“顾超啊，侬迭把洋伞借拨我。”顾超讲：“我自介要用。”同事打棚讲：“侬勿要哉，侬有大头嘛。‘人家有伞，我有大头’，侬勿要洋伞个。”[②]

后来顾超从调皮个男小人，认真工作，成功仔电台《阿富根》节目个顶梁柱。李征讲：“我搭顾超搭档，是交关放心个。顾超播个阿富根，有新农民形象个感觉。”1986年，顾超被广大听众推选为“我最喜爱的播音员”第一名，不过1992年上海闲话节目被关脱哉——因为大力推广普通闲话个原因。

1997年2月13号，大年初七，电台节目组垃垃南浦大桥下面个大桥饭店聚会。播音员叶进回忆讲：“顾超老师搭我伲讲，上海闲话播音有可能要恢复哉；另外，顾老师个姆妈过80岁生日；还有，顾老师因为垃垃电台个年数比较长哉，可能又好分房子了。好事体轧了一道。埃日子，酒也没哪能吃。顾超讲伊来唱只歌叫《送别》。他特别欢喜唱卡拉OK。伊讲，‘我顶欢喜唱迭只歌了’，接连唱了几遍。”

顾超唱好歌后讲：“哦哟，今朝我爱人关照个，要我天冷早点回去。”顾超开仔助动车转去哉。平常辰光天冷，他侪戴头盔个；埃日子也巧，伊买仔一件新鸭绒衫，有顶鸭绒帽子个，伊转念头，帽子一戴就暖热哉，头盔就勿戴哉。

年节夜里，路灯侪没个，路浪墨黜黑（迭种情况乃朝有个地方还有）。顾超助动车开得比较快，就轧勒大桥个桥墩浪。伊开个火鸟助动车，轮盘老

① 顾超迭个辰光应该是18岁，高中毕业辰光。迭个阶段，男小囡已经变好声，嗓音稳定下来哉，选评弹小学员也是垃垃迭个阶段选——上海评弹工作团起头没箇方面个经验，就出问题哉。

② “人家有伞，我有大头。”吴中交关地方个人侪讲迭句闲话，前头还有句咪：“大头大头，落雨弗愁。”伞是老派讲法。

小个①，过勿去，轧牢仔。车子速度快，人就飞出去哉，撞到旁边个隔离栏浪，伊昏过去哉。顾超开仔火鸟进仔天堂，走个辰光只有 50 岁。

顾超个墓碑，做得有伊个特点。高头是一份用铜片 [phie3] 做个稿子，旁边立仔一只话筒，迭个是顾超生前个工作状态。顶醒目个就是铜片稿子浪个文字："上海人民广播电台，对农村节目现在开始。听众朋友，侬好，今朝是 2 月 19 号，农历正月十三。"迭个是对农村广播个起头 / 开头语，就是顾超平常辰光要讲个闲话。下面结束语："谢谢各位收听阿富根节目，搭大家讲一声再会。"

"小菜场"搭绣花工

1981 年上海广播电台开始向社会招聘播音员。"文化大革命"动乱十年，也拨电台造成仔老大个伤害，播音人才严重断档。所以要拨乱反正觅人才，向社会招聘播音员。

垃垃做播音员之前，叶进个工作垃垃静安区副食品公司陕北小菜场。因得怕营业员缺斤少两，小菜场专门有一只公平秤（国有企业个自我监督），叶进就做公平秤工作。侬买仔一斤青菜，伊就相帮侬校秤，差一分、两分（可见当时辰光个生活水平），就开一张单子。顾客就拿仔迭张单子，去摊位搭营业员倒扳账。

买营养菜也归叶进管。比方讲菜场里个鸡蛋、老哺鸡、排骨、车扁鱼唠啥邪气紧张，大清早个菜场里，顾客就垃垃排队，或者人跑开，摆块砖，摆一只破篮，顶结棍个还有摆一根草绳个，不过排队也勿一定买得到。迭个营养摊位是有保证个，日逐必须有几只鸡，有几箱蛋，有几许鱼，凭卡搭单子供应拨革命军人、残疾军人、来喜妈妈、骨折病人。菜场营业员叶进是一个文艺青年，有空个辰光就到工人文化宫演话剧。

肖玲没做播音之前，垃垃工艺美术公司个一家地毯厂工作。肖玲讲："其实我也像叶进老师能（一样个），尽管垃垃工厂里工作，其实骨子里邪气向往舞台，文艺女青年。迭辰光，顶有名个一句闲话是，莫让年华付水流。

---

① 压缩车身大小唠节约成本，不过老推扳、老危险个一种设计，乃朝个电瓶车也是迭副腔调。我看歇过大轮盘个电瓶车个，大概蛮难买到个。

自介有辰光会想，哎呀，就一辈子做迭个，做刺绣地毯哦？"

肖玲利用业余辰光，也到文化馆参加话剧团。肖玲记得："有一天夜到垃垃排戏，导演讲，倷（倻）停一停，广播电台要来听听倷个声音，请倷每个人读一篇新闻稿。"过仔几天，肖玲接到通知去北京东路 2 号 [①]，伊一看门口有两个解放军站岗，就交关紧张。跑进去录音个辰光，伊抖豁得手心里冒汗，声音发抖。考官顾超就安慰伊："小姑娘勿要急，勿要怕，心定一点，慢慢点来。"

当时大约摸有几千个人考，末脚挺下来四个人。肖玲、叶进，还有一男一女。迭四个人剩下来之后，还只能保留两个，需要招一个男个，一个女个。迭四个人亦要竞争，亦要开始考试哉。再考，考到末脚，就是肖玲搭叶进。伊拉两介头真个运道交关好，也是比较有缘 [yoe1] 分个。

肖玲搭叶进考进仔电台，为仔做（讲）上海闲话节目，照规矩先吃仔五六年个萝卜干饭（学生意）。上班就放一只四喇叭录音机，拿张报纸读，学上海闲话；阿富根（当时个主持人顾超）谈生产、谈家常个辰光，就垃垃半边竖起耳朵听。终于有一天，新妇苦出头，熬成仔婆婆，叶进搭肖玲成功阿富根节目个第三代当家人。

不过 1992 年，因为要推广普通闲话咾，阿富根节目亦被关脱哉。叶进、肖玲"转业"哉。叶进播美食节目，成功美食家，上海交关酒水馆有多少种菜，哪能烧法，叶进就是大菜师傅。电台有只《名医坐堂》节目，肖玲就主持《名医坐堂》，搭上海交关医学专家轧仔朋友。不过后首来（2017 年个前后几年）伊拉两介头又垃垃主持《谈天说地阿富根》节目哉，2019 年前后是叶进搭纯纯搭档主持。

[①] 马路北面，偶数门牌号第一家，上海人民广播电台原所在地，就垃垃外滩。

6 上海滩篆刻大师陈巨来

上海滩浪陈巨来刻图章是顶级高手,伊刻图章个名气垃拉全国是响当当个。民国辰光,张学良、张大千、吴湖帆也请伊刻过图书印(图章也可以省略"印"字),箇些名人个名字,其实还可以拖仔一长串。

二十世纪七十年代末八月个一天下半昼(下半日),天气邪气热,才落过阵头雨,地浪向湿溚溚,我个老师陆康带仔我到陈巨来先生屋里向字相。踏进富民路 33 号老洋房前,老师迭为知照(关照)我讲:"侬看见仔陈老先生,要毕恭毕敬听伊讲闲话,勿要多插嘴。伊是老上海混过来个人,肚皮里晓得个好字相事体多是多得勿得了,听得侬笑痛肚皮。我带侬认得,侬下趟有空可以多来请教请教陈老先生刻图章个窍槛。"

走进陈巨来先生个房门,我看见房间里靠近墙壁有两只小沙发,半当中(横里)摆仔一只茶几。左边(左为大,譬如"虚左")沙发浪坐垃垃个就是大名鼎鼎个大师人物陈巨老,右边一个是陈师母(原作者可能写错哉,应该写太师母)。还有一个男小囡立垃方台子旁边,闷声勿响,长得老清秀个,伊就是乃朝上海刻图章个名家孙君辉兄。

巨老一看见阿拉两个人走进来,豪惨立起来讲:"小康,今朝(迭个词表明,应该常庄有人来拜访)侬来啦。侬老公公身体好否/哦?我倒蛮想伊,相帮我带一包龙井新茶(叶)拨伊,杭州来个朋友前几日送拨我个,我一直舍勿得吃。侬带来迭个啥人?"

我个老师介绍:"我个徒弟,叫杨忠明,伊会刻印钮(又称印鼻,印章顶端个带孔雕饰,见图 39)。"我看见眼门前个大人物(文读),长得清秀,头势梳了交关清爽,眼睛邪气有神,心里吓势势、抖豁豁,一句闲话勿敢讲,豪惨向巨老、巨老太太鞠躬。巨老手一挥讲:"坐,坐,吃点茶,等脱一歇歇,侬拿印钮出来让我看看,到底刻得好勿好。"

巨老对我个老师讲:"我迭几日图章生活忙得勿得了,眼睛刻得看物事也看勿清爽。几只宾馆

图 39 印钮

里送来个印我侪弄好了，吃力煞，赚勿到几块洋钿，连去书场听书也呒没辰光。陆耀良（擅长说三国）几趟托人来讲，要我搭侬一道去听听伊说大书（只说勿唱，此里特指苏州评话），讲是保证说得噱头足，关子埋 / 卖得多。哈哈，陆耀良迭个讨厌坯，人是蛮好，还要请我去德兴馆老饭店吃虾籽大

图40　糟钵头

乌参、糟钵头[1]（本帮菜，见图40）、草头圈子。小康，侬看，伊拿来一块老蹩脚个石头，嘿嘿！是我吵了要相帮伊刻印个……"我勒旁边听仔笑哉。巨老风趣、扎劲，讲闲话勿欢喜平平叫讲，大家侪欢喜搭伊茄山胡，听伊讲讲老早头个事体。

我拿出一只蛇印钮拨巨老看。老先生拿出进口打火机，"叮"个一声，点烊一支万宝路香烟（陈老个生活水平垃垃伊个辰光是相当高个），吸仔一口。伊沉倒仔头眯仔眼睛横看竖看，最后讲："迭块昌化冻石钮刻得蛮好，蛇头是扁个，勿是圆个，要注意哦。杨忠明，下趟我拿几只印钮借拨侬做样色，伊拉侪交关古朴，侬相帮我刻点怪兽咾螭虎[2]咾啥。"我点头连声讲："好，好个！"

记得箇日子，巨老还讲："小青年要用功，多学点本事，多看点旧书。跟牢我两个刻图章学生，小康、徐云叔，多学点传统艺术，勿会错个。现在有些小青年穿仔黑包裤，垃垃弄堂里抖发抖发，瞎七搭八乱混乱字相，将来有得苦头吃了！"几十年前印坛大师陈巨来先生讲个迭些闲话，是我后来刻苦学习个动力搭能量，难以忘怀！

---

[1] 清朝嘉庆年间个《淞南乐府》就记载仔伊。清末民初多为黄包车夫食用。乃朝是老饭店特色菜，用料有猪肺、直肠、肚子、肝、心、爪等，摆垃大砂锅里，加火腿、葱、姜等，用大火烧开。再用温火炖三个钟头，让伊酥烂后装到小砂锅。再加糟搭余多调味品烧开后就可以上台子哉。不过我认为迭只菜侪是用猪猡个下脚料做个，呒啥稀奇。
[2] 螭虎是战国之后玉器里向常见个异兽，战国晚期玉器浪就有螭虎纹饰。

7　小辰光春游

老早仔阿拉读书辰光顶欢喜春游，顶好到老（远）老远个公园去，譬如去西郊公园（乃朝个上海动物园）咾嘉定个古猗园箇排里个地方（垃垃老早仔交通勿发达个辰光，就是老老远个地方哉）顶扎劲唻。公园里暖洋洋个，老开心个。平常是吭没机会去个，汽车开开要头两个钟头唻。箇日子每个班级几十个小朋友侪轧垃一只车厢里，叽叽喳喳（个声音）实头像打翻仔田鸡（青蛙"咯咯咯咯"叫是有眼像鸡"咯咯"叫，可能是迭个缘故叫伊田鸡）笋；学堂门口停垃许交关公交包车，箇种排场势勿要忒闹猛噢。

还有开心个事体是，大家书包里背垃许个侪是平常日脚吃勿着个物事：面包、饼干咾啥。有人带自家屋里做个馒头、餶饼（见图 41，煠餶饼，煠是用邪气少个油垃镬子里烘），条件好点个小朋友有水果糖、苹果、生梨咾啥（个）——拨乃朝个小人看起来一眼也勿稀奇。

图 41　餶饼

有一年春游个早浪头，外婆去小菜场了，我睏失觉 / 宿，直到伊回转来我再醒。"哪能勿叫醒我？"我心里哃了，责怪外婆。"我搭侬格好仔闹钟出去个，要嘎闹钟坏脱啦？"[1] 外婆懊悷 / 悷个一面讲一面搭我预备要带个物事。我牙子也勿刷，捞起根油条背上包就奔出了门。

真个迟到了！学堂门口冷冷清清个。门房间摇铃个老伯伯讲，车子老早开脱了。我懊悷得勿得了，回转去，吭没劲！箇天春游是到虹口公园（乃朝个鲁迅公园，里向有鲁迅墓、鲁迅纪念馆、尹奉吉义举纪念地梅园）。当年我十一岁，真有股初生牛犊 [doh] 勿怕虎个戆劲，也勿晓得虹口公园有几化远，拔脚就跑。

袋袋里只有一角洋钿留垃许买门票！勿认得路，就沿牢无轨电车电线跑。碰到岔 [tsho3] 道口就坐垃人行道浪，看后面开来个电车方向再走。碰

---

[1] 要拿小朋友天大个事体当桩事体，闹钟常庄拆烂污个。

图 42　榻车

到上桥拉榻车个（人力货车，样子像床榻①，见图42），我也会像小三毛一样上去相帮推，听人家表扬，心里蛮开心个！

勿晓得垃啥地方跌破了脚馒头皮，想想要走到几时，熬勿牢眼泪出来了。就垃迭个辰光，后头来仔一部三轮车，踏车个老伯伯停下来问我："小朋友啥唠②/做啥哭，是寻勿着屋里啦？"一看我脚馒头擦破了，马上抱我上车（伊个辰光，11岁个小囝侪弗是老长个，旧原十足个小囝样子）。我吓丝丝个告诉伊，要去虹口公园。伊笑哉："哦，勿远了，阿拉先到就近卫生站揾点红药水，我就送侬去。"

等到伊晓得我从老西门跑过来个辰光，眼乌珠张得老大："小家伙侬有本事噢，跑过三只区了（从老早个南市区跑到黄浦区，再跑到虹口区，虹口区垃老城厢个正北面）。"伊还相帮我拍脱鞋面浪个浮灰，翻起鞋底："哎！一双新布鞋跑脱半只鞋底快了。"就迭能，老伯伯送我到仔虹口公园门口，拿我个情况告诉售票员阿姨，再放心个搭我挥挥手。

阿姨笑嘻嘻③出来搀我手进仔售票处，通过公园广播相帮我寻里厢个小朋友："文庙路小学个小朋友注意了，侯宝良小朋友垃门口等。"广播一遍又一遍个播放，阿姨一头卖票，一头关心问我痛勿痛。一歇歇，有几个小朋友满头大汗个寻来了，见面就搭牢我肩胛唧唧喳喳个，心里勥讲有几化开心啦（搭"弗要忒"句型蛮像个——对应个古汉语句式"不亦……乎"，有反问意味）！

（原文刊于2013年4月28日《新民晚报》上海闲话版，有较多修订。）

---

① 也叫老虎榻车，前有人拉，后有人推。货色车也是人力车。常庄拉黄鱼个叫黄鱼车——拿一只双轮车缚垃脚踏车后头。
② 类似用法："啥唠侬又弗去苏州呢？""伊啥唠/哪能唠勿相信我？"
③ 一则唻，觉着送个小朋友个惊人之举好字相；二则唻，大概觉着送个小朋友本身也蛮好字相个。

8 塌底棺材

郁家姆妈一讲到自介宝贝囡儿，就一包气（一肚子气）。郁家姆妈个囡儿小芳三年前大学毕业，垃拉南京路浪一家世界500强大公司里上班。每个号头工钿八千多块，到年底再发两个号头工钿，等于一年发十四个号头工钿。派派（应该讲）勿算少了，啥人晓得小芳三年生活做下来是白娘娘斗法海——（铜钿用个）精打光。

一日子，郁家姆妈搭仔老爱人、老外婆对小芳"三堂会审"。老外婆讲，上海人拿勿会过日脚个人叫做"塌/脱底棺材"。小芳第一趟听到迭个词，觉着蛮好孛相个，就问老外婆，塌底棺材是啥意思。老外婆讲："老底子，人过仔四十岁就要为自介预备寿材，有仔积蓄也摆到寿材里。迭能介，下半生就用勿着担心哉。塌底棺材摆勿落物事，也谈勿上有啥积蓄[①]。"

郁家姆妈讲："侬迭个小姑娘派头大唻，样样物事侪要，屋里向化妆品木佬佬。前两日看仔啥广告，又买来交关新品种，原来个化妆品统统掼拨我。我一个老太婆啥场许用得脱？还有，鞋柜里个鞋子造造反反[②]，交关鞋子着还没着，就乱拨我。作孽啊，迭个鞋子个跟有七八寸，我着起来赛过踩高跷，要我命啊！大橱里向个衣裳一作堆（堆垃一道），裤子是低腰，衣裳是收腰，我柏油桶身材哪能着？送人又勿舍得，侬讲，我哪能办？"

郁家阿爸讲："小芳侬平常大手大脚，造成'塌底棺材'个原因有两个。第一个是信用卡，三日两头收到银行寄来个信，上海介许多银行卡侬侪有。啥个透支，啥个积分，花头劲透是透得来（无所不用其极），叫侬上钩，骗侬上当。第二个是网购，三日两头来快递，多个辰光，一天要收两三只快递。勿是衣裳，就是鞋子、化妆品、孛相倌（玩具），我搭侬收快递还来勿及。侬小芳讲是网购，价钿便宜，合算。侬晓得哦，镪货（便宜货）吃穷人呀！"

小芳听仔半天，发言哉："钞票要用才是钞票，要弗然就是花纸头。啥

① 外婆还是搭伊留面子个，讲得难听一点就是滥吃滥用、一扫而光。

② 余多例句：勿像乃朝香客人轧人多得造造反反。

个塌底棺材，阿拉勿晓得，我讲只新名词拨俉听听，现在叫月光族。明朝个钞票今朝用，迭个叫享受生活！"讲好，伊别转屁股就跑脱了，弄得三个大人戆脱！

9　内环·中环·外环·郊环

垃垃迭个二十年左右，上海居民由于旧城改造搭仔市政动迁等缘故，搬离伊拉原来生活个地方，住到仔各条环线以外。

按逆时针方向，内环个路线是：中山北两路—中山北一路—中山北路—中山西路（经华师大搭东华大学延安路校区）—中山南两路（经八万人体育场）—中山南一路—中山南路—南浦大桥—龙阳路（属于内环南线，垃浦东）—（经）上海新国际博览中心—（经）张江旱桥／立交桥—罗山路（属于东线，垃浦东）—（经）建平中学—杨浦大桥—黄兴路（属于东线）—绕回到中山北两路。内环线1993年开工，2009年年底内环高架路全线贯通。浦西部分是高架路，浦东部分是地面快速道路加高架路。

按逆时针方向，中环个路线是：翔殷路（属于中环北线）—邯郸路—汶水东路—汶水路（属北线）—真北路（西线起头）—北虹路—虹许路—虹梅路—虹梅南路（西线止）—上中路（南线起头）—华夏路（垃浦东，南线止）—云顺路（属于东线，垃浦东）—军工路（属东线）—翔殷路。全程约70公里，2015年9月29号全线建成通车。

还有外环线（垃垃西南角穿过七宝镇）搭郊环线。

10 松江游记

大清老早垃垃醉白池附近，我看
到交关年轻人侪望伊个方向去，道伊
拉搭我一样，侪去醉白池（见图 43）。
结果到仔伊面，原来有只地铁站。我
问醉白池个检票员："教师节阿对老师
免费？"伊就让我免费进去哉。伊隔
壁是云间会堂文化艺术中心，云间是
古代松江文人起个雅称。云间选个名

图 43　醉白池

称搭西晋个政治家、文学家陆云个自称有关系，伊自称是云间一条龙。陆
机、陆云兄弟个屋里就垃拉松江，松江还有纪念伊拉个建筑。伊拉是东吴
大都督陆逊个后代，而陆逊因得夺取荆州被封华亭侯。陆家浜咾陆家宅，
乃至陆家嘴等等选些上海地名多多少少侪搭陆逊有眼关系个。箇日（2022
年 9 月 9 号）云间会堂像煞呒没开放。

还是老城人气旺，街路浪人挨肩擦背，交关新商业大厦也造垃伊面。
我是踏脚踏车去伊面个，回来个路浪再次体会二十世纪九十年代街路浪脚
踏车轧脚踏车个味道。要弗拨人家碰着，侬要有一个本事，垃垃关键辰光
会一记头拿龙头别转开，外加还要能继续朝前踏，而弗是僵垃伊面。

我从北面新城过来，我想，过仔荣乐路
应该就算老城哉，因得街路一记头变狭，人
气慢慢较变旺。方塔公园（见图 44）应该也
有交关上海人弗晓得，伊搭醉白池差弗多大。
我箇日子（2022 年 9 月 11 号）一早去，里向
人比仔醉白池少交关。话咾，方塔前头个选
面照壁是全国最老个，也交关大，薛理勇
（1996）垃垃伊书里向讲有 6 米多长，上头一
只老大个麒麟浮雕。公园里厢一棵银杏树有
600 岁哉。醉白池里厢也有几棵好几百岁个樟

图 44　方塔

树，又粗又高；倪工技大松江校区到底年数弗长，樟树嚜行情行事，不过佘弗是老粗个，加二弗高，害得我误以为樟树佘迭能高。我垃垃报刊浪读歇过，江西个一条啥个江两岸种仔交关樟树，大概伊拉也是有年数个，也是又粗又高。

图45　松江二中门楼

方塔公园西笪对过，隔仔松江中山东路，是松江二中，门楼古色古香，匾额浪写"云间第一楼"，弗晓得垃垃古代是啥个场许（见图45）。二中是市重点——现在统称示范中学。再往西，脚踏车踏五分钟，就是（东）岳庙，弗是岳飞个庙啊，岳阳街道个名字大概源于此。岳庙是道教庙宇，里向大雄宝殿比西林禅寺个大，不过整座庙宇面积比西林禅寺小。估计交关上海人弗晓得松江个西林禅寺，西林路就垃垃伊旁边。伊面积弗大，不过我觉着里向个塔像煞比龙华塔高一眼。岳庙南面就是庙前街，估计松江人佘晓得，女人休闲趤马路个场许，不过上海余多地方个人弗必定晓得。

11　螺蛳是农民个"鲍鱼"

江南水乡各到各处有得螺蛳。开春仔，螺蛳弗再迓东迓西（东躲西藏），伊拉大大方方个从水草下头爬到水面浪向，从壳壳里打开叶盖，探出头来，吧嗒吧嗒吃起绿颜色个藻类。因得饿仔着着叫一个冷天，伊拉用足仔劲道／狠性命来吃。实梗（能样子），吃到清明快，螺蛳个营养补足，体型长足，已经又青又大哉。迭个辰光，河浜里个水比较干净，螺蛳肚肠里向个小螺蛳还生了勿多，是一年当中（横里）肉质顶顶嫩壮、味道顶顶新鲜个吃螺蛳个好辰光。

箇辰光摸螺蛳也便当来西个，等潮水退脱仔，拿只小个网兜到河滩边浪朝睏垃湿烂泥浪个螺蛳抄上去，兜着仔嚒再摆到水里漂漂就可以哉。要嚒到河水退来/得只挺着着（最最）当中（横里）一条狭来西个河道个日脚，着仔高统套鞋，直接走到河浜边头，看见何里垃（哪里）有螺蛳就弯腰拾起仔；也可以专门用长竹头扎个稠 [thaon2] 螺蛳网，垃水深一眼个河浜、水塘半发郎当（半当中），沿仔塘底兜稠一团一团沉垃许个外壳墨墨青个螺蛳。螺蛳摸回来还要用河浜水或者已经垃盆子里搁 [koh] 过几日个水静养两三日。

从农贸市场问农民买得来个螺蛳，一般也常庄会得剪脱仔尾巴，省得买小菜个人拿转去再花功夫弄哉。回到屋里，要拣脱空个、发臭个坏螺蛳，拿螺蛳倒垃篮或者盆里汰干净。汰个辰光就像淘米一样哗啦哗啦淘，利用螺蛳外壳个摩擦嘎脱（搓掉）龌龊。考究一眼个，也可以用刷子刷。再拿螺蛳养到盆里（去）。

等箇排好哉，静下来哉，螺蛳就会得郁发郁发（一伸一缩，游来游去）窜到水面高头，像只吸盘一样，用一只薄来西个猩红色叶盖殼牢仔盆壁，慢慢较拿螺蛳壳荡下来，舒展开身体，吞水吐泥沙哉。当然，吸垃盆壁高头个侪是甲甲壮壮、调皮捣蛋个料作；有得大一半个螺蛳旧原是定定心心掯（挤）垃盆里，伸出头吞吞吐吐个登垃许。

螺蛳一般可以养伊个两日天，要经常调水。大热天嚒，当天早浪养到吃夜饭辰光就够哉。要是垃垃清明节后头（主要是小螺蛳已经生出来哉），可以垃水里向滴一眼豆油或者别个烧小菜个油下去，油闷牢仔水面，氧气减少，螺蛳个呼吸加快（少滴一眼，弗要拿螺蛳闷煞脱），吞吐越加忙，泥沙、龌龊排出去个力道加大，小螺蛳也慢慢较从剪脱屁股个壳尾巴洞里向汊 [tsho3]（排泄）出来哉。两日天养下来，螺蛳个肚肠就没杂质哉，养干净哉，只要多放点水，汰汰伊（重复指前头个螺蛳），沥脱点水就可以烧来吃哉。（螺蛳大概已经饿得弗来三哉。）

习惯浪向红烧螺蛳比较受欢迎（见图 46）。拿油镬烧热，煸 [pie1] 香生姜搭蒜瓣，"嚓"一记螺蛳倒进镬子，大火翻炒一歇。烹黄酒，倒奉贤出个鼎丰酱油，加盐、白糖，倒少量水，欢喜吃辣个朋友也可以加几段辣椒干，加盖闷笃四五分钟。开盖加一眼生抽吊鲜，中火翻炒两三分钟，到螺蛳盖头沓出来，或者汤水收到一半关火，毂一眼小葱上去，就可以起锅装盆。

图 46　红烧螺蛳

箇红烧螺蛳噢，是农民屋里向个家常名菜。一是便宜，两三块一斤，食材各到各处侪有。两是好吃，清明前头个肉顶嫩，有眼像小点仔个黑颜色个鲍鱼。耐咬嚼，肚肠也吸进仔汤水个鲜味，唧（吸）进嘴（巴）里嚼嚼伊别有风味。三是营养，中医讲起来螺蛳味甘、性寒，可以清热、明目、消渴，是利大小肠之药，是食补个好小菜。噶咾有趟我听得一位出身农村个领导对北方来个朋友讲："螺蛳啊，这就是农民的鲍鱼！"

其实阿拉上海交关市民也老欢喜吃螺蛳个。前两日就有人问我："螺蛳是剪脱仔养好还是勿剪脱养好？"我讲："勿剪脱可以养比较长辰光，烧个前头剪脱仔，至少再要养半日，箇是比较考究个做派；剪脱仔养嚜比较省力（菜场摊主已经代劳哉），顶多勿要超过三日。还有，阿拉亲娘（无锡人对阿奶个称呼）有个窍槛，拿米泔水养蛳螺（无锡人反过来拿螺蛳叫蛳螺），螺蛳会吸收营养，长得越加结足（肥实），吃起来味道还要崭（好吃）。"

（文字来自 360 个人图书馆《螺蛳是农民的"鲍鱼"》，参见 http://www.360doc.com/document/22/1006/17/13617959_1050700376.shtml。本书作者有较多修订，主要是垃垃老派上海闲话方面个修订，不过原文个上海闲话写得已经相当好哉。）

12　《史记·鸿门宴》上海闲话版本

（良乃入，具告沛公。沛公大惊，曰："为之奈何？"）

张良乃嚜进来，全部告诉仔沛公。沛公吓煞了，叫道："（阿爹拉娘唉……乃嚡老鬼失撇，死蟹一只唻）迭记让我哪能弄法子啦？"

（张良曰："谁为大王为此计者？"）

张良问道："啥人／何里只阿屈死搭侬出仔迭只（介刮三^①个）主意呀？"

（曰："鲰生说我曰'距关，毋内诸侯，秦地可尽王也'。故听之。"）

沛公（端仔张出屙面孔^②）讲："鲰生／呹，只常庄欢喜阿乌卵冒充金刚钻^③个戆巴子眯花眼笑嘻嘻个搭我讲'只要（叛垃垃乌龟壳里厢、螺蛳壳里做做道场）闭关硬撑，勥界拉外头迭帮狠三狠四、穷凶穷恶个瘟牲（英文 one cent，指一文不值、冤大头、好像得瘟病个人）进来，乃朝后头垃秦迭埔块称大老倌就吃嚡来哉^④'。嚡咾我就（笃定泰山个）听仔佢（指他）个唻。"

（良曰："料大王士卒足以当项王乎？"）

张良（听仔，咽了口涎唾水，邪气懂经个）回道："嚡嚡大好佬^⑤，侬觉着自介手底下现在个士卒／迭帮子老茄三千^⑥、贼头狗脑个老牛三^⑦搭仔小热昏^⑧，擤得牢项王革履^⑨迭只老吃老做个老门槛哦？"

（沛公默然，曰："固不如也，且为之奈何？"）

沛公听仔呆 [nge，古汉语、老派上海闲话个读音] 剥落洿，硬劲撑大一对

---

① 笨，尴尬。

② 紧张，不知所措。

③ 外行冒充内行，装腔作势。阿乌卵：宝山闲话，骂一个男人做事体勿守规矩，呒信用或者勿通人情。

④ 就来哉个意思，堂倌上菜辰光个吆喝。有大佬倌（阿大／老大）就有二佬倌／就是阿二／老二，是一种客气个叫法。苏州祝枝山到杭州周文宾该埔字相，就称周文宾二佬倌，见滑稽戏"祝枝山大闹明伦堂"。

⑤ 老大，有本事个人，大人物。不过大好佬用到后来常庄带有贬义、讽刺色彩，人家一般弗愿意被称为大好佬。

⑥ 以弱示强，老练。类似个组词法：卖洋三千（装腔作势，炫耀）。

⑦ 老资格吹牛屄个人。

⑧ 小热昏本意是一个人因得发高烧热昏仔／脱头而胡言乱语，以迭个词命名个曲艺则是"满嘴荒唐话"个说唱艺术，以求避开政府、警察个查问搭追责，也指卖梨膏糖个艺人、说诨话个艺人。例句："阿要热昏！我一双手敬得菩萨，上得台榻，再干净呒没。弗比俉男人个手……"

⑨ 市井用语，用垃男女身浪侪可以，有亲热搭寻开心个意思，呒没褒贬，有常时稍许带一眼贬义。原来是称呼新潮青年，流行于民国初年到二十世纪五十年代，赛过喊人家王先生、张先生等等。

眯牵眼，擤仔/脱把鼻涕，揩仔/脱把汗，木兄兄①个讲："迭个呆板数勿来事个，就算箇歇拿我自介一家一当、真崭实货、搁落三姆、亨八冷打、一搨括子、统统沙蟹②去一门心思对付项夹里，也照牌头（总归，一定，稳到手）孛相弗过迭只杀千刀（苏州闲话，娘姨大姐讲勒最多）个老刮铲③个，孵到末脚弄得来一眼落场势（面子，台阶）也呒没，真是一天世界④，箇哪能办呢？"

（张良曰："请往谓项伯，言沛公不敢背项王也。"）

张良听仔讲道："不过伊拉有过墙梯，我俚也有张良计。事体嘎横竖摆煞勒该，我手浪还有一张牌。我只要去摆点嚯头搭项伯讲，侬定规会对项夹里诚心诚意，绝对弗敢垃伊背后孛相啥窍槛个。"

---

① 反应慢，思维迟钝。
② 源自 show hand，扑克牌个一种孛相方法，拿出来，下注。照侬沙蟹意思是拿侬个铜钿咾钱财赢光、用光，完完大吉。
③ 一毛勿拔，各到各处揩便宜个人。
④ 全部乱七八糟。

附　录

1　特色词汇

【落帽风】神龙见首勿见尾。

【跌跟斗】受挫折 [tseh]。

【脚花乱】吃醉仔酒咾脚步乱；乱仔阵脚。脚花：脚力。譬如讲："天天堂子里进出，身体侪淘空哉，二十几岁个人，走路脚花也乱哉。"

【花脚头】费力。

【看 / 望野眼】注意力勿集中，各到各处乱看。

【老浜 / 崩瓜】中年男人，老头。浜瓜一般指上海本地个良种菜瓜，三林塘上来个浜瓜就叫三林浜瓜，皮薄脆，熟仔容易崩裂。老早仔，种瓜个乡下人用船装仔浜瓜到镇浪卖，勿卸货，就停垃河浜边浪卖，为仔弗一定全部卖得脱，生怕 / 常怕搬上搬落。因此就叫浜瓜，还有浜鱼个叫法。引申词汇：老菜皮（菜皮是勿值铜钿个小菜，噶咾被用来形容人老珠黄，也勿值铜钿哉）。浜瓜还有木兴兴个意思。相关童谣：老头浜，修棕绷，一修修到肇家浜，棕绷修得硬邦邦。

【包打听】巡捕房里个侦缉，巡捕耳目，密探；欢喜打听消息，晓得交关消息个人。

【啥犯着】何苦呢。

【老茄】老练个意思，是中性词或褒义词。譬如讲："侬个小人老茄个，大起来板数有出息。"引申词汇：小老茄，指年纪小不过充内行、自以为懂个人；小敲卵，指言行咾性格搭年龄弗相称个人，譬如小大人咾大小人，贬义词；跑路得意忘形个神气样子叫"敲"，譬如讲："看侬神气来，走起路来敨发敨发。"

【入港 / 入杠】到手。

【的的刮刮】确确实实，真真正正。

【回转】返回。

【汗溚溚渧】汗直流。相关词汇：淌淌渧。

【嘠梁】戴眼镜个。

【柴板】柴火；形容人瘦。柴板 / 爿馄饨指马路浪个馄饨摊卖个馄饨（见图 47）。搭柴板类似个组词方法：链条、肋条、苔条、鱼块。

图 47　柴爿馄饨

【五虚 / 顭 / 海六肿】面孔浮肿，半只面孔侪顭起来哉；一败涂地，输得五虚六肿。顭是俗字。上海闲话咾江南闲话里，海指大，譬如海碗、海青，海青是袖子宽大个一种袍子，海肿是讲肿得厉害。相关讲法：六肿；一只面孔长得七翘八裂 / 七撬八捩 / 七歪八牵；一只面孔长得弗二弗三 / 弗三弗四；一只面孔长得隔夜饭也要呕出来；一只面孔长得像只踏瘪脱个（升调）夜壶（简称踏扁夜壶）。

【上只角】老底子，上只角指上海个租界。1843 年 11 月上海开埠，1845 年、1848 年、1849 年，英、美、法租界先后垃垃上海县城个北首 / 北面建立。乃朝虹口区个一部分当时垃垃美租界，旧黄浦区个一部分垃垃英租界，后首来虹口区个另外一部分成功日租界。1863 年英美租界合并，称国际租界，1899 年改称公共租界。垃垃中国传统方位用词里厢，有北上南下之说，所以租界被叫作上只角。后来，上只角泛指上海市区富人住个地段，反之则被叫作下只角。

【下只角】居住条件推扳、生活水平低个棚户区搭边缘城区。

【搨皮】扯平。

【保大洋】上海老字号绸布商店"宝大祥"（垃垃金陵中路）个谐音（见图 48）；保证赢大洋，确保勿输、横竖 [zy2] 侪赢，有确切个把握，譬如"买迭只股票绝对保大洋"。

【横下来】躺下来；破釜沉舟，无所谓。下面是例句：

我去横下来睏（仔／脱）一歇。

我已经横下来哉，侬勿让我太平，侬也呒啥好日脚过个。（意思是我已经豁出去哉。）

【活络】灵活；舒展；弗确定，一脚进一脚出；宽舒。讲几只例子：

迭把门锁勿大活络。

活络活络筋骨。

迭桩事体，伊心里还有眼活络。

大家手头侪活络起来哉。

【碰鼻头转弯】碰到阻挡就转弯。譬如讲："谢谢侬，老城隍庙①哪能走？""迭条街路

图 48　宝大祥

（马路）笔直走，走到底，碰鼻头转弯，右手再走五六分钟就到庙门口哉。"引申词汇：笔笔直、笔立直、笔笃（势）直。

【牵走之】走之底。相关讲法：走肖赵、刀口劭、曲日曹、卯金刀刘或者文刀刘、人可何、加贝贺、口天吴。

【金洋钿】金币。

【揿垃甏里】置于绝境。相关讲法：揿头割耳朵——硬逼。旧上海个治安弗大好，红眉毛绿眼睛，翻门槛掉枪花，打哈轩割舌头个事体交交关关。

【七里缠八里】以讹传讹。譬如讲："介简单个一桩事体，侬哪能会得七里缠八里，侬狠个。"相关讲法：七月里传，八月里拌。

【投三仙】热锅浪个蚂蚁，形容忙得不可开交。

【投五投六／投三投四／投七投八】心急慌忙，莽撞，急吼吼，粗心，脱头落襻，心不在焉。投三投四／投七投八出现得比较早。"投"个正字是"趉"。譬如讲："迭个人哪能介急个啦，阿是要去投人身啊？！"

【脱头落襻】讲闲话、做事体粗枝大叶咾丢三落四；不拘礼仪。头指钮头、钮子，譬如盘香钮；襻原来是系衣裙鞋帽个带子，譬如鞋襻，后来发展成功细布带缝个小圈圈，就是钮圈。有根有襻就是有依据咾有来源，譬

---

① 1937 年 8 月之后，因得豫园被划进难民区，大多数老百姓勿好去老城隍庙，社会名流筹资造仔新城隍庙。"文化大革命"前后两座庙侪被毁。乃朝个老城隍庙是重修个。

如讲:"我讲闲话句句有根有襻。"

【落乔】勿讲信义。

【瞎胡调】胡说八道。胡调:终日游戏,专事挥霍。

【空心汤团】勿能兑现个承诺。类似词汇是屁照镜,譬如讲:"侬讲点啥屁照镜,侬讲个事体办得到哦?"屁照镜还有落空、失望个意思,譬如讲:"我跑到伊面去寻,屁照镜,一样物事也咉没。"

【空心大佬倌】装赅铜钿个人。大佬倌是老大咾一家之主,年轻男子叫小官人。

【死勿领盆 / 临盆】死勿认错,顽固。引申讲法:勿服盆,指花草移到新盆里向后枯萎。

【烂糊三鲜汤】乱七八糟,马马虎虎;骂女人。烂糊肉丝弗是烧烂个肉丝,而是大白菜烧肉丝,因得烧菜方法是拿白菜劗碎烧烂着腻。

【垃圾瘪三】拾垃圾个。

【饭泡粥】啰唆;交关作个人。

【落佻】源自 rotter,指无赖,后来转为形容词,意思是无赖、无耻、下作、卑鄙个;脾气怵,弗候伊心想就要拉长面孔发脾气。

【狗屁倒灶】小家巴气,勿上路,拖泥带水,勿光明磊落。譬如讲人家弗肯做个狗屁倒灶个事体、弗肯交个狗屁倒灶朋友、弗肯讲个狗屁倒灶闲话。近义词:牵丝攀 / 薴藤。倒灶:触霉头,弗色头。

【牵丝攀藤(牛皮糖)】食物咉没烧酥,旧原有筋筋绊绊,勿容易咬断;一团乱丝牵扯勿清,纠缠弗清,包括男女之间个牵丝,嬲弗清;办事体慢余余,磨磨蹭蹭 [mu1 mu1 tshen3 tshen3],咉没条理。相关词汇:攀朋搭友。

【乌龟薴门槛】艰难。早浪头起来叫薴起来,松江人叫踑起来。譬如:天浪有银子落下来,要拾银子也要早一点踑起来;五薴六坐九翻身;雨后趟积水叫薴大水;先薴水,先湿脚(先做先触霉头,带头个人先受损失);放牛娃薴垃牛背浪;石头缝缝里薴出一条老百脚。

【绊球 / 绊带】踢足球辰光带球过人,绊指绕过障碍。

【鬼摸大蒜头】磨磨蹭蹭;鬼戳戳;神之胡之,昏头落暝,神智混乱。譬如讲:"伊就会得鬼摸大蒜头,总归叫人家等伊。""伊是鬼摸大蒜头,啥人晓得伊垃做啥。"相关讲法:鬼头鬼脑;人搀弗跑,鬼搀滥奔。

【异样刮搭】磨蹭；挑剔难伺候；黏糊；做作。

【放鸽子 / 放白鸽 / 放龙头】勿守信用，失约。旧社会，有些身世勿明个女子，用甜言蜜语引诱男人买自介做家主婆。嫁过去没几天，新娘子就卷仔钱财跑脱了，照侬沙蟹（拿光，用光），要侬好看，害得男人人财两空、完完大吉。老鸦（乌鸦）、野鸡容易识别，顶难防备个就是表面惹劲 / 讨人欢喜个"白鸽"。近义词：放生、放空（炮）、开大兴。

【拆白党】栽赃陷害咾敲诈勒索个流氓团伙；不务正业、以奸骗妇女为生个人，比吃软饭个更加触气，弗仅要女人养垃许，伊拉一有机会，就卷仔 / 脱钱财一走头①。拆白原来写擦白，表示劣质铜，后首来引申为拆空个意思，也可以理解为不劳而获后拆账。相关词汇：卷地皮、脚底揩油。

【拆梢】拆指夺，梢是孛相人讲个切口，指钱财。"血"是同义词，拆梢指敲诈勒索，主要针对姘居男女。引申词汇："伸梢"指赅铜钿，"老兄迭腔伸梢哉"指发财。梢原来指树梢咾树尾，盯梢就是尾随他人。掮木梢就是让人家上当吃苦头。

2　名词词汇

方位讲法

【上头】上面。
【底下】下面。

---

① 类似个组词法，参照例句：
　　介轻个物事，一拎头就好走个，为啥咾要两个人去盘啦！
　　迭个生活伊是一掼头，我来搭伊揩屁股个。
　　拿出来一哄头就卖光哉。
　　一记头朝右一蹿头。

【前头】前面。

【当中】中间。贴贴当中：正中间。

【里势 / 里向 / 里头】里面。里向早期多写作里厢。

【半边 / 边浪向】边上。

【贴对面】对面。

【别地方】别处。

辰光搭节日讲法

【近腔把】近一阵。

【箇一腔】这一阵。

【开年】来年。相关词汇：前年、旧年（上年）。

【当日】当天。

【昨日（子）】昨天。

【日里（向）】白天。

【夜到（头）】夜里（向）。

【大清（老）早】一清早。

【早浪（向）】早晨。

【夜快头】傍晚。

【日中 / 中浪（向）】中午。

【礼拜天】周日。相关词汇：上（个）礼拜、下（个）礼拜。

年初一，吃糖糕片配红枣、赤豆汤，寓意是早出头，年年高。

元宵节，上灯圆子落灯糕。正月十五也是接灶家老爷个日脚，吃荠菜圆子肉馄饨。

三月十五号，龙华庙会开始哉，历时半月。龙华塔是上海顶古老个建筑，其次是静安寺。

冬至馄饨夏至面。"夏至弗去莳秧，冬至弗去望娘"——一个日脚最长，一个最短。

七月半斋田头，后首来是斋弄堂，乃朝是斋小区哉。

冬至隆重祭祖，吃冬至夜饭。

交关地方腊月二十三祭灶，江南包括上海垃拉二十四祭灶，也叫送灶。

做谢灶团搭元宝糖，也就是糯米团子搭元宝咾方胜形状个饧糖，伊拉侪是黏性个，好封牢灶王爷个嘴，"上天言好事，回家报平安"，拿庙里讨来个灶词贴垃灶团浪。还要烧灶马灶轿，也蛮浪费个，搭放炮仗差弗多。

年三十夜 / 大年夜 / 年夜头，贴门对。

"新年新岁"个"岁"读 [sy]。

植物名称搭仔关于花搭原始美个话题

【粳米 / 大米】粳稻主要垃垃太湖流域搭淮河以北温度偏低个地方种植，一般是单季稻，生长周期长；米粒粗壮，黏性强咾胀性小。

【（洋）籼米】籼稻主要垃垃华南热带搭淮河以南温度偏高个地方种植，通常是双季稻，生长周期稍短；米粒细长，黏性弱咾胀性好。近代上海粮食供应主要靠外埠运入搭外国进口，进口米主要是南洋产籼米，多数从西贡转运，噶咾叫洋籼米咾西贡米。乃朝上海个籼米主要是国产米，不过旧原习惯叫洋籼米。

【长生果】花生。

【香瓜子】葵花子。（白瓜子：南瓜子。黑瓜子：西瓜子。）

【寒豆】蚕豆。

【小寒豆】豌豆。

【饭瓜】南瓜。

【白菜】黄芽菜是大白菜个一种，小白菜就是青菜。

【草头】金花菜 / 苜蓿，草头叶圆如盘，歧枝蘖生，上海郊县人又称盘歧头。"盐金花菜刮刮叫，三分两分买一包"，盐金花菜就是腌制个苜蓿。

【塌棵 / 科菜】谐音"脱苦"，噶咾年菜里向常庄有，塌棵菜烧冬笋。伊是菘个一种，上海特有品种，周边地区有少量种植。之所以叫菘，是因为黄芽菜、青菜、油菜等蔬菜垃垃寒冬腊月也可以生长，像松树一样弗凋零。清朝有人写诗称赞塌棵菜："贴地塌科唯邑产，种经迁地勿称良。"意思是只有上海出产，调仔地方种就会得种、味侪变。

【蕹菜】空心菜。

【雪里蕻】腌制个咸菜，分盐封咸菜、暴盐咸菜搭鬆头咸菜。

【大头菜】是芥菜腌制个。相关讲法："我倒一眼呒啥，想弗到伊是三月里个芥菜——一早生心（老早就留意，蓄谋已久）。"

【蓬蒿菜】同蒿。

【香蕈】香菇。

【扁豆】大而扁个菜豆。

【文旦】柚子。

【枇杷】搭"琵琶"发音相近，吓得双脚抖豁也叫弹琵琶。枇杷叶面孔——一面光一面毛，翻转弗认人。

【葡萄】葡萄。（二十世纪二十年代就讲葡萄哉。）

【地栗/地梨】荸荠。

【麻荔枝/麻栗子】荔枝。

【黄金瓜/白梨瓜】甜瓜。

【甜芦黍】芦粟。

【元宝】橄榄。相关词汇：元宝茶。

【扚扚头】蒂。类似词汇有薄落头（升调），伊一般指用于握牢个、圆个、一小段凸出个部分。

【花核子】棉籽。晒花/轧花是脱棉花籽，去籽棉花叫花衣，即原棉，东门外有一条叫花衣街个小路，因得清朝东门外有交关花衣仓库。

关于花个话题

老早仔，上海乡下头人讲"花"往往是讲棉花，譬如"花好稻好样样好"，弗是花花草草个"花"。有一句歇后语，三年弗种（棉）花——道（稻个谐音）地。江南以种水稻为主，不过老早仔上海沿海地区是沙碱地，土质贫瘠，勿适合种稻。南宋末年元朝初年，黄道婆从崖 [ya1，文读] 州（海南岛）乘海船来到松江府，带得来优良棉种搭仔先进个纺织技术。到仔明朝，"松江之布，衣被天下"。

洋布进口前，上海是中国最重要个棉花产地[①]，也是棉纺织业顶发达个

---

① 乃朝是新疆。"花好稻好"个"花"还摆垃"稻"前头，因得种棉花比种稻合算。

地区。老早仔，上海乡民种稻个交关少①，或者三亩棉花三亩稻，对半分②。一直到二十世纪六十年代前，上海近海地区仍旧以种棉花为主；松江、青浦等地，棉花搭水稻种植一般是三七开。木棉垃垃上海是迭能重要，噶咾老底子上海人称棉花就叫"花"，"花"也就是讲棉花，除非侬特为加上专门个定语。

乃朝大多数人，包括乡村居民，侪欢喜花花草草，特别是奇花异草，认为伊拉代表美，而看轻各种农作物，甚至认为伊拉难看。啥人垃垃城市里种菜、种庄稼，要拨人家嘲笑个，往往也要拨管理人员拔脱个。为啥拿美局限垃花花草草呢？庄稼、蔬菜代表个丰产也是美，外加是原始美、乡村美。"文化大革命"期间倒是提倡丰产美，不过又过仔头，弗许人家追求、欣赏"资产阶级、小资产阶级"个花花草草个美。

关于原始美个话题

《上海园林志》记载，民国十八年一月，市社会局以莲花、月季等花卉作为市花个候选对象，报请市长裁定。箇年两三月辰光，市政府决定先由市民投票。四月八号公布投票结果，呒没垃垃候选名单里个棉花得票数排垃第一，远远较超过别个花卉。迭桩事体后来就不了了之哉。箇说明啥？说明伊个辰光个人就排挤原始美。

人性是相通个，千年难改，伊个辰光个时髦男女也欢喜乘仔漂亮个马车"飙车"，箇就叫出锋头。因得巡捕捉伊拉，伊拉就捱到夜里飙车。阿是搭乃朝个迭帮赤佬一色一样？祇必过马车调成功大马力个摩托车、跑车，外加是特为勿装消音器，就是要垃垃马路浪引人侧目个来路货，也是半夜三更拨人家臭骂个。迭排人大概过个是寄生虫个日脚，有爷娘养垃许，铜钿用弗光，用弗着上班，噶咾精力呒场许发泄。深更半夜人家要睏觉辰光，伊拉竟然劲道好得赛过日里，旧原好飙车。

回转到前一段个话题，弗晓得别人家哪能想，乃朝就算让我看到原生

---

① 根据王韬 1875 年《瀛壖杂志》刻本记载。
② 根据王有光 1820 年《吴下谚联》（铁山房原刻本，同治年间王氏补刊本）记载。

图 49　土路

态个土路，就是乡下头高低弗平咾白遢遢个土路（见图49）①，我也会老开心个。不过迭种开心是讲看到好天辰光个土路，落雨天个土路我看到也惹气个，一到落雨天就烂泥污浆②个，跑迭种路要打滑跶个，外加泥浆溅到鞋子、裤子甚至衣裳浪，一天世界，弄弗好还要滑一跤。注意啊，上海人弗讲泥土迭个词，只讲烂污泥或者烂泥。落雨天个土路只有钉鞋对付伊最来三，短跑运动员个钉鞋当然好个，不过古代咾旧社会何里堪来个迭种钉鞋，是土制钉鞋，生牛皮做个，揾仔桐油，鞋底钉铁钉，交关防滑，一脚踏下去，再抬起仔，地浪交关小洞洞眼。

尽管迭种土路搭原始社会咾上古时代个还是勿一样，经历仔几千年，准定拨人类改造过个，多数像前一段插图里向个，是人工整修过个，但必过伊拉总归更加接近原生态个路。而弗像乃朝城镇个马路、公路，功能是强大个，不过拿雨水也基本浪潭垃外头，妨碍地下水个形成。建议大力广泛使用透水地砖。

还有，我两趟看到，有两只大学拿学堂荒地浪个原生态植物铲铲光，包括野生形态个树，再填平原生态个水沟，补种一些花花草草，弄得唻工工整整个，像公园里一样，滑稽哦。迭些园艺（设计）师到底是啥个水平？为啥普遍要学西方园林风格？弗晓得就地取材、因循自然、顺势而为改造荒地啊？就是欢喜花大价钿办事体，有辰光还是愚蠢个瞎来来。2011年我去江苏大学参加全国博士生论坛，迭只学堂是依丘陵建个，当时（2011年，迭只新校区大概是再十年前建个）就保留仔蛮多原生态植物，看得出，是丘陵浪野生个植物。弗晓得乃朝还保留垃垃哦。

---

① 图里向个土路还哎没迭个特点，外加准定是人工修整个路，不过拖拉机、汽车垃拉落雨天开两趟就有哉。
② 结棍个辰光，走一步滑一滑，走两步拔一拔，乃朝垃垃毒日头下头个柏油路浪跑，也要拔一拔。

动物名称

【中牲】畜生。

【活狲】猴子。

【四脚蛇】蜥蜴 [sih yih]。

【田鸡】青蛙。

【癞蛤霸】癞蛤蟆、癞尿蛤蟆。

【曲蟮】蚯蚓。

【老虫】老鼠。讲人长得像老虫，尖嘴猴腮，叫"尖头把戏"，譬如"尖头把戏个男人"，《十五贯》里向个娄阿鼠就是迭副腔调。

【金金鱼 / 金睛鱼】金鱼。

【乌贼鱼】墨鱼。

【千鱼】青鱼，有草千、乌千（颜色比较深个青鱼）。

【胖头鱼 / 花鲢】鳙鱼。

【白鲢】鲢鱼。俗语讲"青鱼尾巴白鱼头"，白鱼就是鲢鱼，迭句闲话个意思是，青鱼个尾巴赞，烧甩水用伊，白鱼个鱼头赞，青鱼头推扳一眼。黄鱼头呒人睬伊个，因为伊只有空壳子。普通闲话搭一些方言（譬如镇江方言）讲鲫鱼也叫鲫壳鱼，可能也是讲伊呒吃头 / 呒啥好吃个（一边个肚皮浪个肉吃起来便当一眼），鱼刺又多又细，弄得弗好就卡垃喉咙口，急煞人个事体。不过有一种"黄鱼头"垃垃旧社会有人欢喜个，伊指个是五块头钞票，一张"黄鱼头"垃垃二十世纪上半叶没通货膨胀辰光好请七八个人吃一顿酒水个，嗄咾当然有人欢喜伊咾。二十世纪前叶没通货膨胀辰光，一石米十块洋钿弗到，四角洋钿普通上海人家好开两天伙仓；隔夜面包三只铜板，新鲜面包或者粢饭糕六只铜板，生煎馒头两只铜板。方才讲个十块洋钿还是指钞票，要弗然十块银元也忒贵唻，假使侬讲个是银元，要讲清是银元或者银洋（钿）。黄鱼脑子指记性老推扳个脑子、糊涂脑子、笨脑子。农历五月是黄鱼汛期，渔民捕捞黄鱼辰光垃垃渔船浪敲一种特制个铜鼓，沉闷个鼓声就拿黄鱼群吸引过来，所以讲伊拉笨。另外一种讲法是，黄鱼个脑子里向有一块白颜色个石块，所以叫伊拉石首鱼，讲一个人黄鱼脑子，意思是伊脑子里弗长智慧咾长石头。

【元宝鱼】鲤鱼。

【叉鳊鱼／车鳊鱼】鲳鱼。

【大煠蟹】河蟹，清水／淡水蟹，学名中华绒螯[ngau1]蟹，因得蟹钳浪有毛。煠指水煮，大煠蟹老底子侪是水煠，乃朝考究眼蒸蒸伊，叫大闸蟹也可以，因为蟹要洄游，就要爬（阳澄湖）大闸；又因为野生蟹是用蟹箷[toe3]（芦苇编个小"闸"）捉个，噶咾叫"闸蟹"，小贩加一只"大"字是促销行为。单讲蟹，指个是大闸蟹。蟹性寒，吃蟹辰光要乱脱邪气寒个蟹心。还有宁波咸蟹、梭子蟹（海蟹）。

【麦蝴蝶】飞蛾，麦蛾，谷蛾。

【百脚】蜈蚣。

【蚕宝宝】蚕。

【游火虫】萤火虫。

【黄蛉】交关小，叫声交关好听，可以养过冬。

【蝈蜢／蛤蜢】蚱蜢。

【叫哥哥】蝈蝈，码子比较大，搭蝗虫有眼像，也可以养过冬，蹩蜱也可以养过冬。

【野无知／野胡翅】青颜色个小蝉。

【刺毛虫】洋辣子。毛毛虫叫毛辣子。

【蟢子／蛛】长脚蜘蛛。垃垃新婚夫妇房间里挂一幅蛛网蟢子图，讨一句好口彩——抬头见喜。

【壁蝨／虱】臭虫。

【蚤蝨】跳蝨，跳蚤。

【鼻涕虫】爬过个地浪会留下银色个长条。

【鱼子】鱼卵

【四件头】脚爪。后首来讹称个四件就是猪猡个头咾尾巴咾脚爪咾内脏，泛指畜禽个下脚料。

饮食词汇

【干挑】葱油拌面，热拌面。

【如意菜】黄豆芽油豆腐，豆芽像如意。单单个豆芽菜垃垃年菜里常庄有个，年菜里顶好弗要有豆腐。

【芯子】馅（子）。

【重阳糕】见图 50。重阳糕是北宋朝人仿照汉唐重阳登高插茱萸个风俗，设计个食品新品种。

图 50　重阳糕

【定胜糕】寿糕，米粉做个，见图 51，如意状。还有面粉做个寿桃，选两样糕点是祝寿用个。还有海棠糕、麻糕、松糕、方糕、条头糕、云片糕、松子糕、糖年糕、猪油年糕、茯苓糕、赤豆糕、绿豆糕、粢饭糕、鸡蛋糕。

图 51　定胜糕

【粢饭】"生煎馒头粢饭糕，锅贴麻球小笼包。"粢饭是糯米蒸熟仔，团成团，当中夹白糖或者油煠烩。粢饭糕是拿蒸熟个米饭压紧切块，再摆垃油镬里煠。

【炝饼】本地传统面点。

【饭糍/饭糗/镬子底】锅巴。

【麻腐】用绿豆粉、白薯粉、寒豆粉等做成个线粉、片状个粉皮、胶冻状个麻腐（凉粉），见图 52。

图 52　麻腐

【豆腐餍】薄到接近透明个豆腐皮。还有大个栅栏 [sah lae] 状个兰花豆腐干，豆腐衣包肉叫黄酱/黄浆。

【烤麸】用干面糊发酵做成。

【门腔】猪舌头，避讳"蚀本"个谐音。

【腰子】猪肾，人肾。

【肚子】猪胃，赛过江浙人讲吃肉一般指吃猪猡肉。

【蛋肓】蛋黄。

【辣火（酱）】拿新鲜辣椒斸成末，加水泡，或者用滚油浇垃垃拌仔蒜末个干辣椒末里。（俚语）勿识相，要吃辣火酱——就是要吃苦头。

【甜小菜】甜黄瓜。酸小菜：酸黄瓜。

【饧糖/馑糖】饴糖。

【太妃糖】toffee 个音译，既含牛奶又含咖啡。

【白脱】butter 个音译，有白脱糖、白脱咸味糖。

【桃板】一种蜜饯 [zie3]。

【铇冰】冷饮，刮仔冰屑摆垃赤豆汤、绿豆汤等饮料高头。

【九雌十雄】阴历九月吃雌蟹，蟹黄顶肥；十月吃雄蟹，膏顶肥。忙做忙，弗要忘记六月黄：阴历六月初起头吃个蟹，蟹肉更加细软、鲜嫩。六月黄就是泖 [mau2] 蟹，体形介于大闸蟹搭螃蜞当中，俗称毛蟹，毛是小个意思（譬如毛毛雨；蟹手蟹脚就是毛手毛脚、笨个意思）。六月是江浙乡下顶忙个辰光，常庄饭也没空吃，但必过六月黄是弗好忘记个。六月黄常庄做成面拖蟹。类似讲法：小做小、苦做苦、难看做难看……也（弗）要……（意思是"再……也不要……"）

【菱粉】老底子从菱提取淀粉，噶咾叫菱粉，加水变湿淀粉，用于着腻，就是勾芡。汤水烧热之后，湿菱粉摆下去，汤水就变稠哉，也就是腻哉。乃朝多数从珍珠米搭洋山芋提取淀粉，不过上海人旧原叫菱粉。着腻弗曾着好，叫懈 [ga3] 脱哉，变成功清汤光水。

烧菜方法/动词

【汆】如汆芹菜、汆马兰头，拿容易熟个食材垃垃滚水里摆一歇歇就撩起来叫汆，汆指进仔水里，伊是一只指事字。不过鲫鱼汆汤并弗是摆一歇歇，而是要慢慢较烧，是煮汤。

【汆】就是普通闲话个炸，譬如汆豆瓣、汆油条、油汆粢饭糕、汆臭豆腐干，搭上一个动词弗一样，像人汆垃水面浪一样，豆瓣咾油条也是浮垃油面浪个。汆也是一只指事字。油汆棋子指油滑个人。

【烘】烤，譬如烘山芋。

【煠】用大火或中火烧，譬如煠毛豆、煠牛肉。

【笃】烧熟后再用文火慢慢较烧，譬如笃赤豆汤、笃蹄髈。

【爆】拿食材摆垃滚油里快炒叫爆。滑稽戏《池中鲤鱼跳》个对子（下一句）就是葱姜猪油爆。

【焐酥豆】见图 53。干寒豆先浸泡，倘使拿伊头部个皮去脱一眼，乃嚜做好仔也好叫和尚豆——头刂光秃秃个。油镬子里摆葱花、盐，寒豆倒进去，倒水，中火烧，小火焐，弗好用铲刀铲来铲去。水烧干脱，豆就酥哉。五香豆也是寒豆做个，不过伊是做成功干豆，摆个料作也弗一样，强调香。

【煸肉丝】摆垃少量个油里炒叫煸，咸菜煸一煸再望镬子里放水。

【油焖笋】笋有节节高个象征意义，噶咾上海人准备年夜饭菜板定要有笋个。一响弗响先浸笋，起码要浸半个月，到辰光有人到弄堂里来相帮人家削笋个。

【开洋炖蛋】开洋是小虾仁干。

图 53　焐酥豆

年节里（过年辰光）还要拿一点家常食品讲出吉利个名字来，譬如：黄金万两来哉——春卷（像条子，特别是油煎个）；白银洋铺地——馄饨；金元宝来哉——煎馄饨；节节高——甘蔗，大吉大利——橘子，再加上苹果（平平安安），是祭灶王爷个三样水果。不过甮拿橘子送人，因得有普通闲话"绝子"个谐音。祭灶家老爷个还有祭灶果，就是芝麻咾长生果咾饴糖做成个胶漆糖，切成一片片个。什锦砂锅里个蛋饺象征元宝，百叶包象征金条银条。

服装、家居词汇

【洋布】纺织厂织个，屋里织个叫土布。

【汗马甲】背心。

【围兜】围馋，围嘴（嘲人闲话：戴木围兜——戴枷）。

【围身】围裙。

【纽头 / 纽子】扣子。相关词汇：纽襻、脱头落襻，纽头纽襻个"头"搭仔"襻"，指粗心大意，勿牢靠，也可以讲脚高脚低。

【灶披间 / 灶头间】正经个厨房叫灶头间；房子外头搭只披，就是斜顶个窝棚，里向摆灶头，再后首来摆煤炉或者煤气灶、煤气罐，就叫灶披。顶早顶简陋个灶披只有顶，呒没墙搭门，慢慢叫有仔墙搭门就成间哉，乃叫灶披间。上海人老早就弗用灶头哉，住垃城里，何里埻有稻草咾麦秆咾柴爿拨侬烧灶头哦。噶咾就用煤球风炉。

【门栓】门闩。相关词汇：关门落闩，意思是拿闲话讲煞哉。垃垃店铺里平常辰光千定千定弗好讲关门，学生意个迭能讲要界吃生活甚至卷铺盖个，因为关门有停业、歇业个意思。

【胡梯】楼梯。

【地阁】地板。

【（洞）洞眼】窟窿。

【柴爿】木柴。爿指薄片形状个物事，也可以做量词。

【台子】写字台。譬如讲："台子肚里厢有啥咾？"

【矮凳】板凳。

【橱】柜子，譬如五斗橱。

【匣头】盒子。再小个常庄叫壳子，自来火壳子咾香烟壳子咾啥。

【褥子／垫被／盖被／单被】旧社会穷人家吰没垫被，就垫稻草，上海市区也有个。

【被夹里／棉花胎／被面子／被横头／被头筒】被窝。

【揩布】抹布。相关词汇：揩一潽、冲一潽（潽表示用水哉）。

【拖蓬（老派讲法）／拖畚】拖把。

【畚箕】老早子是用洋铅皮也就是薄锌板做个，还有洋铅桶。

【脚桶】浴盆。

【大抄】抄泛指各种勺子。相关词汇：饭抄、小抄、啄子（勺子）、调羹。

【淘（米）笭】塑料、钢、不锈钢做个旧原叫淘笭。有一只儿歌：叫伊淘淘米，揿脱仔饭笭底。引申词汇：筲箕（竹篾编个）。

【铜铫／铫子】水壶。

【洋机／铁车／铁机】缝纫机。

工具、文具词汇

【凿头】凿子。

【捻凿】螺丝刀。

【洋钉】钉子。钉头碰着铁头——碰着定头货／老生活哉。

【搛镊】镊子。

【洋镐】十字镐。

【洋锹】铲泥沙个铁锹。

【扶梯】梯子。

【柄】把手。相关讲法：门把手。

【抵针箍／顶针箍】顶针指套。

【纸头】纸。相关词汇：纸头纸脑、线头线脑、布头布脑（类似结构个词：鬼眉鬼眼、前生前世、面长面短）。

【墨】相关讲法：吸墨水、打墨水。

人体各部分个叫法

【头塔】头顶心搭四周部分。

【头胭】头发旋涡，女性梳头发梳出个分界线。胭：人咾动物肌肤纹理，指纹。

【小头发】鬃发。

【面架子】面孔。

【面颊骨】颧骨。

【酒靥】酒窝。

【电车路】额骨头浪个皱纹。

【眼仙人】眼乌珠，譬如讲眼仙人定烊烊。眼皮搭牢，弗要讲闭牢，因得两眼一闭咾口眼弗闭侪弗是好事体，可以讲眼睛要做窠。

【田螺眼】眼乌珠弹出像田螺埃能介。相关词汇：水泡眼、肉里眼（单眼皮，外加是厚眼皮）。

【牙子】牙齿。相关词汇：奶牙、尽根牙（尽头牙，智齿）、盘牙／臼牙、牙肉。

【齙牙】牙子露垃外头。

【上霍】上颚 [ngoh]。

【涎唾水】口水。

【肩胛】肩。相关词汇：扛肩胛（肩胛上抬耸起，也算是身体个一种缺陷）。

【顺手 / 正手】右手。

【假手】左手。

【臂膊 / 臂膀】手臂。譬如讲："拳头大，臂膊粗，哪怕伊兄弟多做多。"

【三角叉】肘部。

【节头管 / 手节头】手指。譬如讲："扳节头，过日脚"。大节头：大拇指。

【（手）节甲】手指甲。相关词汇有节甲剪、节甲油。

【手底心】手心。

【骺】关节。相关词汇：脱骺。相关讲法：百节百骺侪适意；捏牢骺弗用刀。

【（后）背心】后背。

【肚肠】肠子。

【脚膀 / 脚髀】腿。大（脚）膀 / 大髀：大腿（猪猡个叫蹄髀）。相关讲法：髀弯弯 / 脚窝窝、小（脚）膀 / 脚盔子；"妮姐河里汏衣裳，螺蛳延到膀弯膛"（"延"也可以写作"沿"，指慢慢移咾爬）。

【身段】条杆，身材。

【跷脚】有眼脚高脚低。

家眷咾亲眷咾外头人个称呼

爹爹、姆妈是本地人个称呼，宁波人叫"阿伯""姆妈"。相关称呼：妈妈，原指女佣、娘姨，一般指三十岁以上；大姐是三十岁以下，小大姐还要小。

伯姆淘里指妯娌淘里；姊妹淘里弗仅仅指姐姐妹妹，也指兄弟姊妹淘里；兄弟淘里仅仅指男性；郎舅淘里指姊妹个丈夫搭舅爷。譬如讲："……缘故垃垃伯姆淘里弗对。""姑嫂淘里好个嚛像姊妹淘里一样好。"

单单喊"爷叔"有辰光有讽刺个意思，譬如："喔唷，我要喊侬爷叔唻。"迭句闲话个意思，可能是对方该做个生活吭没做清爽，该办个事体吭没办成功。外加讲迭句闲话个人要比对方大或者地位高，讲出来再有分量。噶咾平常叫爹爹个阿弟应该叫"大爷叔""二爷叔""小爷叔"，实际浪"小爷叔"有辰光也有嘲人个意思（譬如讲："迭帮小爷叔，真正吃弗消伊拉！"）。

类似个讲法有"阿爹拉娘唻",意思也差弗多。垃垃旧社会大家庭里向,小爷叔可能比大侄子小,甚至小交关。伊辈分高,小辈弗好管束伊;不过伊年龄小,难免调皮捣蛋,倚仗 [i2 zan2] 辈分瞎来来。所以用小爷叔指难以管束个小青年。

上海人叫陌生人咾外头人起码要大一辈,譬如冒五十岁个人叫六十几岁个人"爷叔""阿姨";再年轻点个,叫六十几岁个人"老伯伯""阿婆"。"老伯伯"勿限于爹爹个阿哥,还可以泛指、泛称阿爹辈分个人甚至更加年长个人,也就是最大个叫法,再老也是老伯伯。一般弗会叫陌生个老人"阿爷",也弗会叫大大。"阿婆"是同样个道理。上海西区叫"阿叔"蛮多个,比"爷叔"增加一眼距离。还可以称呼"迭位爷叔"。

比较熟悉(也可以是面熟陌生)个隔壁邻舍、一只弄堂里向个,要叫得有眼距离感。平辈个人可以相互叫"王家爷叔""李家阿姨"——既是当面称呼,也是背后称呼。3 号里外婆、楼浪爷叔、亭子间嫂嫂、后弄堂娘舅、苏州好婆、宁波阿娘一般是背后叫法。[①]

【阿舅】妻弟。

【阿姨(妹妹)/ 小姨子】妻妹,相关称呼有"大姨子"。

【囡儿】"囡"有 ['noe1]、阳去 [noe3] 两种读法,阳去音称呼女儿。相关讲法:娘囡儿。

【外孙】有人(老上海)拿外孙读成外甥个音,甚至写成外甥,譬如歌谣:"黄花郎就地生,我是婆婆亲外甥。"

【老头 / 老头子、老太婆】用于年过半百个老夫妻。相关叫法:宁波人叫"阿爷""阿娘";老爹(苏州叫法)。

【奶奶】阿奶、好婆(苏州叫法)/ 唔奶 / 嗯奶(无锡叫法)/ 亲娘(无锡叫法)。苏州、常州一带人个称呼,弗分父系搭母系,搭英国咾美国人相同。类似个情况弗少,譬如垃垃有一些语法方面,《庄子》里有迭能一句闲话"拙于用大"(垃垃用大物事方面弗擅长,譬如面对邪气大个葫芦 [wu1 lu1],弗晓得哪能用),英语有搭伊相同个语法:形容词 +at+ 动名词 + 宾语。新加坡华

---

① 畸笔叟.上海名堂经[M].上海:上海文化出版社,2018:141-142;畸笔叟.上海话的腔与调(下)[M].上海:上海文化出版社,2021:642-643.

人讲"你走先"，老派上海闲话里也有"赢个人开球先"类似个讲法，迭个搭英语语法又一样哉——主语＋谓语＋作为补语个副词。新加坡搭中国香港、台湾地区个国语有交关传承仔老派个讲法，呒没大陆个发展得快（从新中国成立初到"文化大革命"到改革开放到乃朝，普通闲话搭交关方言侪发展、变化邪气快咾邪气大）。不过垃垃普通闲话搭新派上海闲话里向，迭个副词要摆垃动词前头。石库门房子，老底子讲一楼一底，楼上楼下讲底楼、楼浪，乃朝讲一楼、两楼，英文弗是也讲 ground floor、first floor 嚜。噶咾有人讲，古汉语向现代汉语发展个趋势可能是现代英语向未来英语发展个趋势。

【太太】曾祖，弗分男女，弗分父系搭母系，勿连读，侪读原音；用于有身份个妻子，连读，第二个字读轻声，读音搭曾祖"太太"个弗一样。

【坐家囡】招女婿个囡儿。相关词汇是"入舍女婿"，入舍女婿搭上门女婿弗一样，上门女婿只是住垃丈母娘屋里，伊个相关权利搭勿上门个权利基本浪是一样个，譬如小囡跟仔男方姓。

【公阿爹、婆阿妈】背称，弗是垃垃伊拉眼门前个称呼。通婚之家，除脱公公、婆婆等称呼，双方小辈称对方长辈为亲家伯、亲家姆，乃嚜长辈也跟仔小辈尊称亲家伯咾亲家姆。

【毛毛（阳调旧读法，接近阴平调，而弗读乃朝个阳平调）头】初生婴儿。

【老爷】旧社会底下人称老爷、少爷，老爷死脱仔嚜少爷升格为老爷，背称为仔区分，又称少老爷。

余多名词

【阿飞】男流氓。譬如讲："阿飞阿飞咕得来，小裤脚管花衬衫，头发烫得来像喜马拉雅山。"还有修订版哎："阿飞阿飞咕得来，小裤脚管花衬衫。打起电话叫赖三，吃起豆腐老门槛。"阿飞行头个标配是三包一尖：大包头，裤子包牢屁股，裤脚管包牢小脚髈，尖头皮鞋。还有一只顺口溜：若要风光，嫁拨流氓。吃光用光，勥喊冤枉。喊喊冤枉，两记耳光。

【赖三】生活勿检点个女人／女流氓。老早仔女人吵相骂吵得结棍个辰光，相互骂赖三，后首来广东伊面传来仔煤饼一词，乃嚜勿骂赖三骂煤饼哉。

【孛相人】嫂嫂，就是女孛相人（譬如某交际花，开口粗俗，胸脯拍拍，大节头翘翘，眉毛竖竖，处处搭人吃斗，碰碰弗肯让人），有几分流气个女人。孛相人迭个词蛮重个，弗好随便用，因得伊弗是讲会得孛相个人，而是讲游荡无业、为非作歹个流氓。另外一种讲法搭迭个弗一样，就是讲，狭义个孛相人就是会得孛相个人，譬如赅仔好爹爹个少爷，赅仔好男人个女人，伊拉用弗着做生活，一日到夜吃吃孛相相，人家就讲伊拉是孛相人。

【长脚雨】连绵雨。

【好天】晴天。

【野月吃家月】月食。

【场化】地方。

【水塘】池塘。

【烂（糊）泥】泥土。

【土墩墩】土堆。

【墶尘 / 灰尘】尘土。

【粒屑】末子。

【洋灰】水泥粉。

【角子】硬币。

【茶馆店】旧社会，有蛮多人早浪头皮包水，就是伏茶馆，吃好中饭就要水包皮，就是（鳎）混堂，北方、南方侪有。国家一塌糊涂，伊拉还介适意，国家哪能弄得好。

【小照】照片，拍小照。

【孛相倌】玩具。尽管交交关关文献侪写白相两个字，不过白个读音搭我伲讲孛相个读音并弗同。垃垃二十世纪二三十年代就有人写孛相哉。

【梵哑铃】小提琴。

【月份牌】月历。图 54 表明老底子个月份牌就有得介开放。月份牌广告后首来发展成功海派年画。

【维他命】维生素。

【调头】调儿。

图 54　月份牌

【冷热病】疟子。

【劲道粗】兴趣大。

【记认】记号。

【大皮告/大绞】大叉（普通闲话）。

【吞头（势）】来源于 tendence（趋势、倾向），腔调、模样、气派、架势，常庄指恶劣或者滑稽个神气，下头是例句：

依迭副吞头势（样子），哪能好去当人家个家教？

依迭个人哪能迭副吞头势个啦？（啥个腔调！）

迭副吞头，阿要贼腔？

3　动词词汇

【打霍险】打闪。

【洇】渗。

【捵】滤水，譬如淘米水捵捵干。相关词汇：滴、渧。

【澄】沉淀。譬如：七石缸/水缸里摆明矾澄澄脚（七石缸里撩芝麻，比喻烦难）。

【勘】磨损。拿伊看作副词作为补语也可以，譬如：门槛踏勘脱哉。

人个动作

【调】对换。相关用法：调物事，调位置。

【着】穿。相关用法：着衣裳。

【穿】穿帮，譬如"千穿万穿，马屁勿穿"。

【跑】相关用法："侬跑过来看看。""慢慢较跑好唻，奔伊做啥（啦）。"

【瞄】瞥。

【觑】眯起眼睛，看（书面语）。譬如讲："祝枝山是个眯觑眼（近视眼）。"

【嘬】吮吸。相关讲法：嘬一记；蹄髈笃笃，螺蛳嘬嘬。

【叫】嚷。

【喊】叫，譬如"伊喊侬过来""叫伊喊人（叫小囡喊长辈）"。

【扭】拧肉等。近义词有搹/扚、掐、掜等，掜个余多用法还有掜转。

【绞】拧手巾等，譬如"拿手巾绞绞干"。

【捻】拧盖头等。相关词汇：捻凿。

【趋】长条状物事卷曲，譬如"脚趋起仔"。

【扦/槷】插，削。槷：转圈轻削，譬如槷苹果皮、槷生梨，搭削甘蔗个动作弗一样。槷脚：修脚。扦个用法：扦跟踪；蜡烛扦扦牢；春天杨柳最容易扦活。

【戳】捅，譬如"拿筷戳一只洞"。

【捅】勿离地搬物事，搬是离地个。

【拐/囿】折。拐个用法：拐被头。拐个例句：垃书里拐只角做记认。电脑屏幕浪窗口开多仔勿方便操作，拿窗口拐起仔/来。

【殺】轻轻点一记，轻击。老早子领工钿个辰光，殺一只手印，殺一记图章，迭个辰光勿讲敲图章。还有殺毛栗子、殺木鱼/敲木鱼（告诫）。

【笃笃齐】譬如讲："侬牙子笃笃齐再讲闲话！"余多用法："侬拿门腔搁搁正再讲闲话（骂人闲话，叫人家弗要乱讲）！""下巴托托牢（意思是弗要牛屄吹得野豁豁，弗要空口白牙瞎讲）！"

【劙】剁，斩，动作比较大，譬如劙十斤肉、劙一只蹄髈。

【切】相关用法：切肉丁，也可以讲"匕"，譬如匕肉片。

【挤】刨（地），坌坌松。

【偃（长短）】（用身体或者手）比长短。

【解】锯，解子。引申词汇：解纽头（解是解开个意思）。

【掰】搂。

【顿脚】跺脚。相关词汇：跳脚。

【伏/匐】（主动）蹲。

【跍】（被动）蹲，譬如"跍垃地浪"；登（待在个意思），譬如"跍垃屋里瞓觉"。下头是例句：

人像只瘟鸡介跕垃上阶沿。相关词汇：阶沿石。

肚皮痛得人要跕下去。

【掼跤 / 失跤 / 跌跤 / 量地皮】摔跤。

【拉 / 搁（差头）】拦。

【落脱 / 沓脱】遗失。譬如讲：“当心皮夹子沓脱。”“狗嘴里总沓弗出象牙来。”“天浪沓弗下来，地浪长弗出来（是讲天下少有个好或者坏）。”

【排排座】并排坐，儿童用语。

【读书】念书，上学个意思。

【骂山门】骂街。

【探口风】摸摸伊底牌，奃。譬如讲：“哎，侬畀我一只底呀，要弗然我心里勿托底呀。”“侬去奃奃伊看。”

【板面孔】比翻脸个程度轻。譬如讲：“一只面孔像刮过浆糊能板起之。”相关讲法：板板六十四,一只面孔唬起之，面孔铁板式。

【摆面孔】甩脸色。譬如讲：“喔唷，一眼眼事体，侬摆啥个臭面孔啦。”“我只面孔没地方摆了。”

【摆台面】头起头是堂子里个讲法，请客叫局，全席叫摆台面，后首来大家侪讲哉。譬如讲：“哪能啊，今朝屋里有大人客？摆圆台面了嘛。”

【摆奎劲 / 摆海外】显摆。

【摆造型】拗造型。

【走人家】串门。老早仔可以拎仔云片糕走人家个，乃朝弗可以个，有人忌讳。

【吹牛屄】吹牛。

【讨饶】“饶”搭“尧”个读音相同，求饶。

【回头】回绝。

【轧一脚 / 入一脚】插手；第三者插足。譬如讲：“迭桩事体搭侬弗搭界，要侬来一脚做啥？”老师傅做生活，侬（边浪）硬劲要轧一脚，老师傅就会讲：“侬搅啥脚筋 / 鸡脚（二十世纪七十年代也用迭个词）啦。”引申词汇：脚筋好，指吃饱饭没事体做，脚力好，譬如讲：“侬脚筋哪能介好个啦，跑到介远去买物事。”

【搭手脚】碍手绊 [poe3，旧读 pae] 脚，轧进来添麻烦[1]，还可以讲添手脚、多手脚、讨手脚（小囡常庄要讨我手脚）、搭手搭脚（东摸摸，西碰碰，轧进来增加麻烦）。接近个讲法：夹忙头里来轧闹猛。对立个意思：搭把手，要紧关子有人来替手脚（帮忙）。

【搞七搞八／搅七搅八／（瞎）胡搞／乌绞／（搞）百叶结／搞七念三】胡闹，胡搅蛮缠。譬如讲："侬真会搞七念三，已经搭侬讲定个事体还要胡搅。"念三：假和尚乱念三官经，做道场个人弗会念佛经，就念道士个三官经充数。三官指天官、地官、水官，是老底子民间（也是上海）供奉最普遍个神道。相关俚语、词汇：七里缠了八里；瞎七搭八；七支／嘴八搭。譬如讲："伊将将还垃垃瞎三话四，拨我一句闲话毈瘟脱哉。"引申词汇：七七八八，指零碎，弗完整。譬如讲："伊跟仔师傅三年，七七八八也学到眼本事。""屋里七七八八，老人加小人也有十几口。""我个工钿七七八八加起来也只有七百块弗到。"

【吓吓人】吓唬。相关词汇有寒毛凛凛、心别别跳、魂灵出窍等。上海闲话里还有忌惮一词。

【着棋】下棋。

【掷骰子】一粒骰子掷七点，指运道弗好；冷镬子里爆出热栗子则是运道好。

【劈】侃。相关词汇：劈情操（讲一些风花雪月、有搭呒搭、弗着边际个闲话，谈恋爱个意思）。

【谈山海经】侃大山。

【揩面】洗脸。倒面汤就是倒揩面水，原来是小乐惠辰光书场场东客气个照应说书先生，后来引申为听客赶说书先生下台。

【麻烦（一记）／帮个忙／帮记忙】劳驾。

【坏事体】"坏个事体"也叫"坏事体"，不过重音位置勿一样。

【插／出外快】老早仔叫外插／拆生意，再讲成外插花，再到外快。

---

[1] 类似讲法：快手脚个人，慢手慢脚个人；讨我个手脚（增加麻烦）；一脚落手做光（善始善终，老快完成）；一手一脚做好（包下来）；轻手轻脚，重手重脚；年纪大个跑去路来有眼搭脚搭个（行动弗便）。

【做亲】吴语通用词汇。相关词汇：正日，就是成亲日。

【归来/转来】回来。

【挑草】除草。

【㩺】带有揪动作个吸，譬如"拿水㩺㩺干"。

【摘勾】动词，打钩。

相关动作个迭词：搭搭脉、拆拆开、缚缚好、绷绷牢、拗拗弯、立立稳、煎煎透、烧烧熟、蒸蒸烂、笃笃浓、焖焖酥、焐焐热、拎拎清、吊吊好、揩揩干、装装戆、摒摒牢、翻翻新、看看穿、冲冲淡、摸摸准、打打样、劙劙断、摆摆平、帮帮忙（迭两个词尽管普通闲话里也有，不过意思搭上海闲话个勿必定一样）、拉拉直、理理清、坐坐正、散散心、凑凑数、把把关、兜兜风（迭个几只词普通闲话里也有）、汰汰脱、掼掼脱、瞎碰碰、毛估估、（头发）吹吹伊、吃吃看、问问（伊）看、摇咾摇、碰咾碰、翘咾翘、动咾动、摇发摇发、佘发佘发（侬跑路佘咾佘，一眼也弗起劲）、捞发捞发。

人个状态

【打哈唏/轩】打哈欠。

【打昏涂】打呼噜。

【别筋】扭伤。

【吃萝卜干】手节头关节扭伤，譬如打篮球辰光拨篮球碰伤、碰痛手节头。

【着冷】伤风。

【头浑】头晕。

【夯】气喘吁吁。

【呆脱了】傻了。

【疲】身体里向勿适意，譬如心里疲咾胃里疲。

【痓船/醉（读苏州闲话读音）船】晕船。

【痓夏】指弗适应热天，出现胃口弗好低热咾啥情况。譬如讲："大热天要痓夏个。"弗适应气候咾环境生仔病，就是痓，还有痓车。

【肚皮射】肚皮（肠胃）弗适意，拉肚子。

心理活动词汇

【懊憹】懊恼、懊闷痛（后悔，内疚，心痛）。

【鏖糟】心里一团糟，勿舒畅。

【揶拉勿出】弗适意，沮丧，隐痛，有口难言。譬如讲："我真是揶拉勿出！"

【惹气 / 触气】厌恶，譬如讲："看到伊就触气。"原来写作泄气，就是放屁，拿泄读 [za]。

【乌苏】心情烦杂理勿清，弗能平静。

【难行】难受，受弗了。

【吓】怕。

【常怕 / 生怕 / 张怕】担心。

【疑心】怀疑，疑心疑惑。

【巴望】希望。

【牵记】挂念。

【眼炀】眼热。

【阿潸阿潸】气愤到极点，无力回应，连连喘气。

4　形容词词汇

【绿荫荫】浅绿。

【红彤彤】指交关红；面孔红堂堂。

【灰拓拓 / 灰扑扑 / 灰濛濛】灰颜色，色彩暗。

ABB 式词组对形容词起弱化作用，譬如痛希希、红稀稀（一点点红）、蓝盈盈 / 蓝荧荧（一点点蓝）、黄哈哈（一点点黄）、黑塔塔、白塔塔（淡白，近似白颜色）、灰塔塔（后三个词带贬义）、灰拓拓、白呼呼、白哈哈、黑缁缁（中性词）、黑黢黢、滑趺趺、潽塌塌、软塌塌、扁塌塌、亮晶晶、淡塔塔（淡而无味）、咸塔塔（咸得勿好吃）、咸嗒嗒、咸滋滋、软塌塌、扁塌塌、瘪塌塌、脆生生、韧叽叽、甜津津、甜咪咪、瀴 [in3] 丝丝（瀴是冷个意思）、老渣渣、直挺挺、直别别（还有讲闲话直截了当个意思）。

BBA 式对形容词常庄起强化作用，譬如血血红（红得深，纯度高）、雪雪白（白得赞，纯度高个颜色）、煞煞白（受惊，面孔发白；白矄矄是病态个白，缺少血色）、蜡蜡黄、碧碧绿（纯度高且深个颜色）、邦邦硬、煞煞齐、绝绝薄、绝绝细、塌塌潽（极满）、冰冰瀴、石石老。

表达红个形容词：通通红、猩猩红、铁锈红、胭脂红、玫瑰红、紫绛红。

表达绿个形容词：草绿、葱绿、苹果绿、绿油油、蟹（壳）青（蟹壳黄是一种烧饼，弗是描摹颜色）、藏青、皮蛋青、碧绿生青、生生青（植物绿得正又新鲜；面孔气绿哉）。

【滴角四方】方方正正。

【滴粒滚圆】圆鼓鼓个。近义词：圆骨隆冬。

【石骨铁硬】坚硬，（闲话）石骨挺硬。

【赤刮拉新 / 簇崭新】形容新。

【热吹潽烫 / 呼呼烫】形容烫。

前面迭些词是前三个字形容末脚一个字，程度最强哉。

【的的刮刮】好。

【叽哩咕噜】因为弗满意而讲个勿停，闲话多。

表达杂乱、反复个意思个形容词：搞 / 搅七搞 / 搅八、杂七杂八、歪七歪八、七歪八牵、七零八落、七高八低、七丁 / 颠八倒、七翘八裂、七上八落、七曲八弯、七搭八搭（胡搅蛮缠，拿弗相干个人咾物事咾事体咾混为一谈，咾没目的搭意义个搭人家搭讪）、七嘴 / 支八搭、七嘴八舌、七讲八讲、瞎七搭八、七荤八素、七老八十（也有反复个意思，江南余多地方也讲）、七弄八弄、七手八只脚、七里缠垃八里。余多还有瞎讲八讲、瞎想八想、瞎跑八跑、瞎听八听、乱摆八摆等。

表达简单、少量、勿繁复个形容词：三拳两脚、三揿两揿、三三两两、三分钟热度、三下五去两、三钿（勿）作两钿（勿值铜钿）。

ABAB 形式个表达：坏透坏透、趣透趣透、闷透闷透、寿头寿脑。

余多形式还有邋里邋遢、龌里龌龊、怪里怪气、流里流气、糊里糊涂、甴里甴甲、挖里挖掐／出精出怪。譬如讲："别个老师想弗出个题目，伊会得挖里挖掐想出来。"

比较下头弗同个表达方式，意思、程度差弗多，前头一句程度（稍许）强一眼：

伊老疙瘩个／伊疙里疙瘩（难服侍，弗容易满意）个／伊总归疙里疙瘩（不对路，别扭）个。

伊老特别个／伊特里特别个。

迭件忒乡气／迭件乡里乡气个。

【该死】糟了。

【韧】稠。相关词汇：干答答（没汤水）。

【壮】肥胖。

【喳吧】吵闹。

【弹硬／台硬】坚强，大多用垃小囡身浪。譬如讲："迭个小朋友邪气弹硬，掼仔／脱一跤，就是勿哭。"相关词汇：吃价。

【精】精明。一钿弗落虚空地指做生意邪气精明。

【有劲／扎劲】有趣。譬如讲："落雨天亭相就勿扎劲唻。"

【牢】坚固。

【伤】浪费，损失大。譬如讲："买仔房子，经济实力伤脱哉。"

【巴结】努力。譬如讲："迭个人巴结得／了勿得了。"

【乌苏】心情杂乱、繁复；累赘 [tsoe3]；闷热潮湿；弗整洁，龌龊。譬如讲："两个号头呒没剃头／三天呒没汏头，头发瞎乌苏。""迭件衣裳颜色忒乌苏哉，弗好看。"后头一句闲话勿加语气助词"哉"嚜，就显得硬翘翘，呒没上海闲话、苏州闲话个腔调。

【刮皮／刮铲】抠门，老刮铲拉娘舅赛过刮皮个最高级。

【现世】现眼。现世报指会受报应个人，勿知羞 [sieu] 耻个人，勿成才、勿学好个小囡。现世报原来是用自嘲、自责个口气骂子女，因得觉着自介前世作孽，乃朝有弗肖子女来报应自介咾磨自介。阿要现世：阿要难为情。

【顶真】认真。

【拿手】擅长。

【懒扑】懒惰。

【奇出怪样】稀奇古怪。近义词：特里特别、妖形怪状、怪里怪气。

【光生】光滑。相关词汇：（面孔咾皮肤）绢光水滑。

【舒齐】妥帖，舒舒齐齐。

【时鲜】新鲜。

【日常势久】久而久之。

【辣豁豁】强度大，言行生猛、刻薄、勿留情面。下头是例句：

日头已经辣豁豁个了。（六月里个日头，晚娘个拳头。）

辣豁豁个几句闲话掼过来。（阴笃笃个几句闲话謷过来。）

【茄门】源自 German 德国人（老底子称德国人为茄门人），茄门脑袋指聪明脑袋。可能是德国人天生比较沉闷，上海人就觉着德国人个腔调赛过对啥个事体侪勿感兴趣。近义词：茄／懈嗒嗒、茄／懈门相（冷淡消极，做事体吪没劲）、疲塌。譬如讲："伊个老板来得卣早，（噶咾）大家看见伊侪老茄门个。"

【伤阴骘／积】缺德。

【喇叭腔】事体办坏脱了。譬如讲："侬看侬看，我老早就搭侬讲过个，迭个人办事体喇叭腔来西个，侬勿相信，现在侬吃着苦头了罢（表示推测）／哦？"也表示头起头表现还可以，到仔后来特别是要结束快，开始斥烂屙哉，譬如小囡垃垃外头字相，要伊拉转去辰光就开始喇叭腔哉，因得伊拉弗想转去。

【嗨威／嗨嗨威（威）】（苏州人常庄话个）实惠、舒适；派头大，豪华；得体大方；结棍，程度高。近义词：舒海（大方）。

5 副词词汇

【晏歇点】过一会儿。

【早晏点】迟早。

【日逐】每（日）天。譬如讲："日逐要浇两趟水。"

【一生一世】永远。

【碰（勿）碰】常庄。

【好好较（比）】远比。

【哪能／哪亨】如何。

【横竖】反正。譬如讲："拨我好哦，侬横竖多下来个"。

【（明）摆煞垃许】明摆着。近义词：明打明、硬碰硬、实打实。

【差眼】险介乎（偏文绉绉），几乎，推扳（一）眼。

【偏（生）】偏偏。

【独是】唯独。

【啱啱较（碰啱啱较）／眼眼调】碰巧，偏生就。譬如讲："侬讲伊坏闲话个辰光，眼眼调侬个老板立垃许侬后头。"接近个意思：一沰水点垃油瓶里。（比洞洞眼小个叫眼子，用扯钻打只眼子／榫眼，裁缝搭钮头洞锁边叫锁眼子。打弹子辰光讲"介远我也调得着侬"，调是瞄好打；打乒乓 [phin1 phan1] 个辰光，观战个人穷喊八喊"调伊假手""调伊顺手""调伊矮子"。）

【朆】勿曾，是苏州闲话（读清音）。

【歇作／歇搁】算数，算了。

【照名分／照牌头】定坚会发生个；老规矩，习惯哉。譬如讲："迭桌酒水总归照侬牌头了，啥人叫侬股票上半天赚仔介许多呢（意思是讲，这桌酒水总归是你请客了）。"

6 余多词性

代词

【伊点】那些。

【迭面（埨）】这里。

【迭歇歇】这会儿。

【伊个辰光】那会儿。

【何里面】哪边。

介词、连词

【朝】向。

【替】代。

【要是】假如。

【要嚜】或。

数词

【毛廿】约二十（毛个用法：迭只西瓜毛五斤重；毛估估也有五十斤重）。

【满三十（整十，读音清化）】正三十。

【三一三十一】一分作三。

余多讲法：放一百二十个心；省个（虚词）一百省（省点事吧，别费心了，算了吧）；我只有一百零一只，弗好拨侬个（只有箇一只）。

量词

"一只"后头好跟介许多物事，譬如牛（滑稽戏《池中鲤鱼跳》里就有迭个讲法）、马、鸡、狗、羊、虫、床、井、矮凳、帽子、馒头、箱子、面孔、学堂、企业、班级、节目、指标、任务、报告、文件、新闻、题目（老法里是一门）、礼拜、国家、生意、风景区、谜谜子、收音机、电视机……迭只工作、迭只颜色、迭只菜也可以表示种类。垃垃新派上海闲话里向，"只"个使用范围加二大哉。相关用法：一只汤/地方/工作、一部/只机器、一部/只胡梯、一部/只片子、一盆/只盆菜、一份/只青菜、一把/只扫帚、一个/只老太婆（贬义）。

余多量词用法：一瓣大蒜/花瓣/叶子/鱼鳞/橘子皮；一瓢西瓜/橘子；一把茶壶；一管手枪/笔/尺；一绞铜丝/绒线（用垃掼垃一道个细条状个物事）；一幢牌楼/高层/三层楼房子（单数层为塔，譬如七级浮屠，双数层为幢）；一宅花园洋房；一垒书/碗/盒头/被头（数量多个辰光也可以用幢）；一坎字/房子/第七坎弄堂（非字形个大弄堂、小弄堂）；一爿厂家/店家/饭馆/天/田/墙头/门面/瓦（瓦爿[ngo2 bae1]）；一面堂锣；一粒黄豆/珠子/糖/子弹（南洋华人还称一粒苹果、西瓜）；一桩心事/事体/生意/买卖；一样物事/图案/生意/料作（表示种类）。

【一堂地搁（板）/红木家生】譬如讲："屋里欠仔一屁股债，哪能办？只好拿老祖宗留下来个一堂红木家生去顶呀。"

【一票货色/生意】【一票里货色】一丘之貉[ghoh]。

【一门技术/亲事/题目/电话】一门电话就是一路线个意思。

【一蓬火/烟/灰尘/野草（旺盛个一毯/簇）】譬如讲："一只快球，一蓬风过去了。""柴爿木质忒松，一蓬火就烧光哉，生煤炉弗灵个。""刨花是弗经烧个，一蓬头就烧光哉。"

【一顶轿子/帽子/帐子/桥】老底子江南人家出门就上船，从船浪望过去，桥自然是一顶一顶个。顶也可以作为动词，譬如讲二房东用三根金条拿一幢石库门顶下来，箇三根金条就是顶金，将来退房，大房东要还拨二房东个。

【一部缝纫机/拖拉机/火车/汽车/脚踏车/扶梯/电影】还可以讲一台缝纫机。

【一节】15 天，一只节气个长度。

【一匝】一轮，12 岁。假使大十岁，可以讲大一旬。

【一版书】是一页书，一版一版翻过去。

【一密粒】一厘米。

虚词

【勒】得，了，譬如跑勒飞快。

【仔】了，表示完成，譬如"开春仔再来""来仔嗯就弗要走哉""想好仔再讲""倷吃仔别人家个就想跑"。表示过脱个事体，譬如"走仔十里路""碰着仔一个朋友"。还表示命令咾提醒（"箇桩事体做好仔""弗要走失仔路"）、假设（"箇个辰光走漏仔消息嗯要坏事体哉"）。

【哉】了，语气助词，表示现在完成时或者起事，譬如"开春哉""落雨哉"。还可以表示劝说咾商量（好哉好哉）、现状（来哉）、过去情形（"一歇歇伊又出去哉""后首来我就去睏哉"）、将来情形（就要来哉）等等。

【呀】表示警告咾提醒（"好个呀"）、催促咾命令咾劝说咾商量（"走呀""来呀""去呀"）、肯定（是个呀）、感叹（介适意呀）。

【咾】譬如"就是咾""当然咾""我又呒没办法咾""倒弗是看弗起伊咾啥（咾啥表示迭桩事体、迭些事体咾迭些方面）"。

叹词

【哦】譬如讲："哦，原来是迭能。""哦，是王先生。""哦，了弗起！"

【吭（上声，升调）】譬如讲："吭，侬看呀！""吭，哪能迭副腔调啦？"

【噢】譬如讲："噢（高降调）！晓得哉。""噢（平平较发音），马上去。""噢，想起来哉。"

【嚎】譬如讲："嚎，真啊？"

【啊】譬如讲："啊？侬讲啥？"

【嗨】譬如讲："嗨，啥体啦？""嗨，侬讲啥？"

【唉（升调）】譬如讲："唉，我也去！""唉，是要烧一烧再好吃。"

【呋（高降调）】譬如讲："呋！拿去！"

【呋（升调）】譬如讲："呋！垃垃此里！""呋，讲拨侬听。""呋，要迭能做。"

【唔】读音同"五"，不过拖音长、曲折，表示"不要嘛"。譬如讲："唔，我弗去。"

【嗨】譬如讲："嗨，我哪能介糊涂啦！"

【哎】譬如讲："哎，我弗曾想到……"

【呀】譬如讲："呀，车子开脱哉。"

【喂】譬如讲："喂，声音轻眼。"

【哼】譬如讲："哼，伊有啥好！"

【啊呀】譬如讲："啊呀（读上声，分开读）！侬弗要轧来轧去！""啊呀，物事忘记哉。"

【喔唷】譬如讲："喔唷（分开读，拖长音），侬去去嗄好唻。""喔唷，真衰痞""喔唷哇，瞎痛！""喔唷唷，介标致 [cia1]。"

普通闲话里个叹词也可以用到上海闲话里。

参考文献

[1] 畸笔叟.上海名堂经［M］.上海：上海文化出版社，2018.

[2] 畸笔叟.上海话的腔与调［M］.上海：上海文化出版社，2021.

[3] 钱乃荣.上海方言［M］.上海：文汇出版社，2007.

[4] 钱乃荣.上海话的前世今生［M］.上海：上海书店出版社，2017.

[5] 钱乃荣.上海话的文化积淀［M］.上海：上海书店出版社，2017.

[6] 钱乃荣.上海话的岁月追踪［M］.上海：上海书店出版社，2017.

[7] 钱乃荣，丁迪蒙，朱贞淼.妙趣横生上海话［M］.上海：上海大学出版社，2013.

[8] 钱乃荣，黄晓彦.上海俗语图说［M］.上海：上海大学出版社，2015.

[9] 邵宛澍.上海闲话［M］.上海：上海文化出版社，2014.

[10] 薛理勇.闲话上海［M］.上海：上海书店出版社，1996.

[11] 薛理勇.上海闲话碎语［M］.上海：上海辞书出版社，2005.

[12] 薛理勇.写不出的上海话［M］.上海：上海书店出版社，2011.

[13] 薛理勇.上海闲话［M］.上海：上海社会科学院出版社，2000.

[14] 姚公鹤.上海闲话［M］.上海：上海古籍出版社，1989.

[15] 叶世荪.解说上海话［M］.上海：上海远东出版社，2006.

[16] 黄炜.老派上海闲话个腔势［J］.汉字文化，2019（13）.

[17] 黄炜.老派上海闲话特点分析［J］.百科知识，2022（1C）.

[18] 黄炜.浅谈老派上海话的魅力［J］.文化创新比较研究，2022，6（16）.

[19] 黄炜.老派上海话常用语法特点分析［J］.文化创新比较研究，2023，7（12）.

[20] 黄炜.老派上海话语音分析［J］.北大荒文化，2023（12）.

后 记

写作过程中,我尽量发挥联想力,拿相近相同个字词、读音、句式、语序、语法特点等摆垃一道,方便读者学习、比较弗同、串联记忆、举一反三。词汇章节搭附录里向也有一些常见词汇,讲解伊拉,是因为我考虑到伊拉个非常用义项搭非常见用法,并弗是多数上海人了解个。当然,选眼词汇同样也能满足新上海人搭外地朋友个学习需要。我考虑到单纯讲解词汇或者语法,读者会有枯燥感,因此除脱按惯例分章节讲解伊拉,我交关注意拿词汇、语法、文章、典故咾啥甚至语音部分内容结合起来写,增加阅读趣味性,又使文章内容承载个上海闲话更加地道。

写完选本书,我想起两句闲话:兴趣是顶好个老师;适时发展自介个第二"职业"。长长远远前头,我关注甚至研究上海闲话,是因为对伊感兴趣,没想到近几年我拿选个兴趣变成功松江大学城个跨校选修课,也发表仔四篇论文,现在又出版选本书(编者注:2020 年 12 月本书作者在上海文化出版社出版了《上海话宝典:入门与进阶》,本书是在此书基础上修订完成的),还垃垃"喜马拉雅"网站平台建立仔公开课站点,分享我讲解个老派上海闲话音频。我个努力,正好可以作为简两句闲话个佐证。

我再谈一谈学老派上海闲话体会,供读者参考。没掌握伊之前,觉着伊蛮神秘,掌握之后,觉着伊搭新派并没隔仔一条鸿沟。想想也是,毕竟侪是上海闲话嚜,一脉相承,尽管有仔一百年横里个时差。我垃垃 2017 年春季学期开设选门课。2018 年春季学期,我个教学语言从新派上海闲话全面转换到老派个,选个转换是自学搭研究个结果。2018 年年末,选卷书稿(第一版)基本浪完稿。

2020 年 1 月,开始垃垃"喜马拉雅"网站浪建立自介个老派上海闲话音频分享站点。伊是喜马拉雅浪比较少个老派上海闲话站点之一。可以垃垃"喜马拉雅"网站浪搜索站点"老派上海闲话传承"寻着伊,或者直接访问 https://www.ximalaya.com/zhubo/205857593。有仔迭个平台，作者用老派上海闲话诵读搭讲解书里向内容，录音并上传，供读者对照学习。

接下来附上 2019 年春季学期上海工程技术大学一位姓王个同学，垃垃我讲个"上海闲话入门搭研修"迭门课（松江大学城跨校选修课）个课程论文末脚写个几段闲话——我用上海闲话改写仔伊原来个普通闲话。

"作为一个上海人，我抱仔好奇相个心态报仔老师个选修课，垃垃上第一节课个辰光，讲老实闲话，我有点呆牢。我以前以为，上迭门课就是老师搭我俉茄茄讪胡，讲讲平常日脚个上海闲话。不过我错了，老师讲个老派上海闲话让我深深体会到上海闲话个魅力。

假使讲，我俉平常日脚讲个新派上海闲话是家常小菜，噶嚜老师讲个老派上海闲话赛过一种经典菜式，伊并勿因为名字叫老派上海闲话而显得老气搭无趣，相反，侬细听仔会得觉着伊是一种高雅个古典'艺术'，一记头拿我俉带回小辰光听广播个感觉。

老师讲出来个上海闲话有一种高贵感，我俉几个同学侪感同身受，拿迭种老派上海闲话看作上海闲话里向个'贵族'！老师个语音语调、抑扬顿挫深深吸引仔我，我俉侪会垃垃下面默默跟读。最后，我想搭老师提个小建议，希望老师增加一眼互动，让同学也讲讲，讲得弗对，老师可以纠正，也可以活跃一下气氛。"

2021 年春季学期个一位姓黄个同学上仔课后，拿老派上海闲话比作上海闲话个半古文版，就算看到文字也勿必定晓得意思。还有一位同学讲，学新派上海闲话嚜，可以直接用垃生活当中。我想提醒各位，老派上海闲话里向，除脱尖音勿适合直接用垃生活当中，因得忒与众不同哉，余多内容侪可以直接用垃生活当中，包括读音、语法等等。即使讲新派上海闲话，读音也要准足，不过实际情况不容乐观，弗仅勿准咾甚至读错。学老派上海闲话正正好可以完善迭一点。

大家弗要轻视自介个方言，以为伊忒土、勿上台面，实际浪各地方言里向交关讲法侪是古代讲法，值得我俉珍惜、传承。

学会方言个一些知识，还有别个收获，譬如更加容易理解格律诗个规律。像理解"仄仄平平仄"等规律，需要我俉有古汉语个知识，而一些（南方）方言知识就能派用场。垃垃箇方面，乃朝个北方人是邪气难以体会个。为啥（咾）讲"白日依山尽"是"仄仄平平仄"个音律呢？"平"指中古个平声，"仄"指中古个上、去、入声。乃朝普通闲话里向"白"读阳平声，不过伊个中古音是入声，而普通闲话搭仔乃朝绝大多数北方方言俦没入声；上海闲话里向，"日"个白读、文读俦是入声；"侬""山"俦是平声；"尽"是上声。是弗是符合"仄仄平平仄"音律呢？掌握吴语语音书面知识（粤语也有迭能介个用场），理解平仄规律交关便当。

理解押韵个情况类似。交关人比较熟悉个诗句"远上寒山石径斜，白云生处有人家"，"斜"搭"家"押韵，不过绝句搭律诗四句里向个第一句可以勿押韵。古人垃垃迭方面交关有语感，用弗着像今朝个人迭能一只字一只字个抠，写出来个自然符合平仄搭押韵规律，只要调整少量勿符合规律个字就可以哉。古人写格律诗弗见得是"戴着镣铐跳舞"。我侬勿生垃伊个年代，勿处于伊个语言环境，当然难以有伊能介个语感。（相关个格律规律：一三弗论，两四分明，也就是第一、第三句勿押韵，第二、第四句必须押韵。不过第一句可以活络一眼，可以押韵；第三句末脚个字必须是仄声字，勿押韵。律诗个四联，头句必须搭上联个尾句粘连，也就是箇个两句个头字，即五言个头字，或者第三字，即七言个第三字，必须平仄相同，要嘤俦是平声，要嘤俦是仄声。）

贴门对辰光，除脱根据联句意思判断上联，拿伊贴垃左半爿，还可以根据末脚一个字是勿是仄声判断迭句联句是勿是上联，下联末脚一个字应该是平声字。平仄规律还起标点作用，特别对长楹联，除脱可以根据意思断句，还可以根据平仄规律断句。对联采用个是马蹄韵，像马蹄交替提起、落地能，也就是长联句里向各分句末脚个字必须符合马蹄韵，譬如"平平仄仄平平仄仄平平仄仄"，相同个声弗好超过两个。

噶咾吟诗答对，现代人用吴语是最相宜个，弗然介邪气可能会产生交关困惑，进行弗下去。

黄炜

2023 年 3 月

于上海工程技术大学管理学院